EINFÜHRUNG IN DIE LITERATUR DES DEUTSCHEN SPRACHRAUMES VON IHREN ANFÄNGEN BIS ZUR GEGENWART

MIT BESONDERER BERÜCKSICHTIGUNG DES ÖSTERREICHISCHEN SCHRIFTTUMS

HERBERT POCHLATKO † – KARL KOWEINDL –
EGON AMON

II. TEIL

Ausgabe für die berufsbildenden höheren Schulen

WILHELM BRAUMÜLLER · 1092 WIEN
UNIVERSITÄTS-VERLAGSBUCHHANDLUNG GES. M. B. H.

Gemäß Zl. 25.207/7-14a vom 14. 7. 1980 für den III. Jahrgang der Höheren Kaufmännischen Lehranstalten und gemäß Zl. 50.675-V/1/65 für die Bildungsanstalten für Erzieher und Kindergärtnerinnen, für die Höheren Land- und Forstwirtschaftlichen Bundeslehranstalten, für die Höheren Lehranstalten für Fremdenverkehrs- und Wirtschaftliche Frauenberufe und für die Höheren Technischen und Gewerblichen Lehranstalten zugelassen.

Schulbuchnummer: 1980/81: 2700
ab 1981/82: 0048

Erste Einbandseite: Franz Grillparzer, Ölgemälde von Ella von Lang-Littrow, Historisches Museum der Stadt Wien.

Vierte Einbandseite: Familie Arthaber, Ölgemälde v. Friedrich von Amerling, Österreichische Galerie, Schloß Belvedere-Wien.

7. vollständig neu bearbeitete Auflage

1980

ISBN 3 7003-0256-8

Druck: Adolf Holzhausens Nfg., Universitätsbuchdrucker, 1070 Wien

Vorwort zur 7. Auflage

Die 7. Auflage der *Einführung* stellt eine vollkommene Neubearbeitung dar. Das Werk war seit seinem Erscheinen immer auf größte Zustimmung bei Schülern und Lehrern gestoßen. Eine Umarbeitung wurde jedoch im Gefolge der Schul- und Lehrplanreform erforderlich. Verfasser und Verlag stellen mit Nachdruck fest, daß sie auch in der neuen Form den Aufbau und den Charakter des bewährten Werkes erhalten haben.

Geändert wurde im wesentlichen folgendes: Im Sinne des exemplarischen Unterrichts wurden *einzelne Partien gestrafft*, vor allem haben wir auf viele Namensnennungen verzichtet, um den Unterricht zu entlasten. Die *Illustrationen*, aus drucktechnischen Gründen bisher auf Bildtafeln gesammelt, wurden, soweit möglich, in den entsprechenden Text gestellt. Der Text selbst wurde durch zusätzliche Schriftformen noch stärker gegliedert.

Ein bitterer Schnitt ist der Wegfall des Taschenbuch-Verzeichnisses. Er erwies sich unumgänglich unter dem Imperativ der Umfangsbeschränkung. Hingegen hoffen wir, mit den Themenvorschlägen und Fragen den Benützern einen neuen Dienst anzubieten.

Wir hoffen, daß die neue Bearbeitung dieses schon im besten Sinne klassischen Schulbuches ebenso große Zustimmung findet wie die bisherige Fassung.

Die Verfasser

Inhaltsverzeichnis

DEUTSCHE KLASSIK

Goethe / Schiller / Zeitgenossen

1775 bis 1805

Historische Voraussetzungen

1789: Ausbruch der Französischen Revolution — Verkündigung der Menschenrechte; Parole: Freiheit, Gleichheit und Brüderlichkeit — Sturz des aboluten Königtums — Schreckensherrschaft in Frankreich — Die Koalitionskriege — Aufstieg Napoleons zum Kaiser der Franzosen.

1804: Österreich wird ein Kaiserreich.

1806: Ende des „Heiligen Römischen Reiches".

Bildende Künste 1770 bis 1815

Während das Zeitalter des Barocks und Rokokos sich großartig in den bildenden Künsten kundgibt, treten diese in der Zeit der Klassik ihre Vorrangstellung an Dichtung und Musik ab. Dem Werk eines Goethe und Beethoven haben die bildenden Künste dieses Zeitabschnittes nichts Gleichrangiges gegenüberzustellen. So ist es begreiflich, daß sie in Abhängigkeit von literarischen Ideen geraten.

Winckelmann mit seiner *Geschichte der Kunst des Altertums*[1] (1764), Lessing mit seinem *Laokoon*[2] (1766) und Herder mit seinen *Kritischen Wäldern*[3] (1769), dazu die damals durchgeführten Ausgrabungen von Pompeji und Herculaneum schaffen eine neue Begeisterung für die Antike, besonders für die **griechische** Kunst. Diese neuerliche Hinwendung zur Antike wird durch die Erkenntnis gefördert, daß der Sturm und Drang, der jedwede Kontrolle durch die Vernunft ablehnte und Freiheit von allen Sitten- und Kunstgesetzen forderte, das friedliche Nebeneinander innerhalb der menschlichen Gesellschaft unmöglich mache. So wird die Dichtung aus dem die Gesetze negierenden Sturm und Drang zu einer Klassik geführt, die eine Bindung von Leben und Kunst an absolute Werte anerkennt und wesentliche Anregungen aus dem neuen, vertieften Bildungserlebnis der Antike gewinnt. Die bildenden Künste werden weitgehend durch diesen Weg der Literatur mitbestimmt. Das Beispiel der Dichtung führt allgemein zu einer Abkehr vom Rokoko und zu einer neuen Stilhaltung, die durch das Streben nach Maß und Harmonie, durch die Vorliebe für das Typische, Einfache und Klar-Übersichtliche, für strenge Symmetrie und antike Gruppenbildung, für das Harmonisch-Ausgewogene und Idealisierte, für die Nachahmung antiker, besonders griechischer Formenelemente gekennzeichnet ist.

Auch in der **Kleidung** erweist sich bald, vor allem in der Empirezeit, dieser neue Stilwille als äußerst wirksam. Um 1780 kommt es zu einer Revolution der Kleidung. Sie wird vom Stilwillen des Sturmes und Dranges, vom Streben nach Naivität und Natürlichkeit erfaßt. Die

[1] Siehe Seite 212, I. Teil.

[2] Siehe Seite 212, I. Teil.

[3] Siehe Seite 220, I. Teil.

Revolution richtet sich gegen die bisherige Rücksichtslosigkeit der Kleidung gegenüber dem weiblichen Körper und gegen das Unbequeme und Gekünstelte. Man bekämpft den Zopf und den Puder, schließlich den Reifrock und die Schnürbrust.

Die **weibliche Mode** wird anfangs antikisiert und will die Figur schlank und statuenhaft erscheinen lassen.

Mit Ausbruch der Französischen Revolution weichen die Rokoko-Haarbauten dem einfachen Haarknoten und dem „Tituskopf", einer kurzgeschnittenen gelockten Frisur nach dem Vorbild des gleichnamigen römischen Kaisers. Stirnband und Langschal komplettieren die Vorliebe für antike Vorbilder.

Abb. 1: Kostüm, Empire.

An Stelle des Reifrockes tritt die Tunika, ein hemdartiges Kleid. Die Taille erscheint anfangs direkt unter der Brust angesetzt, um lange fließende Falten zu erhalten, verschwindet anschließend aber ganz. Absatzlose Schuhe beginnen die Stöckelschuhe abzulösen. Ab 1816 bürgert sich der schwarze Schuh statt des färbigen ein.

Um 1820 erreicht die Taille wieder ihre normale Lage, das Korsett findet erneut Anhängerinnen, Röcke und Ärmel werden allmählich weiter und die Haare länger. Sie werden auf dem Kopf kranzartig geformt und fallen an der Stirn und an beiden Schläfen gelockt ins Gesicht. Etwas später wird eine Scheitelfrisur mit einem Haarkranz auf der Kopfmitte und mit langen Korkenzieherlocken modern. Hauben, die mit Spitzen, Rüschen, Bändern, Blumen und Federn geschmückt sind, geben dem Gesicht einen kleidsamen Rahmen.

Die **Männermode** wird natürlicher, praktischer und demokratisiert. Langes Naturhaar und Backenbart kommen in Mode. Zylinder und Schlapphut beginnen sich durchzusetzen. Der Frack und die darunterliegende Weste können verschiedenfärbig sein. Ein gefalteter Hemdkragen mit einer seidenen Halsbinde gilt als besondere Zierde. Ärmel werden manschettenlos getragen. Bei den locker sitzenden Beinkleidern ist die gelbe Farbe besonders beliebt; hohe Stiefel und der Knotenstock werden modern.

Diese Tracht ist zunächst englische Mode und wird durch Goethe als „Werthermontur" populär und zuerst in Weimar hoffähig.

Die Abkehr vom Rokoko erfolgt in drei Stufen:
im **Zopfstil** (so genannt nach der Haartracht der Vorrevolutionszeit) oder Stil **Louis Seize** (1770 bis 1785),
im **Klassizismus** (1785 bis 1800) und schließlich
im **Empirestil** (1800 bis 1820, Napoleonzeit).

Der Klassizismus geht auf die einfachen Formen der Antike zurück und entsteht als Reaktion gegen das Barock zunächst in Frankreich, Mittel- und Norddeutschland. In Süddeutschland und Österreich werden erst allmählich die barocke Sinnenfreude von dem kühlen Ästhetizismus des Klassizismus abgelöst.

Österreich

Baukunst: FERDINAND HOHENBERG V. HETZENDORF (geb. 1732 in Wien, gest. 1790 ebenda): Gloriette in Schönbrunn (noch Anklänge an die Barockzeit), Palais Pallavicini in Wien und Schloß Vöslau, Kapelle im Theresianum, Römische Ruine in Schönbrunn, Regotisierung der Augustiner- und Minoritenkirche, Altar in der Lichtentaler Kirche.

JOSEF KORNHÄUSEL (geb. 1782 in Wien, gest. 1842 ebenda): Husarentempel bei Mödling, Kaiserhof im Stift Klosterneuburg, Weilburg in Baden für Erzherzog Carl, Sauerhof und Peterhof (Bade- und Kuranstalten) in Baden, Josefstädtertheater in Wien, Schottenkloster in Wien.

PETER VON NOBILE (geb. 1774 in Campestro im Tessin, gest. 1854 in Wien; Hofbaurat und Direktor der Architekturschule in Wien): Theseustempel (zur Aufnahme von Canovas Theseus bestimmt) im Volksgarten in Wien, Burgtor in Wien.

Plastik: JOSEF KLIEBER (geb. 1773 in Innsbruck, gest. 1850 in Wien, Direktor der Graveurschule in Wien): Niederösterreichisches Landhaus (Giebelplastik), Hauptmünzamt in Wien (Giebelplastik), Baden bei Wien (Plastiken im Rathaus, im Sauerhof und in der Weilburg), Innsbruck (Relief an der Andreas-Hofer-Statue in der Hofkirche).

Malerei: HEINRICH FÜGER (geb. 1751 in Heilbronn, gest. 1818 in Wien, Studium in Rom bei Mengs und später Direktor der Akademie der bildenden Künste in Wien): Historische und mythologische Bildnisse, Porträts, Miniaturen.

JOSEF KOCH (geb. 1768 in Elbingenalp in Tirol, gest. 1839 in Rom, Schüler von A. J. Carstens): Schweizer Landschaften, Tiberlandschaften und Wasserfälle bei Tivoli, Illustrator Dantes, Ossians und des Nibelungenliedes.

ANGELIKA KAUFFMANN[1] (geb. 1741 in Chur in der Schweiz[2], gest. 1807 in Rom, lebte vorwiegend in Italien, Mitglied der Florentiner Akademie und 1766 Mitglied der Royal Academy in London, geselliger Verkehr mit Goethe in Italien): zahlreiche Bildnisse und historisch-mythologische Szenen. Porträt Goethes.

[1] Siehe Abb. 8, Seite 30.

[2] Eltern aus Vorarlberg.

Deutschland

Baukunst: JOHANN GOTTHARD LANGHANS (1733 bis 1808): Brandenburger Tor in Berlin.

KARL FRIEDRICH SCHINKEL (1781 bis 1841): Schauspielhaus in Berlin, Altes Museum in Berlin.

LEO VON KLENZE (1784 bis 1864, Hofarchitekt König Ludwigs I. von Bayern). In München: Glyptothek, Propyläen, Ältere Pinakothek. Walhalla bei Regensburg.

Plastik: JOHANN GOTTFRIED SCHADOW (1764 bis 1850): Dorotheenkirche in Berlin, Grabmal des achtjährigen Grafen von der Mark, eines natürlichen Sohnes Friedrich Wilhelms II., Quadriga (Viergespann) des Brandenburger Tors, Büsten für Walhalla bei Regensburg, Prinzessinnengruppe.

LUDWIG VON SCHWANTHALER (1802 bis 1848): Mozartdenkmal in Salzburg, Gruppe der Hermannsschlacht im Nordgiebel der Walhalla, Kolossalstatue der Münchner Bavaria.

Malerei: JOHANN HEINRICH WILHELM TISCHBEIN (1751 bis 1829, Umgang mit Goethe in Italien). Bekanntestes Bild: Goethe in der Campagna.

ASMUS JAKOB CARSTENS (1754 bis 1798): Illustrator der Epen Homers.

Schweiz

Malerei: JOHANN HEINRICH FÜSSLI (1741 bis 1825): Illustrationen zu Dante, Homer, Milton, zur Bibel, zum Nibelungenlied.

Italien

Plastik: ANTONIO CANOVA (1757 bis 1822, Italiens größter Bildhauer neuerer Zeit). In Wien: Grabmal der Erzherzogin Christine in der Augustinerkirche, Marmorgruppe des Theseus (heute am Podest der Haupttreppe des Kunsthistorischen Museums). Werke in anderen Ländern: Grabmal für Papst Clemens XIV. in Rom, Amor und Psyche, Apollo, Venus.

Frankreich

Baukunst: BARTHELEMY VIGNON (1762 bis 1846): Kirche Madeleine in Paris als antiker Ruhmestempel für Napoleon.

FRANÇOIS CHALGRIN (1739 bis 1811): großer Triumphbogen, Arc de triomphe de l'Étoile in Paris (49 m hoch, 45 m breit).

Malerei: JACQUES LOUIS DAVID (1748 bis 1825): Tod Marats, Der Schwur im Ballhaus, Krönung Napoleons, Napoleon am Großen St. Bernhard.

JEAN A. DOMINIQUE INGRES (1780 bis 1867): Mythologische Bilder: Thetis und Zeus, Ödipus und die Sphinx, Das Heldenzeitalter, Die Quelle.

Philosophie und Wissenschaft

IMMANUEL KANT wurde am 22. April 1724 als Sohn eines Sattlermeisters in Königsberg geboren, wirkte dort als Universitätsprofessor der Philosophie und starb daselbst am 12. Feber 1804.

Er ist der Begründer der modernen kritischen Philosophie. Ohne genaues Kantstudium gibt es auch in unserer Zeit kein ernstzunehmendes Philosophieren. In seinen drei großen Hauptwerken behandelt Kant alle Grundfragen der Philosophie:

In seiner *Kritik der reinen Vernunft* (1781) untersucht er Ursprung, Arten, Wesen und Grenzen unserer Erkenntnistätigkeit, indem er eine Antwort sucht auf die Frage: „Was können wir wissen?" Alle Erkenntnis, führt Kant da aus, hebt zwar mit der Erfahrung an, aus der aber nicht alle Erkenntnis entspringt. Das vor aller Erfahrung (a priori) vorhandene rationale Wissen und Denkvermögen muß von dem durch die Erfahrung (a posteriori) erworbenen empirischen Wissen gesondert werden. Erst mit der Bearbeitung der Wahrnehmungen durch die Denkformen des Verstandes, die Kategorien, erkennen wir die Gegenstände. Daher erkennen wir nicht das „Ding an sich", sondern nur die Erscheinung. Wir nehmen die Dinge immer nur wahr, wie sie uns erscheinen, niemals, wie sie an sich sind. Die „Dinge an sich" liegen jenseits aller Erkenntnismöglichkeit, jenseits der Grenzen unserer Erkenntnisfähigkeit. Zu ihnen gehören das Dasein Gottes, die Unsterblichkeit der Seele und die Freiheit des Willens. Diese Ideen können wir mit unserem Erkenntnisvermögen nicht erfassen und über sie keine wissenschaftlichen Urteile (wie z. B. in der Mathematik) fällen. Wenn aber Kant so zu dem Ergebnis gelangte, daß wir mit Hilfe der reinen theoretischen Vernunft von der übersinnlichen Welt nichts Bestimmtes wissen können, so ist er doch weit davon entfernt, deren Existenz zu leugnen. In seinem zweiten Hauptwerk („Kritik der praktischen Vernunft") zeigt er einen Zugang zu diesem Reich der transzendenten Ideen, nämlich das Sittengesetz, das in jedem Menschen a priori gegeben ist.

Die Kritik der praktischen Vernunft (1788) behandelt die Fragen: „Was sollen wir tun und was dürfen wir hoffen?", gibt also eine Metaphysik und Ethik. Auch das Sittengesetz entstammt der dem Menschen angeborenen Vernunft. Da diese sich auf das Handeln der Menschen bezieht, nennt er sie die praktische Vernunft. Das Sittengesetz ist nämlich nicht aus der Erfahrung abgeleitet, denn diese zeigt nur, wie die Menschen tatsächlich handeln, nicht, wie sie handeln sollen. Es ist vielmehr eine innere Stimme, die uns befiehlt, das Gute zu tun. Es ist das Gewissen, das moralische Gesetz in uns. „Zwei Dinge", sagt Kant, „erfüllen das Gemüt mit immer neuer und zunehmender Bewunderung und Ehrfurcht, je öfter und anhaltender sich das Nachdenken damit beschäftigt: der bestirnte Himmel über mir und das moralische Gesetz in mir." Was gut ist, bringt Kant auf folgende Formel: „Handle so, daß die Maxime (Richtlinie) deines Handelns zum Prinzip einer allgemeinen Gesetzgebung werden kann." Die Forderung „Du sollst gut handeln" nennt Kant den kategorischen Imperativ (das Gewissen), d. h. einen bedingungslosen, um keine Zweckmäßigkeitsgründe fragenden Befehl, im Gegensatz zu hypothetischen Befehlen, d. h. solchen Forderungen, die nur unter Voraussetzung gewisser Bedingungen gelten. Der kategorische Imperativ fordert das Gute ohne jede Bedingung, ohne jede Verheißung, allein um des Guten willen, aus Pflicht. Wer das Gute aus Pflicht tut, der allein ist sittlich. Wer das Gute vielleicht aus bloßer Neigung tut, etwa um anderen Freude zu machen oder gar um sich selbst ein Gefühl der Befriedigung zu bereiten, handelt wohl legal, d. h. richtig, aber nicht im strengen Sinn sittlich. Nur wenn Pflicht über eine dagegenstehende Neigung siegt, liegt echte Sittlichkeit vor. Diesen Rigorismus (Strenge) Kants hat schon Schiller getadelt. So sagt er in einem Distichon:

> „Gerne dien' ich den Freunden, doch tu' ich es leider mit Neigung.
> Und so wurmt es mir oft, daß ich nicht tugendhaft bin. –
> Da ist kein anderer Rat, du mußt suchen, sie zu verachten
> Und mit Abscheu alsdann tun, was die Pflicht dir gebeut."

Aus dem schlechthin gegebenen Sittengesetz leitet Kant nun drei Postulate ab, d. h. drei Forderungen, die sich notwendigerweise aus der Tatsache des Sittengesetzes ergeben. Jede sittliche Forderung verlangt, daß Handlungen geschehen oder unterbleiben sollen. Das setzt voraus, daß unser Wille, der sie geschehen oder nicht geschehen läßt, frei sei. So ergibt sich als erstes Postulat die Freiheit des Willens, aus dem Kant dann als zweites Postulat die

Unsterblichkeit der Seele und als drittes Postulat das Dasein Gottes folgert. So mündet die Kantische Ethik (Sittenlehre) dort, wo die religiöse Sittenlehre (z. B. die katholische Moral), die im Sittengesetz Gottes Willen sieht, beginnt.

Kants dritte Großtat ist seine Ästhetik (Kunstphilosophie), der die *Kritik der Urteilskraft* (1793) gewidmet ist. Zwischen der Erscheinungswelt, dem Reich dessen, was ist, und der moralischen Welt, dem Reich dessen, was sein soll, steht als verbindendes Glied das Reich der Kunst. Denn das Kunstwerk wirkt zunächst durch seine sinnliche Form auf uns, die künstlerische Idee aber, die es verkörpert, ist übersinnlicher Natur. Auch das ästhetische Werturteil beruht auf Gründen a priori, d. h. es ist ein angeborenes Gefühl des Menschen. Es spricht auf das Schöne und das Erhabene an. Das Schöne ist Gegenstand eines „uninteressierten, allgemeinen und notwendigen Wohlgefallens" („uninteressiert", d. h. jenseits jedes Begehrens); das Erhabene ist das, was das Gefühl der Unzulänglichkeit unserer Einbildungskraft und dadurch Unlust, darauf aber das Bewußtsein der überlegenen Vernunft und dadurch Lust erweckt[1]. Von Kants Ästhetik ausgehend, hat sich Schiller eigene Kunstgesetze geschaffen.

Wilhelm von Humboldt (1767 bis 1835), der große preußische Staatsmann, war ein bedeutender Sprachforscher, Philosoph, Anthropologe und Ästhetiker. Er war Mitarbeiter an Schillers „Horen" und Goethes „Propyläen" und setzte sich in seinen Abhandlungen für das klassische Humanitätsideal ein.

Wilhelms Bruder, Alexander von Humboldt (1769 bis 1835), wirkte als weitgereister und berühmter Naturforscher.

---

[1] Nach Dr. Müller-Burbach.

Johann Wolfgang Goethe (1749 bis 1832)

Übersicht über Goethes Leben und Werk

1. Der junge Goethe (1749 bis 1775)

Frankfurt, Leipzig, Frankfurt, Straßburg, Frankfurt, Wetzlar und wieder Frankfurt. Jugendwerke im Stil des Hochbarocks, des Rokokos und des „Sturmes und Dranges".

2. Goethes erste Weimarer Jahre (1775 bis 1786)

Zeit der Läuterung, der politischen Tätigkeit und der Loslösung vom „Sturm und Drang".

3. Die italienische Reise (1786 bis 1788)

Aufnahme des klassizistischen Ideals.

4. Nach der Rückkehr aus Italien (1788 bis 1794)

Bloß wissenschaftliche Tätigkeit, Beschäftigung mit dem Altertum.

5. Der Bund mit Schiller (1794 bis 1805)

Durch Schiller wieder der Dichtung zurückgewonnen. Werke im klassizistischen Stil.

6. Der alte Goethe (1805 bis 1832)

Annäherung an die Romantik, Besinnung auf die Kräfte des Lebens.

Goethe als Dichter

Der junge Goethe steht als Kind im Bann des ausgehenden Hochbarocks und wendet sich dann der spielerischen Art des Rokokos zu. Nach Überwindung jugendlicher Sturm-und-Drang-Jahre wird er zusammen mit Schiller der maßgebende Vertreter des Weimarer Klassizismus, in dem – auf völlig irrigen Voraussetzungen kunst- und kulturgeschichtlicher Art aufbauend – versucht wird, ein „neues Griechentum" ins Leben zu rufen. Der alte Goethe wendet sich in seiner Formensprache bereits der siegreichen Romantik zu.

1. Der junge Goethe (1749 bis 1775)

(Frankfurt, Leipzig, Frankfurt, Straßburg, Frankfurt, Wetzlar und wieder Frankfurt)

Goethes Familie ist väterlicherseits auf ein thüringisch-sächsisches Geschlecht zurückzuführen. Mütterlicherseits stammt er aus der Frankfurter Patrizierfamilie Textor. Sein Vater war Rechtsgelehrter und hatte vom wittelsbachischen Kaiser Karl VII. (1742 bis 1745) den Titel eines „kaiserlichen Rates" erhalten. Sein Sohn schildert ihn als streng, nüchtern, sparsam und pedantisch. Die Mutter, Katharina Elisabeth, war lebhaft, lustig, kinderliebend. Als ganz junges Mädchen war sie ihrem um vieles älteren Gatten angetraut worden. Unter den Vorfahren Goethes befinden sich auch historisch bekannte Persönlichkeiten wie die Landgräfin Elisabeth die Heilige von Thüringen.

Johann Wolfgang Goethe wurde am 28. August 1749 in Frankfurt am Main geboren. Er hatte nur eine um ein Jahr jüngere Schwester, Cornelia, die später den Rechtsgelehrten Schlosser heiratete. Andere Geschwister Goethes starben bereits im Kindesalter.

Nach dem Willen des Vaters besuchte Wolfgang keine öffentliche Schule, sondern erhielt Privatunterricht. Der spätere Dichter zeigte sich dabei sprachbegabt und besaß zeichnerisches Talent. Er wurde in allen damals üblichen Lehrgegenständen sowie in einigen Sportarten (Fechten, Reiten, Tanzen und

Schlittschuhlaufen) unterrichtet. Seine spätere Leidenschaft für das Theater wurde schon früh durch eine Puppenbühne geweckt, die ihm seine Großmutter schenkte.

Das erste große Jugenderlebnis Goethes war der Siebenjährige Krieg (1756 bis 1763). In diesem kämpften Österreich, Frankreich und Rußland, verbündet mit einer Reihe kleinerer Staaten, gegen das zu mächtig werdende Preußen, das das alte Heilige Römische Reich zu sprengen drohte. Auch das Reich selbst hatte den Krieg gegen Preußen erklärt. Frankfurt stand als reichstreue Stadt auf Seite Österreichs. Man muß dies wissen, um den Konflikt zu verstehen, der sich im Haus Goethes entspann, als die Franzosen als Verbündete Österreichs und der Stadt Frankfurt in diese einrückten. Im Gegensatz zu den meisten Einwohnern war Goethes Vater preußisch gesinnt. Das bedeutete – nach dem damaligen Stand der Dinge – daß er als Frankfurter Bürger auf der Seite der Feinde seiner Vaterstadt stand. Ob dieser

Abb. 2: Johann Wolfgang von Goethe.

Einstellung des Vaters Goethe entzweite sich die Familie mit den Großeltern, von denen Dr. Textor Oberbürgermeister der Reichsstadt Frankfurt war. Im Hause Goethes nahm der französische Stadtkommandant Graf Thoranc (Goethe schreibt „Thorane") Quartier. Johann Wolfgang fand großen Gefallen am Umgang mit den Franzosen und vor allem mit dem französischen Theater, das in Frankfurt seine Zelte aufschlug.

Gerade am Ende der Kinderzeit Wolfgangs steht das Erlebnis der Kaiserkrönung Josephs II. in Frankfurt (1764). Im Trubel der Ereignisse lernte der kleine Goethe ein Mädchen kennen, das als „Frankfurter Gretchen" aufscheint und deren Name im „Faust" (1. Teil) weiterlebt.

Im darauffolgenden Jahr ging Goethe auf Wunsch seines Vaters auf die Universität nach **Leipzig.** Er sollte Rechtswissenschaft studieren. Aber er beschäftigte sich vor allem mit Literatur und Kunstgeschichte, ja er ließ sich sogar in der Radier- und Holzschnittkunst unterweisen. Unter seinen Freunden ist vor allem ein gewisser Ernst Wolfgang Behrisch zu nennen, dessen zynisches Wesen später im Mephistopheles eine Auferstehung erfährt und dem er auch in den „Oden an Behrisch" ein literarisches Denkmal setzt.

Goethe erkrankte schwer. Er mußte seine Studien unterbrechen und nach **Frankfurt** zurückkehren. Nur langsam genas er von seiner schweren Krankheit, meist in seinem Mansardenstübchen lesend. Eine Freundin seiner Mutter, das fromme Fräulein Susanne von Klettenberg, gewann großen Einfluß auf ihn.

Auf Wunsch seines Vaters ging Goethe nach **Straßburg** (April 1770) – Elsaß war damals bereits französisch –, machte die Abschlußprüfungen und erwarb mit ihnen das Recht zur Führung einer Anwaltskanzlei. Während seines Aufenthaltes schloß er sich den in Straßburg wirkenden „Stürmern und Drängern"[1] an. Schicksalhaft wurde sein Kontakt mit Johann Gottfried Herder[2], der wegen eines Augenleidens in der Stadt weilte und Goethe für seine Ideen zu begeistern verstand.

Zu einem tiefen Erlebnis Goethes wurde die Begegnung mit der Tochter des evangelischen Pfarrers des kleinen Dorfes Sesenheim, **Friederike Brion.** Er entbrannte in leidenschaftlicher Liebe zu dem 18jährigen Mädchen, ritt immer wieder von Straßburg nach Sesenheim und galt in der Öffentlichkeit bereits als Friederikens Verlobter. Sie hielt ihm die Treue, als er selbst – im Gefühl, sich nicht an sie binden zu können – sie verließ. Aus diesen Tagen blieben die „Friederiken-Lieder", in denen Goethe einen ursprünglichen, erlebnishaften Ton fand und die von der Tiefe der Beziehungen zur Sesenheimer Pfarrerstochter für immer Zeugnis ablegen.

Herder gewann den jungen Goethe für die Schönheit der gotischen Baukunst und ließ ihn die schlichte Schönheit des Volksliedes („Sah ein Knab' ein Röslein stehn ...") erleben.

Um nach dem Wunsch seines Vaters die Anwartschaft auf den höheren Reichsdienst zu erwerben, ging er nach **Wetzlar** an das Reichskammergericht.

In Wetzlar lernte Goethe die Amtmannstochter **Charlotte Buff** kennen und verliebte sich leidenschaftlich in sie. Sie war mit Goethes Freund, dem Legationsrat **Kestner,** verlobt. Goethe begeisterte sich vor allem an der Mütterlichkeit des jungen Mädchens, das mit ihren 19 Jahren den Haushalt des verwitweten Vaters führte und die jüngeren Geschwister betreute. „Lotte" – wie sie genannt wurde – entschied sich, zwischen Goethe und Kestner gestellt, für ihren Verlobten. Gestaltung und damit zugleich Überwindung dieses Liebesleides bedeutet für Goethe sein Roman **„Die Leiden des jungen Werthers"** (1774).

Wieder in **Frankfurt,** vereinsamte der junge Dichter. Seine Schwester heiratete, seine mütterliche Beraterin, das Fräulein von Klettenberg, starb. Im Haus des Frankfurter Bankiers Schönemann lernte er dessen Tochter Lili kennen und verlobte sich trotz der Warnungen von Mutter und Schwester mit ihr. Aber der gesellschaftliche Trubel, in dem Lili aufging, vermochte Goethe auf die Dauer nicht zu fesseln. Eine Reise mit den beiden Brüdern Stolberg in die **Schweiz** sollte Selbstbesinnung bringen.

Ehe er Frankfurt verließ, traf er mit dem jungen, begeisterungsfähigen Herzog Karl August von Sachsen-Weimar zusammen, der ein glühender Verehrer von Goethes Jugendwerken war und ihn zu sich nach Weimar einlud.

Nach der Schweizer Reise flammte seine Liebe zu Lili neu auf. Doch ihre der Geldaristokratie angehörende Familie stand in einem zu starken Gegensatz zu Goethes Elternhaus. Schließlich wurde die Verlobung einvernehmlich gelöst.

Im Oktober 1775 heiratete Herzog Karl August von Weimar die Prinzessin Luise von Hessen-Darmstadt. Als die beiden auf ihrer Hochzeitsreise durch Frankfurt kamen, luden sie Goethe neuerlich ein, nach Weimar zu kommen. Goethe sagte zu und traf anfangs November 1775 in Weimar ein. Aus dem Besuch wurde ein Bleiben für immer.

Die Werke des jungen Goethe

a) Lyrik der frühen Jahre

Der **Barocklyrik** war Goethe während seiner Kinderzeit in Frankfurt verpflichtet. Klopstocks religiöse Odenpathetik wurde ihm zum Vorbild für geistliche Lieder und Oden.

Rokokolyrik schrieb Goethe während seiner Leipziger Studentenzeit meist in Form von Alexandrinern; Anregungen hiezu bieten ihm u. a. die anekreontischen Lieder Hagedorns und Gleims sowie Ovids *Ars Amandi.*

Im Gedicht *Die Kunst, die Spröden zu fangen* gibt er ein Liebesrezept.

Das Schweigen verspottet die Tugend der Frau als etwas Vorgetäuschtes.

Der Wechsel beweist, daß Goethe im Sinne des Rokoko Liebe als Gesellschaftsspiel empfindet.

[1] Siehe Seite 216 und 224, I. Teil.

[2] Siehe Seite 219 ff., I. Teil.

Die Annettenlieder, Liebesgedichte an Anna Katharina Schönkopf[1], und die „Oden an Behrisch“[2] enthalten das sogenannte „Rokokophänomen“, d. h. die Schilderung persönlicher Erlebnisse.

Das Gedicht *Die Freuden* offenbart einen Wesenszug der Lyrik Goethes, nämlich das enge Anschmiegen der Form an das selbst Geschaute und lebendig Erfaßte. Dies zeigt sich darin, daß das Auf und Ab der Libelle durch Rhythmusänderungen unterstrichen wird.

Der **Übergang** von der Rokoko- zur Sturm- und Dranglyrik vollzieht sich während seiner Straßburger Zeit und kann in dem Friederike Brion gewidmeten Gedicht *Mit einem gemalten Band* mitempfunden werden. In ihm werden Rokokoelemente (Zephir, Frühlingsgötter, ...) verwendet, um der leichtfertigen Liebe eine Absage zu erteilen.

Die **Sturm- und Drangelemente** in der Goetheschen Lyrik, wie die Vorliebe für das Natürlich-Volkstümliche, für das Volksliedhafte und für echtes Liebesgefühl, zeigen vom Einfluß Herders bzw. Rousseaus während seiner Straßburger Zeit.

Aus den *Friedrikenliedern*, zu ihnen zählen beispielsweise das zum Volkslied gewordene *Heideröslein*, das *Mailied* und *Willkommen und Abschied*, klingt seine reine Liebe zu Friederike Brion, der evangelischen Pfarrerstochter aus Sesenheim.

In den *Lililiedern* spiegeln sich die zwiespältigen Empfindungen zur Bankierstochter Lili Schönemann[3] wider. Dies zeigen vor allem die Gedichte *Neue Liebe, neues Leben, Auf dem See, Herbstgefühl* und *An Belinden.*

Die Sturm- und Drangoden und -hymnen entstanden ebenfalls in Straßburg.

Die Ode *Prometheus* verkörpert den revolutionären Trotz, das Streben nach unbeschränkter Freiheit und das Unbehagen gegenüber jedwedem Regelzwang in der Dichtung.

Prometheus wird damit als Kraftmensch zu einem Symbol der Sturm- und Drangdichtung.

Die Hymne *Mahomets Gesang*, in freien reimlosen Rhytmen im Geiste Klopstocks und Pindars[4] abgefaßt, besingt den Taten- und Schöpferdrang und das Verlangen, ins Weite zu wirken.

In der Hymne *Ganymed* wird das neue pantheistische Allgefühl der Sturm- und Drangzeit ausgedrückt, denn der Götterliebling Ganymed erscheint als das Sinnbild für das Sehnen des Menschen, sich im All aufzulösen.

b) Dramen

Goethes Dramen aus seiner Leipziger Zeit sind noch ganz im Stil des Rokoko gehalten.

Die Laune des Verliebten. Ein Schäferspiel in Versen in einem Akte (1767)

Das kleine, nach französischem Vorbild in Alexandrinern geschriebene Lustspiel ist eine erste Lebensbeichte Goethes, in der er sich von dem Quälenden und Verzehrenden seines Verhältnisses zu Anna Schönkopf zu befreien suchte. Er machte sich über seine eigenen

[1] Die Familie Schönkopf führte eine kleine Fremdenpension in Leizpig. Mit der Tochter des Hauses, Anna Katharina Schönkopf, verband Goethe bald eine tändelnde Liebelei, die zu einer „siedenden Leidenschaft“ wurde. Noch 1770 schreibt er aus Frankfurt: „Sie wissen, daß ich, so lang ich Sie kenne, nur als ein Teil von Ihnen gelebt habe.“

[2] Seinem Freund Wolfgang Behrisch gewidmet.

[3] In den Liedern auch **Belinden** genannt.

[4] Siehe Seite 192 und 116, I. Teil.

Schwächen lustig, ähnlich wie Lessing zwanzig Jahre früher in seinem Leipziger Jugenddrama „Der junge Gelehrte“.

Die Mitschuldigen. Ein Lustspiel in Versen (1768)

Inhalt: *In dieser Dichtung geht es um einen Diebstahl, an dem alle Personen des Stückes irgendwie mitschuldig sind und sich daher schließlich gegenseitig verzeihen – wobei wir Erinnerungen an Goethes Gretchenepisode neben seiner Liebe zu Anna Schönkopf verarbeitet finden. Das Lustspiel enthält bereits eine Kritik an der moralischen Schwäche der Rokokogesellschaft.*

Götz von Berlichingen mit der eisernen Hand. Ein Schauspiel (1773)

Die Dichtung stellt eine Umarbeitung des 1771/72 verfaßten Dramas „Geschichte Gottfriedens von Berlichingen mit der eisernen Hand, dramatisiert“ dar.

Inhalt: *Auf seiner Burg Jaxthausen lebt der ehrenfeste Ritter Götz von Berlichingen mit seiner Frau* Elisabeth, *seiner Schwester* Maria *und seinem Söhnchen* Karl. *In einer Zeit des Umbruchs, in der die mittelalterliche Ritterwelt endgültig versinkt und mit der Einführung des römischen Rechtes eine neue Zeit emporsteigt, bleibt Götz den alten Ritteridealen, dem Streben nach Minne, Ehre und Gottes Huld treu. Die Ehre verpflichtet ihn zur Treue und zum Dienst gegenüber seinem Herrn und Kaiser Maximilian I. Den neu eingesetzten Reichsgerichten gegenüber fühlt er sich jedoch nicht verpflichtet. Sie sind ihm verhaßt, weil er weiß, daß dort bestechliche und ungerechte Richter das Recht wie eine Weidenrute biegen, stets auf der Seite der Reichen und Mächtigen stehen, während sie den armen Mann der Willkür seiner Unterdrücker preisgeben. Götzens Streben aber nach Gottes Huld macht ihn zum Anwalt des armen Volkes, das ihn verehrt und liebt. Er überfällt von seiner Burg aus wie ein Raubritter die Reichen und zwingt sie dazu, die von ihnen Unterdrückten zu entschädigen. Wird er selbst beleidigt, so schafft er sich auf eigene Faust sein Recht, da dies bei den Reichsgerichten nicht zu finden ist. Er heißt der Ritter mit der eisernen Hand, weil er im Landshutschen Erbfolgekrieg vor Jahren durch eine Kartaunenkugel seine rechte Hand verloren und sie durch eine kunstvoll aus Eisen gearbeitete ersetzt hat.*

Zu Beginn des Dramas finden wir ihn in einer Fehde mit dem Bischof von Bamberg, auf dessen Seite auch Götzens ehemaliger Jugendfreund Adalbert von Weislingen *steht. Im Verlauf dieser Auseinandersetzung nimmt Götz Weislingen gefangen und führt ihn auf seine Burg. Durch die Verlobung Weislingens mit der natürlich-bescheidenen und anmutigen* Maria, *Götzens Schwester, wird der alte Freundschaftsbund erneuert, und Götz entläßt Weislingen nach Bamberg, damit dieser seine Angelegenheiten vor der Hochzeit ordnen kann. Dort am Bischofssitz gerät der im Kern gute, aber Frauenreizen gegenüber außerordentlich empfängliche Weislingen in die Schlingen der berückend schönen, koketten, herzlosen, dämonischen und nach Reichtum und Macht strebenden Witwe* Adelheid *von Walldorf, die von den verderbten Höflingen wie eine Königin gefeiert wird. Weislingen wird wortbrüchig, indem er sich von Götz und Maria lossagt und Adelheid heiratet. Er bestimmt sogar den Kaiser, Götz in seiner Burg durch Reichsexekutionstruppen belagern zu lassen. Trotz tapferer Gegenwehr wird Götz durch Verrat gefangengenommen und nach Heilbronn in ritterlichen Gewahrsam gebracht. Als er aber, von den versammelten Ratsherrn als Rebell bezeichnet, aufbraust und sich wider solche Beschimpfungen empört, will ihn der Rat in den Turm werfen lassen. Nur dem rechtzeitigen Eingreifen seines Schwagers Franz von* Sickingen, *der mittlerweile die von Weislingen treulos verlassene Maria geheiratet hat, verdankt es Götz, daß er die Freiheit zurückerhält. Doch muß er Urfehde (das ist Ausfehde, Friede) schwören und sich von nun ab ruhig auf seiner Burg aufhalten. Als ihn aber einige Zeit nachher die aufständischen Bauern nötigen, ihr Führer zu sein, verpflichtet er sich ihnen auf vier Wochen, in der redlichen Absicht, hierdurch dem Reich einen Dienst zu erweisen. Er ist gewillt, die Grausamkeit und Wut der Bauern zu zügeln. Das gibt seinen Feinden eine neue Handhabe zu seinem Verderben. Weislingen selbst erwirkt das Todesurteil für Götz, obwohl sich dieser von den Bauern losgesagt hat, da sie, entgegen seinem Verbot, rauben und brennen. Im neu entbrennenden Kampf wird Götz schwer verwundet und gefangengenommen.*

Mittlerweile hat Adelheid jedoch beschlossen, Weislingen aus dem Wege zu räumen. Für sie war er nur der Schlüssel zu den oberen Gesellschaftskreisen. Als sie ihr Ziel erreicht hat und ihr die Gunst des neuen

Kaisers Karl winkt, knüpft sie ein Liebesverhältnis mit Weislingens Knappen Franz an und läßt ihren Mann durch jenen vergiften. Zu dem langsam unter Qualen Dahinsiechenden kommt Maria, seine einstige Braut, um die Rettung ihres Bruders Götz von ihm zu erflehen. Weislingen bereut seine Untreue gegenüber Maria, die ihm schwesterlich in seiner Todesstunde beisteht, und zerreißt das Todesurteil gegen Götz. Franz, von seinem Schuldbewußtsein gefoltert, gesteht seine Schandtat und richtet sich selbst, indem er sich in den Main stürzt. Weislingen stirbt, als er hört, daß seine Frau ihn vergiftet habe. Adelheid wird von der heiligen Feme wegen Ehebruchs und Mordes zum Tode verurteilt. Dann wird Götzens Ende dargestellt: Immer noch wird er im Turm zu Heilbronn gefangengehalten, Maria kommt und bringt die Nachricht seiner Begnadigung. Aber es ist zu spät. Von seinen Wunden erschöpft, stirbt er. Bei ihm sind seine Frau, Maria und sein treuer Knappe Lerse.

Thema, Aufbau und Charaktere

Zwei ineinander verschlungene Dramen bauen Goethes erstes großes Schauspiel auf: das Götzdrama und das Weislingendrama. Jenes schildert den tödlichen Zusammenstoß zwischen dem ritterlichen Ideal der Selbsthilfe des Spätmittelalters und dem Rechtsideal der Neuzeit, einer überindividuellen Gerichtsbarkeit. Wohl liegen die angestrebten gesetzlich geregelten Zustände noch recht im argen, was das Verharren des Helden auf dem alten Prinzip der Selbsthilfe begreiflich macht, obwohl dieses dem Untergang geweiht ist.

Zu der mit dem Götz beginnenden Reihe von Selbsthelfern gehören der Räuber Karl Moor, Wilhelm Tell (Friedrich Schiller), Michael Kohlhaas (Heinrich Kleist) und Erbförster Christian Ulrich (Otto Ludwig).

In der Weislingentragödie finden wir das Motiv des Grafen von Gleichen, des Mannes zwischen zwei Frauen wieder, wie schon bei Lessing in „Miß Sara Sampson". So wie Mellefont zwischen der sanften, stillen, bescheidenen, nur häusliches Glück erstrebenden Sara und der dämonisch-wild leidenschaftlichen Marwood schwankt, steht Weislingen zwischen der natürlich-treuherzigen Maria und der dämonisch nach Macht und Reichtum strebenden Adelheid. Im Weislingendrama verschiebt sich das Geschichtsdrama vom Götz völlig in ein intimes Charakterdrama. Während der Untergang des Götz durch die Macht der Geschichte herbeigeführt wird, findet die von der Geschichte begünstigte Gestalt des Weislingen ihren Untergang durch die eigene zur Selbstzerstörung führende Charakterschwäche. Indem die Gestalt des wortbrüchigen Verräters und treulosen Liebhabers aus der Schwäche und inneren Not des eigenen Charakters erklärt und nicht mehr an sittlichen Forderungen gemessen und verurteilt wird, wird das Götzdrama zum Ausgangspunkt einer modernen Psychologie, wie sie sich dann bei Grillparzer und weiterhin im naturalistischen Drama zeigt. Goethe hat später immer wieder in seinen Dramen solche passiv-willensschwache, leicht beeinflußbare Charaktere dargestellt. Gestalten wie Weislingen sind auch Clavigo, Fernando in „Stella" und Tasso.

In dem **Hauptthema** des „Götz von Berlichingen" wird ein dichterisches Symbol des Freiheits- und Revolutionsstrebens des Sturmes und Dranges gegeben. Im Schicksal des Götz erscheint das Zeitalter des jungen Goethe wie in einem Brennspiegel eingefangen. Der Selbstverteidiger seiner Rechte, Götz, wird zum vollkommensten Ausdruck des Kampfes der damaligen Jugend gegen die rationale Einengung des Lebens durch die Aufklärung, des Kampfes für Freiheit und Unabhängigkeit von Konvention und Regelzwang. Götz und die Ritter um ihn erscheinen wie von Rousseauischem Geist erfüllte Vertreter der Natur gegenüber der Unnatur des Rokoko. In den Zigeunern hat Goethe ein Naturvolk im Sinne Rousseaus auf die Bühne gebracht.

Götz erscheint als Spiegelbild des Sturmes und Dranges. Zwischen dem im Drama dargestellten ausgehenden Mittelalter und Goethes eigener Zeit fanden sich viele verwandte Beziehungen: die gleiche Empörung des Individuums gegen Autorität und Gewalt, die gleichen

Leidenschaften, die gleiche Unruhe. Alle Elemente jener revolutionären Periode, wie der Trotz gegen das Herkömmliche in Gesellschaft und Kunst, das Naturprinzip Rousseaus, die Willkür der Form gegenüber, treten uns darum auch im „Götz" entgegen. Goethe hatte diesen Helden gewählt, weil er seinen ästhetischen und politisch-sozialen Jugendidealen entsprach: Götz ist ein Mann, der allein der Stimme seines „Genius" gehorcht und für das Gute, Wahre und Natürliche kämpft, wenn er auch darüber untergeht.

Goethes Held entspricht durchaus nicht dem geschichtlichen Götz. Dieser war 1480 auf Jagsthausen geboren, verlor 1505 durch einen Schuß seine rechte Hand, die er durch eine eiserne ersetzte, machte viele Fehden, Türken- und Franzosenkriege mit, wurde einige Male gefangengenommen und starb nach langem, friedlichem Lebensabend 1562 auf seiner Burg am Neckar. Seine Selbstbiographie bot Goethe nur eine bunte Folge einzelner kriegerischer Abenteuer ohne irgendwelche ursächliche Verknüpfung und dramatische Entwicklung.

Die **Sprache** des in Prosa abgefaßten Dramas ist derb-naturalistisch und volkstümlich, reich an Kraftworten und mundartlichen Ausdrücken, wie an Anklängen an die Sprache Martin Luthers und Hans Sachs'.

Als **Quelle** benützt Goethe die Selbstbiographie des fränkischen Ritters Götz von Berlichingen (1480 bis 1562). Daneben aber drängen ihn auch hier, wie dies bei diesem Dichter immer der Fall ist, die eigenen Erlebnisse zu einer Umsetzung in dichterische Bilder. Tobte sich in der Gestalt des Götz Goethes damalige, jugendlich-revolutionäre Lebensstimmung aus, so findet sein noch nicht überwundenes Schuldbewußtsein gegenüber der von ihm treulos verlassenen Friederike Brion in der selbst erfundenen und nicht der Quelle entnommenen Gestalt des Weislingen poetischen Ausdruck.

Der **Erfolg** des „Götz von Berlichingen" war sehr groß. Zunächst konnte zwar für das Stück kein Verleger gefunden werden, doch gab es der Autor selbst im Jahr 1773 heraus. Zu Goethes eigener großer Überraschung wurde es bereits am 12. April 1774 in Berlin von der Truppe des G. H. Koch aufgeführt.

Nach dem Vorbild des Götzdramas entstanden sehr bald viele Ritterdramen und Ritterromane, die die Motive des Goetheschen Dramas immer wieder neu variierten. – Diese durch den „Götz" hervorgerufene Vorliebe für Ritterstücke hält bis tief in das 19. Jahrhundert hinein an. Erst Friedrich Schillers „Jungfrau von Orleans" und Heinrich von Kleists „Käthchen von Heilbronn" sind keine bloßen Nachahmungen des „Götz", sondern Ritterdramen von eigenem Wert.

Die **literaturhistorische** Bedeutung des „Götz" besteht in der Überwindung des französischen Regeldramas, das trotz Lessing immer noch vorherrschte. Bewußt bricht Goethe in diesem Drama mit der Forderung nach den drei Einheiten.

(Lessing und Shakespeare sind die neuen Wegweiser der Dramatiker seit dem Sturm und Drang.)

Clavigo. Ein Trauerspiel (1774)

Inhalt: Marie *Beaumarchais, eine junge liebenswürdige Französin, lebt bei ihrer verheirateten Schwester* Sophie *in Madrid. Sie lernt* Clavigo, *einen talentierten Schriftsteller, kennen und lieben.* *Clavigo verspricht, Marie zu heiraten, sobald er eine sichere Lebensstellung gefunden habe. Jahrelang hält Marie zu ihm und weist andere ehrende Anträge zurück, darunter auch den eines gewissen* Buenco, *eines Freundes ihres Schwagers, der ihr aber trotzdem in selbstloser Liebe und hingebender Hilfsbereitschaft, als sogenannter „stiller Liebhaber" treu ergeben bleibt. Als sich Clavigo endlich durchgesetzt hat und Archivar des Königs geworden ist, verläßt er über das Drängen seines Freundes* Carlos *seine Braut Marie, die ob solcher Schmach in schwere Krankheit fällt. Ihre Schwester benachrichtigt die Verwandten in Paris, und der junge feurige*

Beaumarchais, der Bruder, kommt nach Madrid, um Rechenschaft von dem treulosen Bräutigam seiner Schwester, der diese seinem Ehrgeiz opfern will, zu verlangen. Er zwingt Clavigo zu einer schriftlichen Erklärung, die alle entehrende Schuld auf diesen wirft; aber ehe er von dieser Schrift Gebrauch macht, bittet Clavigo, der den edlen jungen Mann schätzen gelernt und seinen Treubruch bereits bereut hat, um Aufschub, damit er Marie versöhnen und sich dann für immer mit ihr vereinigen könne. Nicht ohne Zögern willigt Beaumarchais ein, Clavigo eilt gegen den Rat seines Freundes Carlos zu Marie und verlobt sich zum zweiten Male mit ihr. Das neuerliche Zureden des praktisch-nüchtern denkenden Carlos verleitet Clavigo zum erneuten Treubruch, der Mariens Tod herbeiführt. In der Nacht wird Marie bestattet. Zufällig trifft Clavigo den nächtlichen Trauerzug. Zu spät bereut er diesmal seine neuerliche Untreue, er wird am Sarg der Verlassenen von Beaumarchais getötet.

Als **Motive** treten uns im Drama das treulos verlassene Mädchen und der Gegensatz zwischen Liebe und Ehrgeiz entgegen. Ähnlich Weislingen besitzt auch Clavigo einen zwar liebenswürdigen, edlen, aber auch schwachen und wankelmütigen **Charakter.** Er ist nicht imstande, sich über die Folgen seiner Untreue gewissenlos hinwegzusetzen; aber ebensowenig kann er auf seinen vermeintlichen Anspruch auf Freiheit und Befriedigung seines Ehrgeizes zugunsten eines ruhigen, bürgerlichen Lebens verzichten. Das menschliche Ich als Größe und Verhängnis, als Begnadung und als Fluch bildet das **Thema** dieses Trauerspiels.

Als **Quelle** dienten Goethe die Memoiren des französischen Dramatikers Caron de **Beaumarchais** (1732 bis 1799)[1].

Stella. Ein Schauspiel für Liebende in 5 Akten. (1775)

Inhalt: Fernando *hat die schöne* Stella, *mit der er bereits geraume Zeit in freiem Liebesbund gelebt hatte, aus plötzlicher Unruhe heraus verlassen — wie er vor ihr seine rechtmäßige Gattin Cäcilie der jäh ihn überrumpelnden Leidenschaft für Stella zuliebe treulos im Stich gelassen hatte. Ohne Groll, in still-bescheidener Liebe zu ihrem treulosen Manne hatte Cäcilie mit ihrer Tochter* Leonie *einsam und zurückgezogen gelebt. Da sich Stella nach einer Gesellschafterin umsieht und Cäcilie in finanzielle Schwierigkeiten geraten ist, meldet sich Leonie und kommt mit ihrer Mutter, die das Mädchen, um derentwillen Fernando sie verlassen hat, nicht kennt, in den Wohnort der jüngst verlassenen Stella. Fernando, von plötzlicher Reue erfaßt, kehrt zu Stella zurück, die nun erfährt, wer Cäcilie ist. Edelmütig will sie zugunsten der rechtmäßigen Gattin Fernandos zurücktreten. Doch diese achtet die tiefe und aufrichtige Liebe ihrer jüngeren Rivalin. So entsteht ein Konflikt, der nur tragisch enden kann: Stella nimmt Gift; aus Verzweiflung erschießt sich Fernando. Trauernd steht Cäcilia am Ende des Dramas an zwei Gräbern.*

Das **Hauptmotiv** ist die leidenschaftliche Liebe, die nur dem Drängen des Herzens und des Gefühls unbekümmert folgt. Noch steht Goethe im Banne des Sturmes und Dranges, indem er die Rechte des Herzens über alle gesellschaftliche Konvention stellt. Stella folgt dem Zuge ihres Herzens und verläßt Angehörige, Heimat, Freunde und glückliche Verhältnisse. Sogar ihre bürgerliche Ehre opfert sie auf. Doch Goethes eigene Liebeserfahrungen lassen ihn bereits an der empfindsamen Exaltiertheit des Sturmes und Dranges zweifeln.

Er zeigt in seinem Drama (**Gehalt**), wohin es führen muß, wenn man sein Leben ungezügelt dem Gefühl, dem Naturtrieb überläßt. Drei an sich edle Menschen gehen aus Übermaß ihres Gefühls zugrunde.

c) Epik

Mit seinem „Götz" war Goethe zum Kronzeugen der Geniebewegung geworden. Ein Jahr später lieferte er mit seinem Briefroman

[1] Siehe Seite 180, I. Teil.

Die Leiden des jungen Werthers (1774)
das Schlüsselwerk der Empfindsamkeit.

Inhalt: *Werther ist ein edel veranlagter, hochbegabter junger Mann, der sich aber von der Heftigkeit seiner Affekte hinreißen und treiben läßt. Alles Gemäßigte, Gebundene ist ihm verhaßt, das Freie, Regellose, Überschäumende ist seine Freude; deshalb ist er auch ein Feind der bürgerlichen Tätigkeit. Mit der Realität der Dinge kommt er umso weniger zurecht, als er stets mit der Betrachtung seines Inneren und der Analyse seiner Gefühle beschäftigt ist. Er zieht sich schließlich von den Menschen in die einsame Natur zurück und droht als reiner Stimmungsmensch in bloß ästhetisches Genießen zu versinken. Wegen der hohen Ansprüche, die er an die eigene Leistung stellt, gelangt er nie zu rechter Tat. Er vernichtet sein eigenes Lebensglück, indem er sich für sein Nichthandeln immer wieder neue Gründe einredet. Da lernt er auf einem ländlichen Ball Lotte, die anmutige Tochter des Amtmanns von S., kennen. Ihre Seelenverwandtschaft läßt die beiden jungen Menschen schnell in gegenseitiger Leidenschaft zueinander entbrennen. Während jedoch Lotte, die bereits verlobt ist, die Kraft der Beherrschung besitzt und ihrem Bräutigam treu zu bleiben entschlossen ist, ist Werther nicht fähig, mit starkem Willen rechtzeitig zu verzichten. Als durch die Ankunft von Lottens Verlobten Albert eine Katastrophe droht, reißt sich Werther los und reist ab, um zu versuchen, durch tätige Arbeit die Kraft des Verzichtes zu gewinnen.*

Werther wird Attaché bei einem Gesandten, doch die kleinliche Engherzigkeit seiner neuen Umgebung und die ihn demütigende Zurückweisung, die er bei seinem Werben um ein adeliges Mädchen findet, treiben ihn dazu, seinen Posten aufzugeben und zu fliehen. Er wird nun Sekretär auf dem ländlichen Gut eines Grafen. Da ihn auch diese Arbeit nicht befriedigt und er erkennt, daß er fern von Lotte keine Ruhe finden kann, kehrt er zu dieser, die mittlerweile Albert geheiratet hat, zurück. Er findet, daß Lotte an seiner Seite glücklicher geworden wäre als an der des trocken-nüchternen Kaufmannes Albert. Eines Tages verliert er alle Selbstbeherrschung und reißt Lotte leidenschaftlich in seine Arme. Diese weist ihn jedoch zurück und flieht vor ihm. Da Werther nun erkennt, daß er mit Lotte nicht leben darf, und da er glaubt, ohne Lotte nicht leben zu können, erschießt er sich in der Nacht vor Weihnachten des Jahres 1772. Er verzweifelte an Lotte, die nicht der Macht der Leidenschaft, sondern der Konvention folgt.

Als **Formmuster** benützte Goethe die psychologischen Briefromane Samuel Richardsons (Pamela, Clarissa, Sir Charles Grandison) und den ebenfalls in Briefform geschriebenen Roman „Die neue Héloïse“ von Jean Jacques Rousseau.

Das **Thema** des Romans ist die Selbstzerstörung eines ursprünglich edlen, aber willensschwachen, empfindungsseligen, innerlich und äußerlich vereinsamten jungen Menschen, der zu seinem Unglücke von einer jungen Frau, die ihm nicht gehören kann, Erlösung erhofft. In diesem Roman verarbeitete Goethe weitgehend eigene Erlebnisse. In der Gestalt des Werther verschmolzen Goethe selbst und der unglückliche Jerusalem, ein Bekannter Goethes aus Wetzlar, den die Zurücksetzung in der vornehmen Gesellschaft und eine unglückliche Liebe zur Frau seines besten Freundes zum Selbstmord getrieben haben. Für Lotte im „Werther“, die an der Konvention festhält, gelten Charlotte Buff und die an einen nüchternen Kaufmann Brentano verheiratete Maximiliane von La Roche als Vorbilder. Albert trägt manche Züge des nüchternen Aktenmenschen Kestner. Alle Gestalten und Ereignisse des Romans sind dem wirklichen Leben entnommen, aber durch die Phantasie frei verbunden und gestaltet.

Goethe empfand sich durch das offene Selbstbekenntnis, das er durch die Abfassung des „Werther“ abgelegt hatte, von einer inneren Schuld befreit und von einem Komplex erlöst. Damit werden auch seine Worte verständlich, wenn er seinen Freunden sagte, er fühle sich neugeboren und frei wie nach einer Generalbeichte.

Die **Sprache** ist ungemein ausdrucksstark und mannigfach abgestuft: Sie ist bald von erhabenem Schwung, bald schlicht und einfach, bald leidenschaftlich erregt, bald ruhig und milde, doch immer hinreißend und anziehend.

Die **Wirkung** des Romans auf die Zeit des jungen Goethe war gewaltig. Besonders die jüngere Generation wurde von diesem Roman ergriffen. Unglücklich Liebende holten sich vor ihrem Selbstmord in der Lektüre des „Werther“ den Mut zu ihrer Verzweiflungstat. Der Roman steigerte die Wertherstimmung der Zeit zum „Wertherfieber“, rief im In- und Ausland unzählige Nachahmungen und sogar die Werthertracht hervor und wurde in alle Kultursprachen übersetzt. Selbst in China malte man auf die Teetassen Szenen aus dem „Werther“. Der Roman gehörte auch zu den Lieblingsbüchern Napoleons, der ihn auf seinem Ägyptenfeldzug mitnahm und immer wieder las. Goethe selbst hat dieses Jugendwerk in seinen späteren Jahren verurteilt.

Ulrich Plenzdorf hat in den „Neuen Leiden des jungen W.“ (1972) versucht, den Stoff gegenwartsnahe zu gestalten.

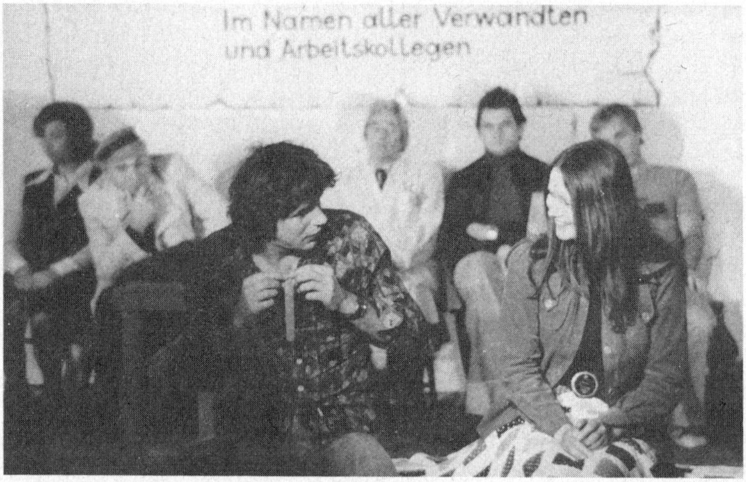

Abb. 3: Szenenfoto zu Ulrich Plenzdorfs Aufführung „Neue Leiden des jungen W.“.

Goethes erste Weimarer Jahre (1775 bis 1786)

Tätigkeit in Weimar

Im November 1775 traf Goethe in Weimar ein. Anfangs nur Gast, trat er bald in den Dienst des Herzogs, dessen treuester Freund und vertrautester Ratgeber er wurde. Nach kaum einjährigem Aufenthalt ernannte ihn der Herzog gegen den Widerstand seiner alten Räte zum Geheimen Legationsrat (1776) und drei Jahre später zum Geheimen Rat sowie Präsidenten der Kammer, womit er die höchste Stelle im Herzogtum nach dem Fürsten erreicht hatte. Gleichzeitig wurde Goethe von Kaiser Joseph II. geadelt. Im Jahr 1776 schenkte ihm der Herzog ein Gartenhaus an der Ilm und ließ später ein Haus am Frauenplan in Weimar in das Eigentum des Dichters übertragen. Mit diesen Gunstbeweisen war aber auch die Übernahme gar mannigfacher staatspolitischer Aufgaben verbunden, denen sich Goethe mit Ernst durch volle zehn Jahre widmete, so daß der Dichter ganz hinter dem Staatsbeamten zurücktreten mußte. Durch private wissenschaftliche Studien schuf er sich die nötigen Fachkenntnisse. Er konnte nach zehnjähriger Amtstätigkeit mit Genugtuung auf eine erfolgreiche Arbeit für das Land zurückblicken: als Kriegs- und Finanzminister, als Leiter der inneren Verwaltung samt Berg- und Forstwesen, als Leiter des Hoftheaters und des Unterrichtswesens, als Direktor der Wegebaukommission und als außenpolitischer Berater des Herzogs. Der Landbevölkerung wandte er seine besondere Sorge zu. Er setzte für Obst und Feldfrüchte feste Preise, hob Steuern auf und traf Maßnahmen zur Entlastung von Grund und Boden.

Nach dem Willen der Herzoginmutter Anna Amalia sollte sich Goethe des jungen, erst achtzehnjährigen Herzogs auch erzieherisch annehmen. Karl August machte alle Phasen des damaligen Sturmes und Dranges in seiner persönlichen Lebenshaltung durch. Goethe, der durch eigenes schmerzliches Erleben den Sturm und Drang überwunden hatte, verstand es, seinen Freund und Schüler Karl August von den wahren Werten des Lebens zu überzeugen. So wurde aus dem überschäumenden Geniemenschen ein pflichtbewußter Herrscher im Sinne des aufgeklärten Absolutismus, der die nicht sehr reichlich fließenden Geldmittel seines kleinen Fürstentums zur sinnvollen Pflege von Kunst und Kultur einsetzte und so Weimar inmitten der äußerst unruhigen Zeitläufe der Napoleonischen Kriege zu einem echten „Musenhof" machte. Goethes Erziehungsmethoden tragen viele moderne Züge.

Abb. 4: Johann Wolfgang Goethe und Karl August.

Kleine Reisen

Im Winter 1777 begab sich Goethe allein auf eine **Harzreise** und bestieg den Brocken. Diese Reise schenkte ihm innere Beruhigung und Besinnung auf seine Erziehungsaufgabe gegenüber dem Herzog. Zusammen mit diesem unternahm er im Winter 1779/80 eine zweite **Schweizerreise,** die ihn diesmal über Basel zum Genfer See und ins Montblancgebiet führte. Auf der Heimreise wurde ihnen zu Ehren in Stuttgart auf der Militärakademie ein Festakt veranstaltet, bei dem der Eleve Schiller Goethe zum ersten Male sah.

Goethes endgültige Loslösung vom Sturm und Drang, seine innere Läuterung, wurde nur zum Teil durch die Hingabe an seine staatsamtliche Tätigkeit und durch sein freiwilliges Erzieheramt beim jähzornigen und eigenwilligen Herzog Karl August herbeigeführt. Vollendet wurde sie erst durch seine Freundschaft mit der feinsinnigen und hochgebildeten Frau Charlotte von Stein[1]. Durch ihre unglückliche Ehe mit dem Oberstallmeister Herrn von Stein, einer rauhen und nüchternen Soldatennatur, und durch den frühen Tod von vier ihrer zahlreichen Kinder hatte sie großes Leid zu tragen und lebte in Zurückgezogenheit am Hof. Goethe fand bei ihr in all den Bedrängnissen seines Lebens Verständnis. Sie führte ihn aus seiner Ichversponnenheit zur Anerkennung der Gesellschaft als einer berechtigten Macht. Aus Goethes

1 Siehe III. Teil: Peter Hacks „Ein Gespräch im Hause Stein über den abwesenden Herrn von Goethe".

Dichtung schwanden die eigensinnigen, ichbetonten Helden, deren Eigenwilligkeit nunmehr abgelehnt und verurteilt wurde.

In fast täglichem Gedankenaustausch lernte Frau von Stein alle persönlichen Probleme Goethes sowie alle seine Pläne und Arbeiten, mit denen er sich beschäftigte, kennen. Bereitwilligst nahm er ihr Urteil an und hörte auf ihren Rat. Durch ihre maßvolle Art gab sie ihm inneren Frieden und Ruhe. In allen Bedrängnissen seines Lebens fand der Dichter bei ihr ehrliches Verstehen. Nur als er die Mutter seiner Kinder, Christiane Vulpius, die ihm vor der Bedrohung durch plündernde französische Soldaten das Leben (1806) gerettet hatte, heiratete, zog sich auch Frau von Stein aus Rücksicht auf die Konvention jener Zeit von ihm zurück.

Abb. 5: Szenenfoto zu Peter Hacks' Aufführung „Ein Gespräch im Hause Stein über den abwesenden Herrn von Goethe“.

Dichterische Arbeiten

Seine Lyrik kreiste um das Thema der Huldigung an Frau von Stein. Ferner arbeitete Goethe an seinem „Faust“ und an „Egmont“. In flüchtiger Prosafassung entstanden drei neue Dramen: **Die Geschwister, Iphigenie** und **Tasso** sowie der Roman **Wilhelm Meister** in seiner Urfassung, deren Formen aber bald nicht mehr Goethes neuer Kunstauffassung entsprachen.

Nach zehn Jahren angestrengtester Arbeit und eines zermürbenden Hoflebens, das ihm immer häufiger den sehnsüchtigen Ausruf nach Frieden erpreßte, fühlte sich Goethe erschöpft.

3. Die italienische Reise

(September 1786 bis Juni 1788)

Von **Karlsbad** aus, wo Goethe zur Kur mit dem Hof weilte, trat er im September 1786 die Fahrt gegen den Süden an. Nur dem Herzog hatte er sein Vorhaben angedeutet, die Freunde, auch Frau von Stein, die darum zürnte, wußten nichts davon. Eine fast abergläubische Furcht erfüllte ihn, etwas könnte seinen Plan zu guter Letzt noch vereiteln. Der Weg ging über München, Mittenwald und Innsbruck dem Brenner zu. Die ersten Spuren südlicher Pflanzenwelt in der Nähe von Bozen wurden mit Jubel begrüßt. Am Gardasee gab es ein kleines Abenteuer, da man den zeichnenden Goethe für einen österreichischen Spion hielt. Dann ging es über Verona, Vicenza (mit den prachtvollen Bauten Palladios) und Padua nach Venedig, wo er längeren Aufenthalt nahm. Weiter führte der Weg den Dichter über Florenz nach **Rom,** wo er von der deutschen Kolonie mit offenen Armen aufgenommen wurde, und, abgesehen von einer Reise nach Neapel und Sizilien, fast zwei Jahre bis zum Frühling 1788 zubrachte. Hier in der Ewigen Stadt umgab ihn die Kultur der Antike in ihrer ganzen Fülle. Ihr Anblick brachte nun endlich die Umwandlung in ihm zum Durchbruch, die sich schon in Weimar angebahnt hatte. Er begeisterte sich für das klassische Ebenmaß, die Einfachheit und Anschaulichkeit der antiken Altertümer und der italienischen Renaissancekunst (Raffael, Leonardo, Michelangelo, Peterskirche[1]). Er lernte die antike Kunst mit Winckelmanns Augen anschauen und empfand ihre „edle Einfalt und stille Größe", wie sie Winckelmann sah, als Anerkennung jenes Stilgesetzes, das nicht das Individuelle, sondern das allgemein Menschliche, das Typische zum Ausdruck bringen will. Diese Erkenntnis übte auf sein eigenes künstlerisches Schaffen die tiefste Wirkung aus. Als oberstes Kunstgesetz schwebte ihm eine ausgewogene Harmonie der einzelnen Teile beim Zusammenfügen zu einem festen Organismus vor. Darum beschloß Goethe, alles in Weimar Geschaffene einer durchgreifenden Umarbeitung zu unterziehen, deren äußeres Merkmal die Anwendung der gebundenen Rede anstelle der Prosa war. Die Schönheit und der Reichtum der Natur veranlaßten ihn zu neuen botanischen und geologischen Studien. Freundschaftlicher Verkehr mit Künstlern (Maler Tischbein, dessen Goethebildnis den Künstler unsterblich machte, der Malerin Angelika Kauffmann, dem Bildhauer Trippel, dem Archäologen Heinrich Meyer, dem Altertumsforscher Moritz und dem jungen Landschaftsmaler Philipp Hackert, der Goethe auf seiner Reise nach Sizilien begleitete) förderte die Lust an Kunstgesprächen und regte eigene Versuche an. Unter Anleitung seiner Freunde fertigte Goethe etwa 1000 Landschaftszeichnungen nach der Natur an. Doch erkannte er damals die Grenzen seiner Begabung und gab noch in Italien den Glauben endgültig auf, auch als bildender Künstler erfolgreich schaffen zu können. Der italienische Aufenthalt war für ihn eine Zeit eines einzigen harmonischen Zusammenklanges von Freiheit, Kunst und Geselligkeit auf dem Hintergrund der großen Vergangenheit von Land und Volk. Italien schenkte ihm Lösung aus innerer Not, Festigung und Klärung seines künstlerischen Schaffens. Die Erkenntnis, zum Dichter berufen zu sein und der Dichtkunst vor allem leben zu müssen, war für alle Zeiten gewonnen. Goethe nahm im April 1788 von Rom Abschied und kehrte am 18. Juni 1788 als völlig gewandelter und gereifter Mann zurück.

4. Nach der Rückkehr aus Italien (1788 bis 1794)

Wieder zu Hause in Weimar, veröffentlichte Goethe seine neuen Werke, die aber nicht die gewünschte Anerkennung fanden. Das **große Publikum** wandte sich von Goethe ab und Schiller zu, dessen Jugenddramen überall Begeisterung auslösten. Selbst die früheren Weimarer **Freunde** entfremdete er sich durch seine von ihnen als kränkend empfundene Schwärmerei für Italien. Die lange Trennung hatte ihn auch von Frau **von Stein** entfernt. Es kam zum offenen Bruch, als er **Christiane Vulpius,** ein Arbeitermädchen aus der Bertuchschen Blumenfabrik, als seine Frau in sein Haus nahm. Nicht nur Frau von Stein, sondern auch die Hofgesellschaft begann sich daraufhin von dem Dichter zurückzuziehen, so daß er in **Vereinsamung** und Verkennung geriet.

Nur die Freundschaft mit dem *Herzog* blieb die gleiche, der ihn von einem großen Teil der früheren **Amtsgeschäfte** befreite und ihn so der Dichtung zurückgab. Der Herzog stand Pate, als Christiane Goethe einen Sohn (August, geb. 1789) gebar.

Auch die **Französische Revolution** von 1789 verschärfte Goethes Mißstimmung, da er alles Gewaltsame ablehnte. In einer Reihe von Dichtungen machte er seinem Mißmut Luft. Die Arbeit an größeren Werken, wie am Epos „Reineke Fuchs" und an der Umarbeitung des Wilhelm-Meister-Romans, rückte nur langsam vor. Wehmütig gedachte er in seinen „Römischen Elegien" seiner italienischen Zeit. — Neben der Leitung des Hoftheaters, die er weiterhin innehatte, flüchtete er in **naturwissenschaftliche** (Farbenlehre, Optik, Botanik) und **kunstgeschichtliche Studien.** Die Dichtung trat immer stärker zurück, da es an dem nötigen Widerhall im Publikum fehlte.

Das geordnete Familienleben, das ihm Christiane bereitete und das er bisher hatte entbehren müssen, band ihn ans Haus und nahm ihm alle Lust am Reisen. Nur über den ausdrücklichen Wunsch des Herzogs unternahm er im Jahr 1790 eine zweimonatige **Reise** nach **Venedig,** um die Herzoginmutter abzuholen, die sich auf eine Italienreise begeben hatte. Damals entstanden die „Venetianischen Epi-

[1] Siehe Seite 106f., I. Teil.

gramme". Die Teilnahme des Herzogs am **Feldzug** (Die Campagne in Frankreich) gegen das **französische Revolutionsheer** und an der Belagerung von **Mainz** (1793) fanden durchaus nicht Goethes Billigung, denn er erkannte, daß mit der Revolution ein neues weltgeschichtliches Zeitalter begonnen habe. Goethe mußte dabei den Herzog begleiten, was ihm keineswegs gelegen kam. Unter diesen bedrückenden Verhältnissen, die ihn umgaben, bedurfte der enttäuschte und vereinsamte Dichter einer neuen Anregung. Sie kam, als Friedrich Schiller in sein Leben trat.

Abb. 6: Das weimarische Hoftheater.

5. Der Bund mit Schiller (1794 bis 1805)

Nach einer Sitzung der Naturforschenden Gesellschaft in Jena gerieten im Sommer 1794 Goethe und Schiller in ein Gespräch, das beide einander näherbrachte. Bald entwickelte sich eine innige Freundschaft. Nach der Übersiedlung Schillers im Jahr 1799 nach Weimar trafen sich die beiden Dichter fast täglich zu einem lebhaften Gedankenaustausch.

Goethe erlebte nun ein neues Aufblühen seiner dichterischen Kraft. In dankbarer Anerkennung von Schillers wohltuendem Einfluß schrieb er diesem im Jahr 1797: „Sie haben mir eine zweite Jugend verschafft und mich wieder zum Dichter gemacht, welcher zu sein ich so gut als aufgehört hatte." Ein Ergebnis gemeinsamer Arbeit mit Schiller sind Goethes Xenien (1796) und Balladen (1797). Von Schillers begeisterter Anteilnahme gefördert, schrieb Goethe damals den Roman „Wilhelm Meisters Lehrjahre", das Epos „Hermann und Dorothea" und das Drama „Die natürliche Tochter". Schließlich kam es unter dem unablässigen Drängen Schillers auch zu einer Wiederaufnahme der Arbeit am „Faust".

Die Zeit zwischen Goethes Rückkehr aus Italien und Schillers Tod (1788 bis 1805) umschließt im engeren Sinn die **Weimarer Klassik,** die sich die maßvolle und harmonisch ausgewogene Darstellung des Allgemeinen und Typischen zur Aufgabe setzte. In diesem Ziele fanden sich die beiden Freunde, die einander viel verdankten. Schiller drängte Goethe zur klareren, philosophischen Fundierung seiner Dichtung. Goethe verhalf dem idealen Gedankenflug seines Freundes zu größerer Gegenständlichkeit seiner Dichtung. Gemeinsam fanden sie auch reiche Anregung aus dem Besuch der französischen Dichterin Frau **von Staël,** die damals an einem Werk über Deutschland („De l'Allemagne") arbeitete. Ohne den oft kränkelnden Freund unternahm Goethe im Jahr 1797 eine **dritte Schweizerreise,** begleitet vom Maler und Kunsthistoriker Heinrich **Meyer,** den er von Italien her kannte und den er als Lehrer an die Weimarer Kunstschule berufen hatte. Meyer war Goethes Vertrauensmann in allen Fragen der bildenden Künste. Mit ihm zusammen gab er von 1797 bis 1800 die Kunstzeitschrift „Die Propyläen" heraus.

Schillers früher Tod, 1805, traf Goethe sehr hart. Im „Epilog zu Schillers Glocke", geschrieben zu einer Aufführung lebender Bilder aus dem Gedicht auf der Lauchstädter Bühne im August 1805, widmete er ihm einen weihevollen Nachruf.

6. Der alte Goethe (1805 bis 1832)

Die nächsten Jahre nach Schillers Tod brachten Krieg und Verwirrung. Sie lähmten fürs erste Goethes dichterische Kraft. Es dauerte mehrere Jahre, ehe er wieder Ruhe zum Arbeiten fand.

1806 ging das Heilige Römische Reich unter. Im gleichen Jahr brach **Preußen** im Zug der **Napoleonischen Kriege** zusammen. Nach der Niederlage von Jena kam es zur **Plünderung Weimars** durch die Franzosen, wobei der Dichter in Lebensgefahr geriet, aus der ihn nur Christianens Geistesgegenwart und unerschrockener Mut erretteten; damals heiratete Goethe seine langjährige Lebensgefährtin. Als das gewaltige Werk der **Befreiungskriege** eingeleitet wurde, wollte Goethe an einen Erfolg zuerst nicht recht glauben. Demonstrativ legte er den französischen Orden der Ehrenlegion an; denn in der bis ins Lächerliche getriebene Eigenbrötelei der vielen deutschen Kleinstaaten fand er keine Spur von Größe, während ihm die zielbewußte Staatskunst Napoleons bedeutend erschien. Seine Verehrung für den großen Mann, der über die Schranken der Einzelnationen hinaus zu einem Weltbürgertum zu führen schien, war groß. Anläßlich eines Empfanges bei Napoleon in Erfurt (1808) machte dieser einen starken Eindruck auf ihn.

Abb. 7: Goethes Garten mit Häuschen in Weimar.

Die späteren politischen Ereignisse (Wartburgfest der deutschen Studenten, Ermordung Kotzebues durch den Jenenser Studenten Sand, die Julirevolution 1830 in Frankreich) berührten ihn aufs unangenehmste, da er gegen jedwege gewaltsame Änderung war.

Der heraufkommenden **Romantik** stand er anfangs freundlich, später aber ablehnend gegenüber, wenn er auch im ganzen keineswegs unbeeinflußt von ihr blieb. Ihre Ideen über Weltliteratur und die Herausgabe deutscher Volkslieder im „Wunderhorn" fanden seinen uneingeschränkten Beifall. Goethe selbst erstrebte eine Weltliteratur über die engen Grenzen einer bloßen Nationalliteratur hinaus. Er versenkte sich in die persische, serbische und spanische Literatur und interessierte sich lebhaft für die moderne Literatur Europas: für Lord Byron, Alessandro Manzoni, Walter Scott, Thomas Carlyle, Pierre Jean de Béranger und Victor Hugo.

In den letzten Lebensjahren wurde es immer **einsamer** um Goethe. Fast alle **Freunde** der früheren Jahre **starben** vor ihm: 1807 die Herzoginmutter Anna Amalia, 1808 seine eigene Mutter in Frankfurt, 1813 Christoph Martin Wieland, 1816 Christiane, 1827 Frau von Stein, 1828 der Herzog Karl August, 1830 die Herzogin Luise und sein eigener Sohn August.

Neue Freunde gewann er in Johann **Eckermann** und Kanzler **von Müller,** die uns beide den Inhalt ihrer Gespräche mit dem alten Goethe überliefert haben.

Wiederholte **Bäderreisen** nach Karlsbad, Marienbad und Teplitz, zwei Reisen an den Rhein und nach Frankfurt brachten dem langsam Alternden wiederholt Erholung. Die Freude seines Alters waren seine Enkelkinder, die Knaben Walter und Wolfgang, besonders aber deren Schwester Alma (sie starb in Wien, Grillparzer verfaßte auf ihren Tod das Gedicht „Alma von Goethe"), die der Ehe von Goethes Sohn mit Ottilie von Pogwisch entstammten.

Der Briefwechsel mit der ihn enthusiastisch verehrenden **Bettina,** der Tochter seiner Jugendfreundin Maximiliane Brentano, bereitete ihm viel Freude. Der Verkehr mit der jungen und anmutigen Minna **Herzlieb** in Jena regte ihn zu zierlichen Sonetten an. Ein für beide beseligendes und steigerndes Glück schuf die Begegnung zwischen Goethe und **Marianne von Willemer**[1], der Gattin eines Frankfurter Bankiers. Die tiefempfundene Liebeslyrik im „West-östlichen Divan" ist der Niederschlag dieses Erlebnisses, aus dem sich Goethe in gewaltsam-schmerzhafter Entsagung nach Weimar zurückzog. Einige der schönsten Lieder des „Divans" stammen von Marianne. In Resignation endete auch Goethes letzte Liebe. Den Zweiundsiebzigjährigen ergriff bei Kuraufenthalten in Karlsbad und Marienbad eine leidenschaftliche Zuneigung zu der achtzehnjährigen **Ulrike von Levetzow.** Die Verse der „Marienbader Elegie", die Goethe mit zwei weiteren Gedichten zu einer „Trilogie der Leidenschaft" zusammenfaßte, bezeugen erschütternd den Ernst und die Heftigkeit seiner Neigung.

Mit unermüdlicher wissenschaftlicher und dichterischer Arbeit füllte Goethe seine letzten Lebensjahre. Es entstanden damals außer zahlreichen lyrischen Dichtungen die Dramen „Pandora", „Faust, 2. Teil", die epischen Werke „Wilhelm Meisters Wanderjahre", „Die Novelle" und „Die Wahlverwandtschaften".

In den letzten Jahrzehnten seines Lebens war Goethe zu einer fast mythischen Gestalt geworden, die nicht nur im Inland, sondern auch im Ausland Anerkennung fand. Viele seiner Dichtungen wurden in fremde Sprachen übersetzt. Ausländer besuchten ihn in Weimar. Von Goethe empfangen zu werden, galt bald als besondere gesellschaftliche Auszeichnung, die vor allem von jungen Engländern angestrebt wurde. Am 22. März 1832 starb Goethe, ohne zuvor an ein langes Krankenlager gefesselt zu sein. Er liegt in der Gruft der Weimarer Fürsten neben Schiller begraben.

Goethes Werke (1775 bis 1832)

Lyrik

Freude und Schmerz, Haß und Liebe, Seelenfrieden und Leidenschaft, Unschuld und Schuld, Mut und Verzweiflung, Traum und Wirklichkeit, Kunst und Natur, Jugend und Alter, Leben und Tod, Gott und die Welt – all das ist Thema seiner Lyrik. Gefühle werden nicht beredet, sondern durch die Darbietung konkreter Vorstellungen erzeugt. Goethe erfüllt so seine eigene Forderung: **„Bilde, Künstler, rede nicht!"** Selbst seine Gedankenlyrik entspringt nicht der Reflexion, sondern ist immer Ausdruck persönlicher Erfahrung.

Unerschöpflich wie der Inhalt ist auch der **Reichtum der Dichtungsformen:** Lieder, Oden, Hymnen, Elegien, Balladen, Sprüche, Legenden, Fabeln und Parabeln. Ebenso vielfältig sind Goethes Versformen: er beherrscht den Knittelvers, die antiken Versmaße, die Stanze, das Sonett und morgenländische Rhythmen. In der zeitlichen Folge ihrer Entstehung betrachtet, geben die Gedichte Goethes ein Bild seines gesamten persönlichen und künstlerischen Schicksals von der Jugend bis zum Alter.

Im ersten Jahrzehnt in Weimar (1775 bis 1786)

zeigen die **Gedichte** Goethes Loslösung von dem Überschwang und der Hingabe an die Dämonen in der eigenen Brust, seine Befreiung vom Sturm und Drang. Sie kreisen alle um die folgenden **Themen:** die neue Lebenssituation (*Seefahrt*), die dankbare Liebe zu Charlotte von Stein (*An Frau von Stein, Rastlose Liebe, An den Mond*), das Streben nach Selbsterziehung, Läuterung, Entsagung und Mäßigung, die neue Bindung an Sittengesetze und an die Konventionen der Gesellschaft (*Das Göttliche*).

[1] Marianne Willemer, geborene Jung, stammte vielleicht aus Linz.

Die knapp vor der Italienreise geschaffenen *Mignonlieder* künden von der Sehnsucht nach Italien, nach einer Wiedergeburt durch die Antike.

In und nach Italien (1786 bis 1794)

entstanden die *Römischen Elegien* (1788 vollendet), in denen der Mann und Künstler dankbar und glücklich seiner Vollendung zum Klassiker durch Italien gedenkt. Die Form der Verse ist beeinflußt von Catull, Properz und Tibull[1].

Die *Venetianischen Epigramme* (1790) schildern in erster Linie die Sehnsucht Goethes nach dem häuslichen Glück mit Christiane Vulpius, die in Weimar zurückgeblieben war, als er 1790 nach Venedig reiste. Die frühere Begeisterung für Italien ist dabei einer gewissen Ernüchterung gewichen; der Dichter ist nunmehr nicht mehr blind für die Fehler und Schwächen des italienischen Volkes.

Der Bund mit Schiller (1794 bis 1805)

regte Goethe zur Xenien- und Balladendichtung an.

Die Xenien (1796) bringen eine Abrechnung mit der zeitgenössischen Literatur.

Während Goethe in seinen frühen Balladen (*Der Fischer* 1777, *Erlkönig* 1782, *Der Sänger* 1783) eine volkstümliche Stimmungslyrik schuf, entstanden im Jahr 1797 unter dem Einfluß des Freundes **Ideenballaden** (*Der Schatzgräber, Der Zauberlehrling, Der Gott und die Bajadere, Die Braut von Korinth*) von hoher Darstellungskunst.

Die nach Schillers Tod geschriebenen Balladen (*Hochzeitslied, Der getreue Eckart, Der Totentanz, Die wandelnde Glocke* u. a. m.) sind wieder frei von betont lehrhafter Absicht und ausgesprochene Stimmungsballaden.

Die Lyrik des alten Goethe (1805 bis 1832)

zeigt eine deutliche Loslösung von der einseitigen Klassik und Hinwendung zu Romantik, die ihn vor allem zu seinem *West-östlichen Divan* (1819) angeregt hat. Der Titel bedeutet: eine Sammlung von Gedichten in östlich-orientalischem Kleid von einem westlichen Verfasser.

Die in zwölf Bücher aufgeteilten Gedichte preisen Wein, Liebe und geselliges Leben. Sie bieten daneben lehrhafte Betrachtungen von tiefster Lebensweisheit. Die Liebesgedichte sind Ausdruck der Liebe Goethes (Hatem) zu Marianne von Willemer (Suleika), die selbst die Verfasserin einiger in den „Divan“ aufgenommenen Gedichte ist (Suleika-Lieder).

Einen breiten Raum in Goethes Altersdichtung nimmt seine **Gedankenlyrik** ein.

1827 bringen das letzte lyrische Werk Goethes *Die Trilogie der Leidenschaft* („An Werther“, „Elegie“, „Aussöhnung“), deren Kernstück nach der Trennung von Ulrike von Levetzow entstand. Mit schmerzlichem Verzicht, ohne bitteren Nachton, in lösender Versöhnung nimmt Goethe Abschied von der Liebe, der er in seinem langen Leben so oftmaligen Auftrieb und innere Bereicherung verdankt hat.

Dramen

Überblick:

1. *Egmont*	(1787)	4. *Torquato Tasso*	(1790)
2. *Die Geschwister*	(1776)	5. *Faust*, 1. Teil	(1808)
3. *Iphigenie auf Tauris*	(1787)	2. Teil	(1832)

[1] Siehe Seite 121, I. Teil.

1. *Egmont*. Ein Trauerspiel in 5 Aufzügen.

Als Sturm-und-Drang-Drama wie der „Götz“ zunächst gedacht und 1775 in Frankfurt begonnen, wurde es später dem neuen klassischen Stil angenähert und erst 1787 abgeschlossen. In gehobener, gepflegter Sprache, aber noch in Prosa abgefaßt, erschien das Trauerspiel 1788 im Druck. Die erste Aufführung erfolgte 1791. 1810 komponierte der große Goetheverehrer Beethoven seine berühmte Egmont-Ouvertüre, in der die Idee der Freiheit zum Ausdruck kommt.

Abb. 8: Szene III,2 zwischen Egmont und Klärchen.

Abb. 9: Szenenfoto zu Goethes Aufführung „Egmont“.

Goethes Trauerspiel „Egmont“ berichtet vom Tod des Grafen von Egmont (5. Juni 1568) während des Freiheitskampfes der Niederlande gegen die spanische Herrschaft. Es ist kein Geschichtsdrama, sondern ein dramatisiertes Charakterbild eines Helden, den seine dämonische Getriebenheit, das Unmaß seines Selbstvertrauens und sein lebensfrohes, unbekümmertes Wesen ins Verderben stürzen. Erst angesichts des Todes wird der Held von seiner naiven Selbstsicherheit und Selbstsucht befreit und geläutert, indem er durch das Erleiden eines tapfer getragenen Opfertodes für sein Volk über sich selbst hinauswächst.

Goethes Egmont hat mit dem geschichtlichen wenig zu tun. Der historische Graf Egmont stand bereits im reiferen Alter, war verheiratet und blieb aus Rücksicht auf seine Familie und seiner Güter in Brüssel. Da er zwei Siege über die Franzosen errungen hatte, hielt er sich vor Philipps Argwohn sicher.

Inhalt: *Durch Teilung der Habsburgischen Hausmacht unter den Enkeln Kaiser Maximilians, Karl und Ferdinand, sind die Niederlande an die spanische Linie der Habsburger gekommen.*

König Philipp II., der Sohn Kaiser Karls V., will die Rekatholisierung in den Niederlanden mit aller Gewalt des absolut regierenden Herrschers durchführen. Der überwiegend calvinistisch gesinnte Teil der Niederländer kämpft vor allem um die bedrohte religiöse Freiheit. Ihre Führer sind der weltgewandte und weit vorausblickende Graf Wilhelm von Oranien und der sorglose, jugendlich strahlende Graf Egmont. Solange Margarethe von Parma, die Halbschwester Philipps II., Statthalterin in den Niederlanden ist, herrscht relative Ruhe im Lande, die leider durch den Bildersturm des evangelischen Volkes gestört wird. Dies veranlaßt König Philipp, seine Halbschwester durch den eiskalt berechnenden Feldherrn Herzog Alba zu ersetzen, den er mit großem Heer und besonderen Vollmachten nach den Niederlanden sendet, um die Rekatholisierung mit aller Gewalt durchzuführen. Während Wilhelm von Oranien sich rechtzeitig in Sicherheit bringen kann, bleibt Egmont trotz der Warnungen seiner Freunde im Land. Er glaubt, mit Herzog Alba auf gleicher Stufe stehend, verhandeln zu können. Das ist aber unmöglich, da beide Männer entgegengesetzte politische Systeme verkörpern. Egmont ist der Vertreter der Freiheit des Volkes gegen Unterdrückung, Alba dagegen der Repräsentant des krassen Absolutismus, der keinerlei Widerspruch duldet. Die ritterliche Denkungsart Egmonts kennt keine Hinterlist. In seiner Arglosigkeit geht er darum dem Herzog in die Falle. Es wird ihm der Prozeß gemacht, und er wird auf dem Hauptplatz in Brüssel hingerichtet. Die Liebe des Volkshelden Egmont zu dem einfachen Bürgermädchen Klärchen ist eine Erfindung Goethes. Sie unterstreicht aber den eigenartigen Charakter des Helden. Als Klärchen von der Verurteilung Egmonts erfährt, nimmt sie Gift, um ihm im Tod voranzugehen. In der letzten Nacht erscheint ihm im Traum die Göttin der Freiheit, die die Gesichtszüge seines Klärchens trägt, und verkündet ihm den Endsieg seines Volkes. In letzter Stunde erlebt Egmont noch die innere Genugtuung, daß der Sohn Albas ihn im Gefängnis besucht und ihn als echten Helden und nachahmenswertes Vorbild bewundert.

Leichtlebig, ja leichtsinnig schien er bisher dahinzuleben, bis ihn der Tod weckt und seinem Volk zurückgibt. Wie er diesen gefaßt auf sich nimmt, macht ihn zum Helden. Daß er ihn als Opfertod erlebt und deutet, erhöht ihn zum Schutzgeist, zur mythischen Gestalt, die seine Landsleute zu Widerstand und Sieg anfeuern wird. Der sterbende Egmont denkt nicht mehr daran, wieviel ihm der Tod nimmt, sondern daran, wieviel er seinem Volk damit gibt. Deutlich spüren wir in der im Drama vorgeführten Wandlung des Helden Goethes eigene Entwicklung von unbekümmerter Hingabe an die wilden Dämonen in seinem Inneren während seiner Sturm- und Drangzeit zu Mäßigung und Besonnenheit, zum Verzicht auf Eigenwünsche im Dienste der Mitmenschen.

2. *Die Geschwister.* Ein Schauspiel in einem Akt. (1776)

Der kleine Einakter in Prosa stellt eine Huldigung an Frau von Stein dar.

3. *Iphigenie auf Tauris.* Ein Schauspiel.

Der Stoff stammt aus der gleichnamigen Tragödie von Euripides[1], doch nahm Goethe wesentliche Veränderungen vor. Vor ihm wurde die altgriechische Iphigeniensage von Jean *Racine*[2] (*Iphigénie en Aulide*, 1669), nach ihm von Gerhart *Hauptmann* (Die Atriden-Tetralogie: Iphigenie in Aulis, 1943, Iphigenie in Delphi, 1941, Agamemnons Tod, 1943, Elektra, 1944) in Dramenform dargestellt. Auch Komponisten (Willibald Gluck)[3] und Maler (Giovanni Battista Tiepolo und Anselm Feuerbach) gestalteten denselben Stoff. Ebenso der österreichische Dramatiker Friedrich Halm in seiner „Iphigenie in Delphi".

[1] Siehe Seite 118, I. Teil.
[2] Siehe Seite 153, I. Teil.
[3] Siehe Seite 176, I. Teil.

Goethes „Iphigenie“ ist ein **hohes Ideendrama,** d. h., daß im Mittelpunkt der Handlung eine allgemeingültige Idee steht: Die stille Größe edler Weiblichkeit kann alle menschlichen Gebrechen sühnen und die Unruhe im Menschen bändigen. Mit diesem Werk hat die deutsche Klassik ihre Vollendung erfahren. In den Versen, mit denen Goethe 1827 dem Schauspieler Krüger ein Buchexemplar des Dramas widmete, drückt der Dichter selbst die dargestellte Idee wie folgt aus:

„Alle menschlichen Gebrechen
sühnet reine Menschlichkeit.“

Abb. 10: Goethe als Orest mit Corona Schröter als Iphigenie in der Uraufführung der ersten Prosafassung der „Iphigenie auf Tauris“.

In der Idealgestalt der Iphigenie verkörpern sich edle Menschlichkeit und Herzensreinheit, deren Zauber und Macht das Dramengeschehen schildert. Iphigenie besitzt den wagenden Glauben an die Hilfe der Götter. Sie ist davon überzeugt, daß ihr diese beistehen werden, wenn sie ihre Humanität in den Wirren des Lebens bewahrt und sich frei von Schuld und Lüge erhält.

Inhalt: *Gleich zu Beginn des Dramas tritt uns* Iphigenie *entgegen. Sie war als junges Mädchen in Aulis von ihrem Vater* Agamemnon *zum Sühneopfer bestimmt, aber von* Diana *nach Tauris entrückt worden, wo sie als Priesterin im Dienst des Barbarenkönigs* Thoas *seit vielen Jahren wirkt. Voll schmerzlicher Sehnsucht gedenkt sie der fernen Heimat. Durch Erdulden der Opferung und der Verbannung, durch demütiges Sich-Beugen vor der Gottheit hat sie sich zu edler Humanität erhoben. Da wird sie plötzlich aus der Abgeschiedenheit des Tempels der Diana mitten hinein ins lärmende Leben geworfen. Der Kampf um die Erhaltung ihrer reinen Menschlichkeit und deren heilende Wirkung auf die Menschen um sie bilden den Inhalt der Handlung, die in harmonisch aufeinander abgestimmten acht Stufen abläuft.*

Die erste Stufe *zeigt als erste Wirkung der Reinheit Iphigeniens die gelungene Veredelung des Thoas, der jenes Gesetz des Landes, wonach jeder eindringende Fremde dem Opfertod geweiht ist, außer Kraft gesetzt hat. Doch erfolgte dieser Verzicht auf grausame Menschenopfer nicht aus letzter sittlicher Erhebung, sondern aus Liebe zu seiner Priesterin.*

Die zweite Stufe *bringt den ersten Angriff auf die Reinheit Iphigeniens, indem Thoas sie zur Gemahlin begehrt. Durch ihre Einwilligung würde sie eine Lüge auf sich laden, da Thoas für sie einen väterlichen Freund und nicht mehr bedeutet.*

Die dritte Stufe *schildert die erste Rettung der Reinheit. Iphigenie folgt ihrer inneren Stimme, die unbedingte Wahrheit von ihr verlangt und eine Rücksichtnahme auf Zweckmäßigkeitserwägungen und praktische Lebensklugheit verbietet. Sie schlägt die Werbung des Königs ab.*

Auf der vierten Stufe *kommt es dadurch zum Verlust des Glücks. Der gekränkte Thoas befiehlt ihr die Opferung zweier eben festgenommener Fremdlinge. Sie weiß zunächst nicht, daß es sich da um ihren Bruder* Orest *handelt, der die Mörder seines Vaters, seine Mutter und deren Liebhaber Aegisth, getötet hat und*

Abb. 11: Szenenfoto zu Goethes Aufführung „Iphigenie auf Tauris".

deshalb von den Furien verfolgt wird. Doch Apollo hat ihm Erlösung von dem Fluch versprochen, wenn er „die Schwester aus Tauris nach Griechenland bringe". Der Gott meinte damit Iphigenie selbst und nicht das Götterbild seiner Schwester Diana im Tempel. Doch Orest mißversteht zunächst den Orakelspruch und ist daher mit seinem Freund Pylades *gekommen, um das Bild zu rauben.*

Entsprechend der ersten berichtet die fünfte Stufe *eine zweite Wirkung der Reinheit Iphigeniens. Sie erkennt in dem unglücklichen Orest ihren Bruder. Ihr Glaube an die Macht der Liebe und Versöhnung treibt Orest zu heiß aufsteigender Reue, aus der die Befreiung von dem Tantalidenfluch erwächst. Die Herzensreinheit der Schwester verscheucht und überwindet die Rachegeister.*

Parallel zur zweiten erfolgt auf der sechsten Stufe *ein neuerlicher Angriff auf die Reinheit der Priesterin. Orest und Pylades wollen sie zum Raub des Götterbildnisses und zur gemeinsamen Flucht überreden, zum Betrug an König Thoas.*

In einer Weiterführung des Parallelismus rettet auf der siebenten Stufe *der Handlung Iphigenie zum zweitenmal ihre Reinheit. Auf ihr eigenes Bild von den Göttern hin überwindet sie die Furcht der Kreatur vor dem scheinbar sicheren Tod und wagt es gegenüber Thoas statt mit Betrug und Raub mit der Wahrheit. Sie gesteht ihm den Befreiungsplan und legt ihr und der Ihren Los in seine Hand.*

Nun wird das auf der vierten Stufe verlorene Glück wieder hergestellt. Auf der achten Stufe *entzündet die edle Gesinnung Iphigeniens die gleiche auch im König. Wenn er sich auch innerlich schon überwunden gibt, so kann er aber doch nicht zulassen, daß die Griechen das heilige Dianabild rauben. Da erkennt Orest, daß der Orakelspruch nicht Apollos Schwester, sondern seine eigene gemeint hat. Er erscheint nun endlich geheilt, indem er die wahre Meinung der Götter erkennt. Er verzichtet auf die Statue, worauf Thoas die Griechen ziehen lassen will. Als Iphigenie ihn um ein Wort des Abschieds bittet, kann er nicht anders als versöhnt und voll Güte „Lebt wohl!" sagen. Diese letzten Worte des Dramas spricht nicht Iphigenie, sondern Thoas. Die Welt ist bezwungen! Alles Böse ist gebändigt. Die reine Menschlichkeit hat den Barbaren zu einem edlen Menschentum emporgehoben und Orest vom Fluch erlöst.*

Auch das Schauspiel „Iphigenie auf Tauris" ist aus persönlichen Erlebnissen Goethes erwachsen. In Charlotte von Stein hat er selbst die heilende und entsühnende Macht einer edlen Frauenseele kennengelernt. Sie hat ihn vom Wahnsinn des Sturmes und Dranges befreit, wie Iphigenie ihren Bruder von den Furien. Sie hat ihn zur Selbstüberwindung geführt, ähnlich wie Thoas durch die edle Griechin zu reinerem Menschentum emporgeläutert wird. Die „Iphigenie" ist von frohem Optimismus getragen, indem gerade die Reinerhaltung der Seele auch die Erhaltung des äußeren Lebens begründet. Schiller dagegen ist pessimistischer und realistischer. Auch bei ihm hält sich die Seele rein, aber um den Preis des Lebens, in der Form des menschlichen Untergangs.

Goethes hohes Lied auf die Wundermacht reiner Menschlichkeit leitet die deutsche Klassik ein. Alles Leidenschaftliche, Bewegte, Dunkle, Maßlose und Regellose des Sturmes und Dranges wird ersetzt durch das Streben nach Ruhe, Ordnung, Klarheit, Ebenmaß und Harmonie.

4. *Torquato Tasso.* Ein Schauspiel.

1780 in Weimar begonnen, wurde „Tasso" 1787 auf der Seereise nach Sizilien neu durchdacht, 1788 beim Abschied von Rom und in den Gärten von Florenz fortgesetzt, 1789 in Weimar beendet und 1790 zum ersten Mal gedruckt.

Noch weniger äußere Handlung als „Iphigenie" enthält das zweite Seelendrama Goethes, das ebenfalls in streng klassischem Stil abgefaßte Versdrama „Torquato Tasso". Der geschichtliche Torquato Tasso[1] (1544 bis 1595) lebte am Hof des Herzogs Alphons in Ferrara, wo er sein Epos „Das befreite Jerusalem" schrieb. Durch seine Reizbarkeit mit seinen Gönnern verfeindet, wurde er später gemütskrank und starb im Kloster St. Onofrio in Rom. Goethes Hauptquelle war die 1785 erschienene Tasso-Biographie des Italieners Serassi.

Inhalt: *Im Garten von Belriguardo krönen die Prinzessin* Leonore *und ihre Freundin Leonore Sanvitale scherzend die Büsten Vergils und Ariosts, ihre Gedanken aber weilen bei dem lebenden Dichter, dessen großes Werk nahe der Vollendung ist.* Tasso überreicht zaudernd dem Herzog Alphons *von Ferrara das lange zurückgehaltene Epos „Das befreite Jerusalem". Der Herzog läßt ihn zum Dank von seiner Schwester mit dem Lorbeer Vergils bekränzen. Der lebenskluge und überaus erfolgreiche herzogliche Staatssekretär* Antonio *sieht mißvergnügt die ihm überschwenglich scheinende Ehrung. Als ihm Tasso auf den Wunsch der Prinzessin seine Freundschaft anträgt, reizt er den Leidenschaftlichen durch kalte Bitterkeit zur Wut, so daß Tasso den Hausfrieden bricht und den Spötter zum Zweikampf herausfordert. Der Herzog selbst scheidet die Streitenden und muß, ungern, Tasso bestrafen — zwar bloß mit leichtem Zimmerarrest; Tasso fühlt jedoch nur die Strafe, nicht ihre Milde. Wohl befiehlt der Herzog Antonio, Tasso zu versöhnen, aber Leonore Sanvitales Eitelkeit und Selbstsucht (sie will den Dichter an ihr Haus binden) verhindern die Aussöhnung. — Tasso verstellt sich und bittet Antonio, für ihn Urlaub nach Rom zu erwirken. Ungern willigt dieser ein. Als die Prinzessin dem Abschiednehmenden gegenüber ihre freilich rein freundschaftliche Neigung gesteht, vergißt sich Tasso in auflodernder Liebesglut so weit, daß er die Fürstin umarmt. Leonore Sanvitale, der Herzog und Antonio eilen hinzu, so ist ein Ignorieren der Unbesonnenheit unmöglich.*

Tassos unerhörter Bruch alles höfischen Zeremoniells macht ihn am Hof unmöglich. Leonore stößt ihn zurück und verläßt ihn mit den Ihren. Nur Antonio bleibt bei dem Verzweifelnden, der in ungerechter Übertreibung alles für ein abgekartetes Spiel erklärt und in unsinnige Lästerungen ausbricht. Als er sich

[1] Siehe Seite 108, I. Teil.

ausgetobt hat, tritt die Besinnung ein. Er erkennt sein verblendetes Tun und seine Schuld. An seiner Leidenschaft zerschellt, richtet er sich am Felsen Antonio auf und besinnt sich auf seine göttliche Dichtergabe:

„Und wenn der Mensch in seiner Qual verstummt,
gab mir ein Gott, zu sagen, wie ich leide.“

Ein geistreicher Franzose nannte den Torquato Tasso einen gesteigerten Werther. Er ist wie dieser in allen seinen Handlungen gefühlsbetont. Er befragt weniger seinen Verstand als sein Herz, wenn er sich entscheiden soll. Darüber hinaus aber ist er auch ein genialer Künstler, was Werther nicht ist. Da gleicht er Sappho, wie sie Grillparzer in seinem gleichnamigen Drama dargestellt hat. Tasso zeigt als Mensch die Schattenseiten des Genies: Überempfindlichkeit, ungebändigtes Spiel der Phantasie und schrankenlose Subjektivität. Leicht erregbar, übt er wenig Selbstbeherrschung und Selbstzucht. In krankhaftem Mißtrauen verkennt er seine Umgebung. Diese einseitig gesteigerte Gefühlsbetontheit des groß und edel veranlagten Geistes muß zum Widerstreit mit der Wirklichkeit führen. Doch Tasso ist nicht ganz ohne Schuld. Er hat versäumt, das zu tun, was Goethe selbst in seiner weimarischen Frühzeit mit höchster Selbstüberwindung geleistet hat: den inneren Zugang zu der Sittengesetzlichkeit der Welt zu finden, sich den Sittengesetzen der Gesellschaft zu unterwerfen. Dadurch wird „Tasso“ zu einer **Künstlertragödie,** die das widerspruchsvolle Verhältnis des Künstlers zur Gesellschaft schildert. Das Humanitätsideal, diesmal von einer anderen Seite gefaßt, verlangt Einordnung in die Gesellschaft. Beide, Tasso und Antonio, sind zu verurteilen. Tassos maßloser Gefühlsüberschwang und Antonios kalt wirkende, einseitig vernunftbetonte Einstellung zum Leben wirken störend innerhalb der Gemeinschaft.

Erst die Vereinigung der von ihnen verkörperten Gegensätze ergibt ausgeglichenes Menschentum. Nur die Anerkennung der „klassischen Grenze“, das Vermeiden jedweden einseitigen Übermaßes machen einen Menschen zu einem wertvollen Mitglied der menschlichen Gesellschaft.

Auch der „Tasso“ erwuchs aus eigenen Erlebnissen des Dichters. Ferrara wurde zu einem Abbild des Hofes von Weimar. Fürst Alphons besitzt Züge von Karl August. In der Prinzessin kann man unschwer eine idealisierte Charlotte von Stein erkennen. In dem Gegensatz zwischen dem Weltmann Antonio und dem Künstler Tasso spiegeln sich Goethes innerer Widerstreit, hervorgerufen aus seiner Doppelstellung als Minister und Dichter am Hof in Weimar, und seine anfänglichen Unstimmigkeiten und Schwierigkeiten mit amtlichen Gegnern, besonders mit Minister von Fritsch.

Tassos Gegner trägt noch mehr als Alba die Züge des Staats- und Weltmannes, zu dem sich Goethe erziehen wollte. Antonio besitzt klaren Wirklichkeitssinn, bekämpft die hemmungslose Phantasie und übersteigerte Innerlichkeit. Die Welt soll den Menschen erziehen. Dem vollendeten Weltmann Antonio bleibt das Reich des Dichterischen verschlossen. Tasso aber spürt unbewußt, daß eine Anpassung an die Welt, an die Forderungen der Gesellschaft seine dichterische Schöpferkraft verkümmern ließe. Daher wird Tasso zur Flucht getrieben. In ihm spiegelt sich die innere Qual und Unzufriedenheit wider, die Goethe in Weimar empfand und die auch ihn zur Flucht nach Italien trieb.

5. *Faust.* Eine Tragödie. (1. Teil: 1808; 2. Teil: 1832)

Der „Faust“ ist Goethes bedeutendstes Werk, das er selbst als sein „Hauptgeschäft“ empfand. Als Vierundzwanzigjähriger hat er es begonnen und erst als Zweiundachtzigjähriger beendet. Es bedeutet eine Art Summa, eine Gesamtschau über Goethes reiches Leben. In seiner Sturm-und-Drang-Zeit plante Goethe 1771/72 zunächst, eine große **Titanentragödie** zu schreiben, die den Faust als einen Bruder des Götz und Prometheus schildern sollte. Bald schon aber wendet er sich in der Straßburger Zeit teils aus persönlichem Erleben (Friederike Brion), teils bedingt durch die allgemeine Anteilnahme der Zeit am Schicksal des verlassenen Mädchens primär der **Gretchentragödie** zu. Der sogenannte „Urfaust", Ende 1774 fertiggestellt, ist uns in einer Abschrift des Weimarer Hoffräuleins Luise von Göchhausen erhalten. Um einige Szenen vermehrt und zum Teil auch im Sinn der mittlerweile erfolgten Läuterung des Dichters durch Frau von Stein umgearbeitet, wurde die Tragödie unter dem Titel „Faust. Ein Fragment" 1790 gedruckt. Erst 1797 unter dem Drängen Schillers wurde die Arbeit am „Faust" wieder aufgenommen und ein Plan für die Fortsetzung festgelegt. Die Gretchentragödie wurde nun zu einer bloßen Episode im Leben des Faust herabgedrückt, der wieder in den Mittelpunkt der Tragödie trat. Das Individuelle wurde zum Allgemein-Menschlichen ausgeweitet, wodurch die Dichtung zu einer großangelegten kosmischen **Menschheitstragödie** wurde, deren 1. Teil 1808 und deren 2. Teil erst nach dem Tod Goethes 1832 im Druck erschien.

Den Stoff entnahm Goethe der *Faustsage*, die sich bald nach dem Tod eines gewissen Georg Faust (1540) aus Knittlingen, eines verbummelten und als Zauberer und Schwarzkünstler verschrieenen Studenten, entwickelt und früh dichterische Ausgestaltung erfahren hatte.

1587: Volksbuch von Dr. Faust, verlegt bei Johann Spieß in Frankfurt am Main;

1589: Fausttragödie von Christopher Marlowe, auf Grund einer englischen Übersetzung des deutschen Volksbuches geschaffen und 1595 von englischen Komödianten in Deutschland aufgeführt;

17./18. Jahrhundert: „Faust" als Volksschauspiel deutscher Wandertruppen und als Puppenspiel auf deutschen Marionettenbühnen (Lessings Faustfragment, Maximilian Klingers Faustroman und Maler Müllers Faustdrama)[1].

Als Kind lernte Goethe das Puppenspiel, in reiferen Jahren auch das Volksbuch von Doktor Faust kennen. Während in den vorgoethischen Dichtungen Faust wegen seines Hochmuts und seiner unersättlichen Liebesgier dem Teufel verfällt, werden ihm in der Goetheschen Dichtung mit den Worten „*Wer immer strebend sich bemüht, / den können wir erlösen*" Schuld und Sünde vergeben, weil er nie aufhörte, dem menschlichen Dasein einen Sinn zu geben; denn das Streben nach Sinndeutung des Lebens ist von Gott selbst in den Menschen gelegt worden.

Spätere von Goethe beeinflußte Faustdichtungen stammen vor allem von Lord Byron („Manfred" 1817), Christian Dietrich Grabbe („Don Juan und Faust" 1829) und von Nikolaus Lenau („Faust. Ein Gedicht" 1836). Eine freie Umdichtung von Goethes Faust ins Französische liegt als Text der Oper „Margarete" (1859) von Charles Gounod zugrunde. Das „Volksschauspiel von Dr. Faust" wurde von Richard Kralik nach alten Spielvorlagen erneuert. 1947 erschien abermals ein „Doktor Faustus", ein Roman von Thomas Mann, der den Namen des Magiers als Symbol des deutschen Schicksals verwendet.

Goethes Faustdichtung besteht aus einer dreifachen **Einleitung** (Zueignung. Vorspiel auf dem Theater. Prolog im Himmel), aus einem **ersten Teil**, der nicht in Akte gegliedert ist, sondern 25 Szenen umfaßt, und aus einem **zweiten Teil**, der in fünf Akte zerfällt.

Inhalt: Die Zueignung *bringt in vier Stanzen eine elegisch gestimmte Rückschau auf jene frühen Erlebnisse, aus denen die Dichtung erwachsen ist. – Das* Vorspiel auf dem Theater *zeigt in einem Dialog zwischen Direktor, Dichter und Lustiger Person, wie schwierig es für einen Theaterdichter ist, das eigene Bemühen um eine Sinndeutung des Lebens mit den Forderungen des Direktors und des Schauspielers zu vereinen. Wie der Direktor es verlangt, soll die Handlung „vom Himmel durch die Welt zur Hölle" führen.*

[1] Siehe Seite 128 ff., I. Teil.

Daß aber in dieser das Drama nicht enden werde, darüber gibt sogleich das zweite Vorspiel Gewißheit. Mit dem Prolog im Himmel *reißt der Dichter den Hörer sofort ins Überzeitliche und Überräumliche und bereitet ihn darauf vor, daß im Drama ein individuelles, aber ins Typische emporgehobenes Menschenschicksal sub specie aeternitatis, d. h. im Ewigkeitszusammenhang dargestellt werden wird. Das auf den Lobgesang der Erzengel folgende Gespräch zwischen Gott und dem Teufel Mephistopheles gibt eine Rechtfertigung des Bösen in der Welt. Es wird als etwas Positives verstanden, da es ohne das Böse keinen Kampf und keine Erfüllung des Guten gebe. Gerade dadurch gewinnt der Mensch seine sittliche Würde, daß er dem Prinzip der Zerstörung und Vernichtung den Kampf ansagt. Da das Böse von Gott zugelassen ist, nimmt der Herr auch die Wette Mephistos an, die ihm dieser um die Seele des Faust, auf den Gott selbst hingewiesen hat, anbietet. Gott weiß, daß Faust eine Befriedigung nicht durch den Verzicht auf alle höheren Ansprüche erkaufen wird. Denn „Ein guter Mensch, in seinem dunklen Drange, ist sich des rechten Weges wohl bewußt". Die Wette zwischen Gott und Satan ist dem Alten Testament (Buch Hiob) abgelauscht.*

Abb. 12: Erscheinung des Erdgeistes. Zeichnung von Goethe.

Der Erste Teil *der Tragödie bringt das Scheitern des von grenzenlosem Erkenntnis- und Tatendrang beseelten Faust bei seiner ersten Suche nach dem Sinn des Lebens. Seine Reise durch die „kleine Welt" stellt einen zweiten Versuch dar, aus einer Sinndeutung des Lebens Befriedigung und Ruhe zu finden. Faust glaubt nicht daran, daß ihm die* Wissenschaft *echte Erkenntnisse geben könne. So ergibt er sich der Magie. Er beschwört den Erdgeist, die Personifikation des Naturlebens auf der Erde. Dieser erscheint zwar, aber nur um Faust zu sagen, daß der Endliche Unendliches nicht begreifen kann. Da beschließt Faust in seiner Verzweiflung, „die Pforten aufzureißen, vor denen jeder gern vorüberschleicht." Er hofft, nach seinem Tod als körperloser Geist der Quelle des Lebens näherzukommen. Wie er aber den Giftbecher an den Mund setzt, ertönen die Osterglocken und geben ihn dem Leben wieder zurück. Auf dem Osterspaziergang mit seinem Famulus Wagner nähert sich ihm ein geheimnisvoller schwarzer Pudel. Bei einer Beschwörung entpuppt sich als dessen „Kern" Mephisto, mit dem Faust einen Pakt schließt. Der Teufel muß ihm dienen, wofür er seine Seele verspricht, sobald er, im Genuß versunken, zum Augenblick sagen würde: „Verweile doch, du bist so schön."*

Hierauf schleppt ihn Mephisto durch die kleine Welt der sinnlichen Freuden. Er führt ihn zu einem feuchtfröhlichen Gelage ausgelassener Studenten in Auerbachs Keller *in Leipzig, zu der niedrigsten Form des flachen Genießens. Denn gar mancher hat schon seinen Kummer im Wein ertränkt. Doch Faust ist gelangweilt und bleibt teilnahmslos. Diese Welt bietet ihm nichts. Daher verstrickt ihn der Teufel nun in unselige Liebesleidenschaft. Er verjüngt ihn durch einen Zaubertrank in der Hexenküche, läßt ihn in Liebesverlangen erglühen und führt ihm das unschuldig-reine Bürgermädchen Gretchen zu. Vergeblich kämpft Faust gegen seine erwachte Leidenschaft und zerstört das Lebensglück* Gretchens. *Ihre Mutter stirbt an einem Schlaftrunk, den sie ihr auf Fausts Rat gegeben hat. Ihr Bruder fällt im Zweikampf gegen Faust. Sie selbst wird zur Mörderin ihres unehelichen Kindes und ins Gefängnis geworfen. Da Mephisto Fausts Mitleid fürchtet, führt er ihn zur* Walpurgisnacht *auf den Brocken, wo Faust im Sinnenrausch Gretchen vergessen soll. Doch als dieser das Schicksal des von ihm verlassenen Mädchens erfährt, wird er von Reue erfaßt und zwingt Mephisto, mit ihm zurückzukehren, um Gretchen zu retten. Aber diese willigt nicht in die Flucht ein, sondern nimmt freiwillig den Tod als Sühne für ihre Schuld auf sich. Dadurch wird sie gerettet. Aus der Höhe erklingt eine Stimme „Sie ist gerettet!", während Faust durch seine Reue fast zur Selbstzerstörung getrieben wird. Schließlich erfolgt aus seinem schweren Verschulden ein innerer Umschwung. Er kehrt sich von den niederen Genüssen ab, befreit sich innerlich mehr und mehr von der Führung des Teufels und macht sich zu dessen Herrn. Er hat die Folgen der Schrankenlosigkeit auf sittlichem Gebiete erlebt und lernt die Notwendigkeit des Maßhaltens und der Selbstüberwindung erkennen. Das Weibliche zieht ihn von der sinnlichen zur reinen, idealen Liebe empor. So hat Mephisto, Böses wollend, Gutes getan. Sein Versuch, Faust innerhalb der „kleinen Welt" zu innerer Befriedigung zu führen, ist gescheitert.*

Neue Tatkraft durchströmt Faust, den der Zweite Teil *der Tragödie in die „große Welt" der Taten stellt. Da er nun in der Wirklichkeit wirken will, nach Besitz, Macht, Glanz und Ruhm im öffentlichen Leben verlangt, führt ihn Mephisto* an den Hof des Kaisers *und verhilft ihm zu einer angesehenen Stellung. Doch bei einer Beschwörung der Helena zur Unterhaltung des Hofes spürt Faust die reinigende, verklärende Macht der Schönheit, die Notwendigkeit einer ästhetischen Erziehung (im Sinne Schillers). Er erkennt die jämmerliche Enge und Nichtigkeit des* politischen Machtstrebens. *Er reist zur* „Klassischen Walpurgisnacht" *nach Griechenland, wo er sich mit Helena vermählt. (Vereinigung von Romantik und Klassik.) Dem Ehebund entspringt* Euphorion *als Träger eines neuen Kunstgeistes (Romantik, Lord Byron). Ein zweiter Ikarus, will dieser „höher und immer höher" steigen und fliegen, bis er sich mit seinem jugendlichen Ungestüm und seiner Maßlosigkeit selbst vernichtet. Er fällt tot zu den Füßen der Eltern. Dem toten Sohn folgt Helena in die Unterwelt. Nichts als ihr Kleid und Schleier (d.h. bloß die der Antike entlehnte äußere Form) bleiben Faust.*

Sie werden zu Wolken und tragen ihn in die alte Heimat zurück. Wieder hat Faust eine Wandlung durchgemacht. Aus niederem Genußleben und eitlem Machtstreben hat er sich zum verfeinerten Selbstgenuß der ästhetischen Weltanschauung emporgeläutert, zu einem wohl von Maßlosigkeit befreiten Menschen, der aber noch selbstsüchtig für das eigene Ich sorgt. Faust hat sich im Anschauen der Schönheit zwar allen Konflikten des wirklichen Lebens entrückt, aber nur entrückt. Er hat sie nicht tatsächlich überwunden. Das Erlebnis des schönen Scheins hat nur eine scheinbare Befriedigung geschaffen. Als ihn Helena verläßt, erwacht er aus seinem Traum und erkennt die Notwendigkeit, aus seiner Ichversponnenheit zur Selbstüberwindung im Dienst einer sozialen Tat zu gelangen, um so echte Sittlichkeit zu erringen.

Er setzt sich nun ein Ziel, das nicht mehr über alles menschliche Vermögen hinausgeht. In weiser Selbstbeschränkung will er dem Meere eine Küstenstrecke abgewinnen, um so neuen Wohnraum für freie und tüchtige Menschen zu schaffen. Er hilft neuerlich dem bedrängten Kaiser und erhält einen Meeresstrand *als Lehen. Er verwandelt das bedrohte und sandige Ufer in ein Paradies, legt, ein König im selbstgeschaffenen Reich, Kolonien an und sendet Handelsflotten aus. Rastlos wirkt er nun im Dienst der Gemeinschaft und der Kultur. Seinem nie genügsamen Geist schweben immer neue Projekte vor. Zunächst wünscht er einen Hügel seinem Besitz einzuverleiben, auf dem in ärmlicher Hütte das alte Ehepaar* Philemon *und* Baucis *hausen. Da diese nicht freiwillig gehen, zerstört Mephistopheles ihre Hütte durch Brandstiftung, wobei die Alten zugrunde gehen. Reuevoll erkennt Faust, daß hier dem Teufel noch einmal ein Sieg gelungen ist. Um sich ganz von dem Versucher zu befreien, ruft er dessen Macht nicht zu Hilfe, als ihn die größte der menschlichen Nöte, die „Sorge", bedroht. Denn nur diese, nicht die Schuld, der sich Faust doch wegen des Mordes an den alten Leuten bewußt werden müßte, dringt bis zu ihm vor. Durch diesen Verzicht löst er sich von der Magie, tritt unter die gewöhnlichen Menschen zurück und erleidet deren Schicksal, die Altersgebrechlichkeit in der Erblindung.*

Allein in seinem Inneren leuchtet ihm helles Licht. Er kommt zur Erkenntnis, daß nur der die Freiheit und das Leben verdient, der sie täglich erobern muß. Er glaubt, daß nur rastloses Streben glücklich macht. Er bejaht jetzt „ewiges Unbefriedigtsein", das er früher als einen Fluch empfunden hat und wovon er erlöst sein wollte. Nur ein Mensch, der innerhalb der ihm gesetzten Grenzen sein Ziel in einem ewig unbefriedigten Weiterschreiten sucht, vermag seine irdische Aufgabe zu erfüllen. Mephisto sieht Fausts Ende nahen und beauftragt die Lemuren (Grabgespenster, die den Tod ankündigen), das Grab zu bereiten. Trotz seiner Irrtümer und seiner Beschränkung auf einen bestimmten Wirkungskreis ist Faust aber nicht in seinem Streben ermattet. Selbst erblindet, will er in selbstlosem Wirken noch einen Sumpf trockenlegen lassen, Millionen von Menschen Lebensräume zwischen Hügel und Meer schaffen. In Gedanken malt er sich das Glück aus, „auf freiem Grund mit freiem Volk zu stehen". In höchste Verzückung geraten, entfährt ihm das Wort, das den Augenblick segnet: „Zum Augenblicke dürft' ich sagen: Verweile doch, du bist so schön!" – Damit ist auch sein Leben nach dem Pakt mit Mephistopheles beendet. Er stirbt und der Teufel will seine Seele. Aber er hat sich geirrt! Engel vom Himmel steigen hernieder und treiben Mephisto und alle Teufel der Hölle durch geweihte Rosen zurück. Sie ergreifen Faustens Unsterbliches, bringen es zu den Füßen Mariens, wo Gretchen als Büßerin Gnade gefunden hat und ihn erwartet.

Ein Chorus mysticus, der auf die Vergänglichkeit alles Irdischen hinweist, das nur Gleichnis für das Ewige ist, beschließt das Werk:

„Das Unbeschreibliche, hier ist's getan;
das Ewig-Weibliche zieht uns hinan."

Die Wette, die Faust seinerzeit mit Mephisto eingegangen ist, war Ausdruck eines Pessimisten, der daran zweifelt, je zu einer Befriedigung gelangen zu können. Als solcher hat Faust seine Wette verloren. Denn es war eine frevelhafte Wette, die auf dem völligen Unglauben am Leben beruhte und die deshalb in dem Augenblick verloren war, wo Faust den Glauben an das Leben wiedergefunden hat. Der Pessimist hat sich zu einer letzten Endes optimistischen Lebensanschauung bekannt und damit seinen Pessimismus preisgegeben. Aber auch Mephistopheles hat nicht gesiegt. Genau das Gegenteil von dem, was Mephisto erwetten wollte, ist eingetreten: Faust hat sich niemals „beruhigt auf das Faulbett gelegt" und im bloßen Sinnengenuß den Augenblick festhalten wollen. Faust hat vielmehr das Unermüdlich-Weiterschreiten zum Prinzip seines Lebens gemacht. Nun lief aber auch die Wette zwischen Gott dem Herrn und dem Teufel. Und es ist alles genau so geschehen, wie es der Herr vorausgesagt hat: Faust ist ein rechter Mensch geworden. Er hat die Kraft gefunden, sein Leben zu meistern. Das hat ihn schließlich mit tiefer Befriedigung erfüllt. Die Enttäuschungen des Lebens haben Faust nicht sinken und untergehen lassen. Sie waren vielmehr Ansporn, nach dem Höchsten zu streben. Mephisto und Faust haben ihre Wette verloren, gewonnen hat sie allein Gott der Herr.

Trotzdem wäre es unrichtig, aus dem christlichen Milieu, in dem Goethe die Dichtung spielen läßt, zu folgern, daß Faust ein Vertreter christlicher Weltanschauung sei. Goethe zeichnet vielmehr in ihm einen Menschen, der imstande ist, sich um seines eigenen Ichs willen über alles hinwegzusetzen, der nur an seine eigene Genialtät glaubt, der nichts daran findet, arme Leute (Szene Philemon und Baucis) um ihr letztes Besitztum zu bringen und sich trotzdem (Szene Mangel, Schuld, Sorge, Not) von keiner Schuld bedrückt fühlt. Er ist in diesem Sinn bereits ein Vorläufer von Nietzsches „Herrenmenschen".

In drei Entwicklungsstufen verläuft Fausts Weg:

1. Übergang vom Unmaß des Erkenntnisdranges zu maßlosem Genußverlangen.
2. Durch das Erleben der Schönheit Erkenntnis der „klassischen Grenze", der notwendigen Beschränkung (Maßfindung).

3. Überwindung der Ichversponnenheit und Weiterschreiten zur sozialen Tat innerhalb der „klassischen Grenze“.

Ermöglicht wird diese Entwicklung durch ewig unbefriedigte, rastlose Tätigkeit.

Epik

Überblick:

1. *Wilhelm Meisters Lehrjahre*, 1795 bis 1796 2. *Wilhelm Meisters Wanderjahre*, 1821 3. *Die Wahlverwandtschaften*, 1809	Romane
4. *Unterhaltungen deutscher Ausgewanderten*, 1795 5. *Novelle*, 1826	Novellen
6. *Reineke Fuchs*, 1794 7. *Hermann und Dorothea*, 1797	Epen

1. *Wilhelm Meisters Lehrjahre* (1795 bis 1796)

Ähnlich dem „Faust“ ist auch der Prosaroman „Wilhelm Meister“ ein Werk, das den Dichter viele Jahrzehnte seines Lebens begleitet hat und Goethes eigene Entwicklung widerspiegelt. Begonnen wurde der Roman unter dem ursprünglichen Titel „Wilhelm Meisters theatralische Sendung“ im Jahr 1777 in Weimar als Theaterroman. Diese Fassung zeigt das Ausbrechen Wilhelm Meisters, des Sohns eines wohlhabenden Kaufmanns, aus dem bürgerlichen Leben und seine Hinwendung zur Bühne, verbunden mit einer anschaulichen Schilderung des zeitgenössischen Theaterwesens. 1785 – noch vor der Italienreise – brach aber Goethe die Arbeit an dem Roman ab. Erst 1794 unter dem Einfluß Schillers wurde das Werk wieder aufgenommen und nach dem neuen Lebens- und Kunstideal umgearbeitet und fortgeführt. Wilhelms ursprüngliches Ziel, Theaterdirektor zu werden, wird zu einer bloßen Durchgangsstufe auf seinem Weg zur Hingabe an einen praktischen Beruf innerhalb der Gesellschaft. So wurde aus dem ursprünglichen Theaterroman ein großer Bildungs- und Entwicklungsroman.

Inhalt: Wilhelm Meister, *ein begüterter Kaufmannssohn, vom Bildungsdrang beseelt, hofft, seine Ideale im Schauspielerstand zu verwirklichen. Aber da er sich von seiner Geliebten, der Schauspielerin* Marianne, *betrogen glaubt, entsagt er zunächst dieser Neigung und widmet sich mit Eifer dem väterlichen Beruf. Auf einer Geschäftsreise kommt er jedoch mit den Mitgliedern einer aufgelösten Schauspielertruppe in Berührung, verhilft ihnen zu einer Theaterausstattung und begleitet sie auf das Schloß eines Grafen, wo Vorstellungen stattfinden. Auf der Weiterreise wird die Truppe von Räubern überfallen und ausgeplündert. Wilhelm wird verwundet. Nach bangen Stunden naht sich endlich eine Reisegesellschaft. Eine edle Dame, die Wilhelm einer Walküre zu gleichen scheint, nimmt sich seiner an und leistet erste Hilfe. Seine Gedanken weilen dann später oft bei seiner schönen Retterin, aber alle Mühen, sie wiederzufinden, sind zunächst vergebens. Obwohl sich die Theatertruppe, für die Wilhelm so viel getan hat, undankbar erweist, fühlt er sich verpflichtet, weiter für sie zu sorgen, und verschafft ihr eine Stellung bei dem Theaterdirektor* Serlo. *In* Aurelie, *dessen Schwester, findet Wilhelm eine Freundin. Der dreijährige* Felix, *der immer um sie ist und allgemein für ihren unehelichen Sohn gehalten wird, entpuppt sich später als Wilhelms Sohn, den ihm Marianne ohne sein Wissen sterbend hinterlassen hat. Als Wilhelm erfährt, daß sein Vater gestorben sei, tritt er selbst in Serlos Truppe ein und wirkt als Schauspieler, Regisseur und Theaterdichter. Obwohl ihn seine Tätigkeit allmählich zu einem allseitig gebildeten Menschen formt, findet er auf die Dauer keine Befriedigung in ihr, da er spürt, daß es sich da nur um dilettantische Neigungen handelt und daß ihm echte Begabung fehlt. Der Tod seiner Freundin Aurelie und die Lektüre einer Schrift, die Aureliens Arzt gebracht hat, versetzen Wilhelm in tiefe Unruhe. (Es handelt sich um die „Bekenntnisse einer schönen Seele", d.h. einer edlen Frau. Sie füllen das 6. Buch des Romans und sind nach hinterlassenen Papieren der empfindsam-frommen Susanne von Klettenberg, die dem jungen Goethe den Pietismus nahebrachte, von Goethe verfaßt worden.) Er erkennt, daß sein bisheriger Weg ein Irrweg war, daß „des Menschen erste Bestimmung das Tätig-Sein ist", nimmt vom Theater endgültig Abschied und findet Aufnahme in die geheime Gesellschaft vom Turm, die seinen Entwicklungsgang seit geraumer Zeit beobachtet, zum Teil auch gelenkt hat. Er wird zunächst Landwirt. Schließlich aber will er sich als Wundarzt niederlassen und sein Leben in reger Arbeit verbringen. Als er in Felix seinen eigenen Sohn findet, beschließt er, sich auch dessen Erziehung zu widmen und ihm eine Mutter zu suchen. Diese findet er in der edlen* Natalie, *einem Mitglied des Geheimbundes, in der er zu seiner Überraschung seine angebetete und lang gesuchte „Walküre" wiederfindet.*

Mit Wilhelm durch Liebe und Dankbarkeit verbunden, sind mit seiner Geschichte die Geschicke eines rätselhaften Kindes, Mignon, *und eines geheimnisvollen* Harfners *verflochten, der eine schwere Schuld mit sich herumträgt und zuletzt in einem Anfall von Wahnsinn an sich selbst Hand anlegt. Mignon, von Wilhelm aus den Händen roher Seiltänzer befreit, stirbt aus unerfüllter Liebe zu ihm und aus Sehnsucht nach ihrer italienischen Heimat. Sie ist, wie man am Ende des Romans erfährt, des Harfners Kind, das aus einem schuldvollen Bund (Geschwisterliebe) entstammte, früh geraubt wurde und das der Vater längst verstorben glaubte.*

Nach dem hier vertretenden Bildungsideal soll sich der Mensch als ein wertvolles, tätiges und soziales Glied in die menschliche Gesellschaft einordnen und seine Pflicht gemäß seinen ihm angeborenen Anlagen gewissenhaft erfüllen. Alle Wünsche und Begierden, die ihn von seiner Pflichterfüllung abbringen könnten, muß er unterdrücken. Nur durch Selbsterkenntnis, Entsagung und Beschränkung kann er jeder seiner Aufgaben als Mensch gerecht werden.

2. *Wilhelm Meisters Wanderjahre oder die Entsagenden* (1821)

Der 1807 begonnene und erst 1821 vollendete Roman „Wilhelm Meisters Wanderjahre" bringt die Fortsetzung und den Abschluß der „Lehrjahre".

Inhalt: *Wilhelm Meister wird von der freimaurerähnlichen „Gesellschaft vom Turme" auf Wanderschaft geschickt, um sich zum Wundarzt auszubilden. Um aber Entsagung zu lernen, darf er sich nirgendwo länger als drei Tage aufhalten. Dieses Gebot wird aber später aufgehoben. Er darf nicht klagen und mit den Mitgliedern des Bundes nie von Vergangenheit und Zukunft sprechen; seine Tätigkeit soll sich ganz auf die Forderung des Tages konzentrieren. Er kommt nach der Schweiz und Italien, lernt die verschiedensten Charaktere und Verhältnisse kennen und lernt, daß Arbeit und Entsagung die obersten Gebote darstellen. Entsagung heißt Einschränkung, Konzentration, Bezwingung der Leidenschaften, Verzicht auf viele Vorteile und Rechte. Die Entsagung wandelt den Triebmenschen zum Vernunftmenschen, den Egoisten zum sozialdenkenden Altruisten um. Da sie neben der Arbeit die wichtigste Grundlage eines geordneten Gemeinlebens ist, lautet der Untertitel des Romans „Die Entsagenden".*

Bevor Wilhelm seine Reise antritt, bringt er seinen Sohn Felix in die „Pädagogische Provinz", wo junge Leute erzogen werden[1] *und einen Beruf erlernen. Felix wird zur Ehrfurcht erzogen: vor dem, was über uns ist — vor dem, was unter uns ist — und vor dem, was uns gleich ist. Er wird zum Pferdezüchter ausgebildet. Nach mehreren Jahren versammeln sich alle Mitglieder des Bundes, von denen jedes mittlerweile einen praktischen Beruf erlernt hat. Die Gesellschaft beschließt, in die Neue Welt (Amerika) auszuwandern, um dort einen Staat zu gründen, in dem jeder durch Arbeit und Entsagung für das Glück der anderen tätig sein wird. Wilhelm, mit Natalie und Felix wieder vereint, schließt sich den Auswanderern an, um mit ihnen gemeinsam eine neue Heimat zu gründen.*

[1] Viele Anregungen verdankt dabei Goethe auch Pestalozzi. (Siehe Seite 74.)

Der Roman „Wilhelm Meisters Wanderjahre“ besitzt keine streng geschlossene Form, sondern wird durch eingefügte Novellen stark aufgelockert. Sie erklären wohl den Grundgedanken nach verschiedenen Richtungen, doch unterbrechen sie immerhin den ruhigen und steten Verlauf der Handlung. Außerdem werden in eingestreuten Briefen, Betrachtungen, Tagebuchblättern und Gedankensplittern philosophische, pädagogische, sozialpolitische, gegenwärtige und zukünftige Probleme erörtert. Indem sich so das gedankliche Element vordrängt, stellt die Dichtung letzten Endes einen Niederschlag der Lebensweisheit des alten Goethe in loser Romanform dar.

Im Gesamtwerk des „Wilhelm Meister“ gipfelt der deutsche **Bildungsroman,** nachdem Wolfram von Eschenbach (Parzival), Jörg Wickram (Knabenspiegel), Christophel Grimmelshausen (Simplicissimus) und Martin Wieland (Agathon) vorgearbeitet haben. Mit ihm schuf Goethe das Formmuster, von dem dann alle deutschen, zum Teil auch englische und französische Bildungsromane der späteren Zeit ausgehen. (Jean Paul „Titan“, Ludwig Tieck „Franz Sternbalds Wanderungen“, Novalis „Heinrich von Ofterdingen“, Eduard Mörike „Malter Nolten“, Adalbert Stifter „Nachsommer“, Gottfried Keller „Der grüne Heinrich“, Wilhelm Raabe „Der Hungerpastor“, Gustav Freytag „Soll und Haben“, Jakob Wassermann „Christian Wahnschaffe“, Thomas Mann „Doktor Faustus“, William Thackeray, Honoré de Balzac, Gustave Flaubert, Henri Stendhal, Romain Rolland.) Die Figur der Mignon nahm der Franzose Anbroise Thomas als Hauptgestalt für seine gleichnamige Oper (1866).

3. *Die Wahlverwandtschaften.* (1809)

Der Dichter führt uns hier einen **Eheroman** vor, in dem die Forderung erhoben wird, daß der Mensch durch seine sittliche Kraft und Entsagung die Leidenschaften überwinden muß. Die Leidenschaft wirkt wie ein Naturgesetz auf Menschen gleicher Wahlverwandtschaft. Sie zieht sie unwiderstehlich zueinander, ähnlich der Affinität chemischer Stoffe. Wenngleich der Wille der Betroffenen weitestgehend ausgeschaltet erscheint, muß dennoch das menschliche Sittengesetz über die Leidenschaften siegen, sonst führt es zum Untergang aller Beteiligten, auch der Unschuldigen.

Inhalt: Eduard *und* Charlotte *leben in scheinbar glücklicher Ehe, als durch das Eintreffen des* Hauptmanns *und* Ottiliens, *der Nichte Charlottens, eine Änderung eintritt.*

Nun beginnt das Naturgesetz zu wirken, da die natürliche „Wahlverwandtschaft“ zwischen Eduard und Ottilie einerseits und Charlotte und Hauptmann andererseits größer ist als die, welche zwischen den Ehegatten besteht. Es sucht, die Verbindung der „Nichtverwandten“ zu lösen und die „Verwandten“ aneinander zu binden. Diesem Sichlösen und Neuverbinden, das einem Naturvorgang gleicht, steht aber das Sittengesetz entgegen, das das Heilighalten und die Unauflösbarkeit der Ehe fordert. Der selbstsüchtige und weichliche Eduard und die mädchenhaft-passive Ottilie lehnen sich gegen das Sittengesetz auf und folgen der Stimme der Natur. Sie werden ein Liebespaar, verlangen die Scheidung der Ehe und wollen heiraten. Das andere Paar jedoch ist stärker, beugt sich dem Sittengesetz und übt Entsagung — selbst dann noch, als späterhin eine Vereinigung möglich wäre. Die mit dramatischer Kraft gestaltete Katastrophe tritt dadurch ein, daß das Kind Eduards und Charlottens durch eine Unvorsichtigkeit Ottiliens ertrinkt. Da Eduard den festen Entschluß des Mädchens, nach dieser himmlischen Mahnung ihm niemals anzugehören, nicht beachten will, tötet sich Ottilie durch Enthaltung von jeglicher Nahrung. Eduard, von Kummer verzehrt, stirbt bald nach ihr.

Die beiden, die der stürmischen Leidenschaft folgten, haben ihr eigenes und das Lebensglück ihrer Angehörigen zerstört und sühnen mit ihrem Tod das von ihnen verletzte Sittengesetz. „Die Wahlverwandtschaften“ sind ein erster großer **Eheroman,** der die Forderung aufstellt, sittliche Kraft und Entsagung über Naturzwang und Leidenschaft zu stellen. Denn, lehrt der Roman, lösen sich die Bande der Sittlichkeit, so tritt innere und äußere Vernichtung der Schuldigen ein.

Auch dieser Altersroman Goethes ist persönlichen Erlebnissen, nämlich seinem Verhältnis zu Frau von Stein und Minna Herzlieb entwachsen. Doch im Gegensatz zum „Werther" bringt er die Beichte eines reifen Mannes. Sittliche Hoheit durchzieht das Werk, das die Macht der Entsagung predigt und die Unauflöslichkeit der Ehe preist.

Im Gegensatz zum Wilhelm-Meister-Roman, der sich mit seiner offenen und gelockerten Form bereits der Romantik nähert, sind die „Wahlverwandtschaften" in streng klassischem Stil gestaltet.

4. *Unterhaltungen deutscher Ausgewanderten.* (1795)

Für Schillers Zeitschrift „Die Horen" schrieb Goethe in lockerer Rahmenerzählung die „Unterhaltungen deutscher Ausgewanderten", in denen, ähnlich wie in Giovanni Boccaccios Decamerone[1], eine aristokratische Gesellschaft vor der Revolution flieht und sich mit dem Erzählen novellenartiger Geschichten verschiedener Herkunft die Zeit vertreibt. Großenteils handelt es sich da um Übersetzungen französischer Anekdoten. Goethes eigene Beiträge mahnen zur Entsagung und Selbstopferung.

Obwohl ein Nebenwerk, haben die „Ausgewanderten" doch einen mächtigen Anstoß zur Entwicklung der deutschen Novelle gegeben. Mit diesem Werk und mit den in die „Wanderjahre" eingefügten Novellen wird Goethe zum Neuschöpfer der deutschen Novelle, die er wieder zur Höhe eines Kunstwerks erhebt. Er verlangt, daß sie eine „sich ereignete, unerhörte Begebenheit" erzähle, wahr, natürlich begreiflich sei und in der wirklichen Welt spiele. Wesensmäßig wird so die Novelle vom Roman geschieden, der die Gesamtheit des menschlichen Erlebens, nicht nur einen bestimmten Abschnitt, behandelt. Von dem in den „Unterhaltungen" stehenden „Märchen", einem Meisterwerk phantasievoller-geheimnisvoller Fabulierkunst, nimmt dann später das romantische Kunstmärchen seinen Ausgang.

5. *Novelle.* (1826)

Goethes gesamte Novellendichtung gipfelt in der als „Novelle" betitelten Dichtung.

Inhalt: *In einer kleinen Fürstenstadt ist Jahrmarkt. Da bricht Feuer aus, und aus einer Tierschaubude entkommt ein Löwe. Mit seinem Flötenspiel und sanftem Gesang beruhigt ein Knabe das wildgewordene Tier und führt es hinter sich her. Das Tier legt dem Kinde vertrauensvoll die Tatze in den Schoß, und der Knabe zieht dem stillhaltenden König der Tiere einen Dorn aus der Klaue. Die Macht des Gesanges hat die natürliche Wildheit der Kreatur bezwungen. Aber nicht nur die furchtbare Natur des Löwen wird durch Liebe und Frömmigkeit bezwungen, auch ein anderer Kampf wird ausgekämpft, nicht minder bedeutsam, obwohl er fast unbemerkt sich abspielt: im Junker Honorio siegt die Achtung vor dem unbeirrbar reinen Sinn der jungvermählten Fürstin, die er leidenschaftlich begehrt, über seine Leidenschaft. Er entsagt und reißt sich von der Fürstin los, um das reine Glück ihrer Ehe nicht zu trüben.*

Ihr Thema ist, so erklärt Goethe selbst, „Zu zeigen, wie das Unbändige, Unüberwindliche oft besser durch Liebe und Frömmigkeit als durch Gewalt bezwungen werde".

6. *Reineke Fuchs.* In zwölf Gesängen. (1794)

In der für große Dichtung toten Zeit vor seinem Freundschaftsbund mit Schiller flüchtete Goethe inmitten der Revolutionswirren zur Naturwissenschaft und übertrug den „Reineke Fuchs" nach Gottscheds Prosaübersetzung des niederdeutschen Originals in Hexameter, um

[1] Siehe Seite 32, I. Teil.

die unruhige politische Welt zu vergessen. Mit dieser Versbearbeitung erneuerte er die verschollene Tiersage des Mittelalters, die dadurch der Vergessenheit entrissen wurde und die so weite Kreise des deutschen Volkes kennen und schätzen lernten. Darin liegt das größte Verdienst dieser Arbeit Goethes.

Inhalt: *Die Hauptfigur ist der* Fuchs. *Er ist es, der alle Tiere aufs arglistigste und liebloseste behandelt, sich gegen jegliche Ordnung auflehnt und wider Religion und Sittlichkeit aufs gröblichste verstößt.* Isegrim *(der Wolf)*, Braun *(der Bär)*, Lampe *(der Hase)*, Hinze *(der Kater)*, Henning *(der Hahn) verklagen den hinterlistigen Betrüger Reineke bei dem* Löwen *(Nobel), dem Regenten des Tierreichs und dem Protektor Reinekes. Dieser weiß sich geschickt herauszulügen und wird von Nobel hinterher sogar noch mit Ehren überhäuft. Das Epos zeigt, daß im Leben List und Ränke oft die Oberhand über Gutmütigkeit, Ehrlichkeit und Recht gewinnen.*

Geniale und köstliche Illustrationen für das Epos schuf Wilhelm von Kaulbach (1805 bis 1874), der es meisterhaft versteht, tierische Charaktereigenschaften des Menschen durch entsprechende Physiognomien auszudrücken.

7. *Hermann und Dorothea* (1797)

In der Zeit seines Freundschaftsbundes mit Schiller schrieb Goethe, angeregt durch die Idylle „Luise" von Johann Heinrich Voß[1], das bürgerlich-idyllische Epos „Hermann und Dorothea". Der Handlung liegt ein Geschehnis zugrunde, das sich im Jahr 1732 bei der Vertreibung von Protestanten aus dem Erzbistum Salzburg zugetragen hat. Ein junger Mann aus dem Altmühltal heiratete damals ein salzburgisches Mädchen, das er zunächst als Magd seines Vaters aufgenommen hatte. Diese Episode aus dem frühen 18. Jahrhundert verlegte Goethe aber in seinem Epos in die große Zeitenwende, in die Französische Revolution. Die Handlung beginnt an einem heißen Augustsonntagnachmittag des Jahres 1794 und endet abends während eines erquickenden Gewitters. Der Schauplatz ist eine Kleinstadt, die Ackerbau und Gewerbetätigkeit vereinigt und in einer fruchtbaren und anmutigen, vom Krieg noch nicht berührten Rheinlandschaft liegt. Das Gedicht ist in neun Gesängen geteilt; jeder Gesang hat zwei Überschriften. Als erste dienen die Namen der neun Musen, die zweiten beziehen sich auf den Inhalt.

Inhalt: *Zur Zeit der Französischen Revolution sucht eine große Schar Flüchtlinge neue Zufluchtstätten. Neugierde, doch auch Mitgefühl ließ die Bewohner einer deutschen Kleinstadt zum Dammweg hinauswandern, um den traurigen Zug der armen Vertriebenen zu sehen, die vor der Revolution flüchten und ihre Heimat jenseits des Rheins (Elsaß) verlassen mußten. Der zurückgebliebene reiche* Wirt *zum Goldenen Löwen und seine Frau haben ihren Sohn* Hermann *mit Vorräten für die Armen hinausgeschickt. Allmählich kehren die Städter zurück;* Pfarrer *und* Apotheker *kommen zum Löwenwirt und berichten über das Geschehene. Auch Hermann kehrt heim, auf den ein Flüchtlingsmädchen tiefen Eindruck gemacht hat. Ihr hat er auch seine Gaben zur Verteilung nach eigenem Ermessen übergeben. Er gesteht der* Mutter *in einem Zwiegespräch unter dem großen Birnbaum im Feld, daß er das fremde Mädchen, das ihm durch ihre Schönheit, Bescheidenheit und tätige Nächstenliebe aufgefallen sei, liebe und als Gattin heimführen möchte. Durch der Mutter und des klugen Pfarrers Zuspruch wird der Widerspruch des Vaters, der den Sohn schon längst gern mit einer begüterten, fein erzogenen Kaufmannstochter verheiratet gesehen hätte und von Hermanns Verbindung mit einer armen Vertriebenen zunächst nichts wissen will, gebrochen. Er gibt seine Einwilligung unter der Bedingung, daß Pfarrer und Apotheker über das Mädchen Erkundigungen einziehen. Sie erfahren vom* Richter *der flüchtigen Gemeinde nur Gutes über Dorothea, wie das Mädchen heißt. Sie raten dem sie begleitenden Hermann, selbst mit ihr zu sprechen. Er findet sie wasserschöpfend am Brunnen und will ihr seine Werbung sogleich vortragen, schiebt sie aber auf, als Dorothea, ihn mißverstehend, glaubt, er wolle sie als Magd für seine Eltern dingen.*

[1] Siehe Seite 222, I. Teil.

Beide begeben sich auf den Weg zur Stadt und kommen am Abend im Wirtshaus zum Goldenen Löwen an, wo die Freunde des Vaters inzwischen Bericht erstattet haben. Noch muß das Mißverständnis aufgeklärt werden, daß Dorothea nicht als Magd, sondern als Hermanns Braut das Haus betreten soll. Dabei zeigt sich ihr Charakter im hellsten Licht, sie besiegt den letzten Widerstand des Vaters, und es wird Verlobung gefeiert. „Wahre Neigung vollendet sogleich zum Manne den Jüngling." Der bis dahin so schüchterne Hermann fühlt sich nun im Besitz Dorotheas zum Mann gereift und ist fest entschlossen, den eigenen Herd mit allen Kräften zu verteidigen.

Die **Personen** sind mit ihren Vorzügen und Mängeln typische Angehörige des Bürgerstandes: die liebevolle, kluge und tüchtige Mutter, der gutmütig-heftige, behäbige Vater, der ruhig-stolze, männlich-weiche, reine Hermann, die demütig-heldenhafte Dorothea. Kindliche Liebe und Demut, bürgerliche Tüchtigkeit und Strebsamkeit, Festhalten an den Gütern der Familie, des Eigentums und des Vaterlandes, Bescheidenheit und Hilfsbereitschaft kennzeichnen die handelnden Personen. Dorothea besitzt Züge von Lili Schönemann, Hermann solche des jungen Goethe. Die Mutter Hermanns ist das getreue Abbild von Goethes eigener Mutter.

Mit seiner Dichtung „Hermann und Dorothea" wurde Goethe zum **Schöpfer des bürgerlichen Epos**[1], das sich als etwas völlig Neues neben die großen Epen der Weltliteratur stellt.

Das große **Vorbild** für Goethes im streng klassischen Stil gestaltetes Epos ist Homer. Ihm folgt er in seinem Streben nach dem Typischen, dem Naiven der Anschauung, nach schöner Bildlichkeit, nach strenger Objektivität, die sich vor allem im völligen Verschwinden des Dichters hinter seiner Erzählung äußert, und nach ausgewogenem Wechsel von Bewegung und Ruhe. Auch das Versmaß ist der Antike entnommen, indem Goethe den Hexameter für sein Epos wählte. Dabei aber wird die Anlehnung an Homer keineswegs zur sklavischen Nachahmung: Goethe übernimmt weder die stehenden Beiwörter und Formeln noch den so oft nachgeahmten Gebrauch der griechischen Mythologie und des Wunderbaren. Dadurch wird in „Hermann und Dorothea" eine Verschmelzung deutschen und griechischen Geistes erreicht.

Autobiographisches

Bewußt erschien Goethe sein Leben als eine ihm gestellte und von ihm zu meisternde Aufgabe. Seine Dichtungen wollen Rechenschaft darüber ablegen, wie er seine „Hauptaufgabe" gelöst habe. Diese „Bruchstücke einer großen Konfession" sollen – nach seinen eigenen Worten – seine autobiographischen Werke ergänzen und vervollständigen. Das bedeutendste unter ihnen ist das seit 1809 begonnene, 1811 im ersten Teil (15 Bücher) und 1833 im zweiten Teil (5 Bücher) aus dem Nachlaß veröffentlichte Werk: *Aus meinem Leben. Dichtung und Wahrheit.* Es ist, wie der Titel sagt, „Wahrheit", weil es genau der Wirklichkeit entsprechen will, aber auch „Dichtung", weil es nicht einfach berichtet, sondern die tatsächlichen Ereignisse und Erlebnisse ausdeutet und bewertet.

Es erzählt Goethes Entwicklung von der frühesten Kindheit bis zum Jahr 1775, bis zur Übersiedlung nach Weimar. Die Lebensgeschichte wird dabei in ihrem Zusammenhang mit den örtlichen und zeitlichen Verhältnissen, unter denen Goethe aufgewachsen ist, sowie mit den politischen, sozialen und literarischen Strömungen geschildert. In einer Sprache von klassischer Vollendung wird mit Anschaulichkeit Goethes Entwicklung als Mensch und Dichter vorgeführt.

[1] Siehe auch „Luise" von Johann Heinrich Voß, Seite 222, I. Teil.

Die unvollendet gebliebene Biographie wurde später unter anderem durch folgende Werke ergänzt: *Italienische Reise* (1817), *Campagne in Frankreich* (1822), *Die Belagerung von Mainz* (1822), *Die Schweizer Reise im Jahre 1797* (1833).

Wertvolle Ergänzungen zur Biographie Goethes stellen die nach seinem Tod erschienenen *Gespräche mit Goethe in den letzten Jahren seines Lebens* von Johann Peter Eckermann dar, der ab 1821 Goethes Hausgenosse und Gehilfe war. Heute liegen auch *Goethes Briefe* und *Tagebücher* in verschiedenen Ausgaben gedruckt vor.

Aufsätze zur Kunst und Literatur

Goethe schwankte lange, ob er zu einem bildenden Künstler oder zu einem Dichter berufen sei. Seine eigenen Versuche im Zeichnen, schon früh geübt und in Italien mit größtem Ernst betrieben, haben ihn selbst so wenig befriedigt, daß er sie von da ab nur noch aus Liebhaberei fortgesetzt hat. Doch nimmt er zeitlebens regstes Interesse an den bildenden Künsten der Vergangenheit und der Gegenwart. Er fördert als Minister die Zeichen- und Kunstschule in Weimar und nimmt in vielen Aufsätzen zu den verschiedensten Problemen der Kunst Stellung.

Dazu treten die von Goethe herausgegebenen Zeitschriften *Die Propyläen* (1798 bis 1800) und *Über Kunst und Literatur* (1816 bis 1828), in denen er sich für die bildende Kunst im klassizistischen Sinne einsetzt und auch zu den verschiedensten Werken der Weltliteratur Stellung bezieht.

Aufsätze zur Naturwissenschaft

Zeitlebens blieben die naturwissenschaftlichen Studien eine dauernd und erfolgreich betriebene Lieblingsbeschäftigung Goethes. In seiner Jugend hatte er Vorlesungen über Medizin, Physik und Chemie in Straßburg gehört. Nach seiner Ankunft in Weimar war er in Jena vor allem an der Stöchiometrie[1] interessiert. Er studierte auch Anatomie, da der menschliche Körper der wichtigste Gegenstand der bildenden Kunst ist, für welches Gebiet Goethe immer große Zuneigung hegte. Durch seine Beschäftigung mit dem Ilmenauer Bergwerk wurde er in die Geologie eingeführt. Er hat viele Jahre hindurch Thüringen durchstreift, den Harz und andere Berge geologisch durchforscht und überall mineralogisiert und botanisiert. Er studierte die botanischen Gärten, die naturhistorischen Sammlungen und Museen. Er sammelte Steine, Pflanzen, Versteinerungen, Knochenpräparate, beobachtete seltene optische Erscheinungen und ließ in Jena – die Universitäts-Sammlungen standen unter seiner Verwaltung – wissenschaftliche Laboratorien einrichten.

Goethe war von dem Glauben an die Einheit in der Mannigfaltigkeit der Erscheinungen überzeugt und besaß die Gabe, aus gründlichen Beobachtungen Schlüsse zu ziehen.

So war er auf dem Gebiet der *Geologie* einer der ersten, der eine Eiszeit, „eine Zeit dauernder Kälte“, vermutete. Mit welchem Ernst er seine geologischen Studien betrieb, geht daraus hervor, daß er sich von einem jüngeren Geologen eine mineralogische Beschreibung von Weimar, Eisenach und Jena ausarbeiten ließ, um die Beschaffenheit jedes Berges zu kennen, und beabsichtigt hat, eine mineralogische Karte von ganz Europa ausführen zu lassen.

Seine *Abhandlung über den Granit* (1784) ist ein Meisterwerk deutscher Prosa. Goethe fesselt bei diesem Gestein, daß die Lage und die Verhältnisse seiner Teile bei jedem Berg wechseln, die Massen jedes einzelnen Berges voneinander verschieden und dennoch im Ganzen

[1] Lehre von der mengenmäßigen Zusammensetzung chemischer Verbindungen und der mathematischen Berechnung chemischer Umsetzungen.

wieder eins sind. Er erklärt, daß in der Natur alles Werden, Bildung, Umbildung, Entwicklung ist und daß die Veränderungen in der Natur unermeßliche Zeiträume erfordern.

Beim Studium des menschlichen Skeletts – schon 1781 begann er den Schülern an der Weimarer Zeichenschule das Skelett zu erklären – entdeckte er den Zwischenkieferknochen (= der in den Oberkiefer eingefaßte Knochen, der die Schneidezähne trägt). Die Anatomen seiner Zeit leugneten das Vorhandensein dieses Knochens beim Menschen, erkannten ihn bloß den Affen zu, um daraus den eigentümlichen Unterschied zwischen Menschen und Affen erklären zu können. Sein **Versuch aus der vergleichenden Knochenlehre, daß der Zwischenknochen der oberen Kinnlade des Menschen mit den übrigen Tieren gemein** (= allgemein) sei, war die erste Abhandlung, die überhaupt in der vergleichenden Anatomie geschrieben wurde und beweist, daß der Knochenbau des Menschen keine Ausnahme innerhalb des Tierreiches darstellt. Daran schloß sich die Theorie, daß alle Teile des Schädels aus Wirbelknochen hervorgegangen seien, der *Versuch über die Gestalt der Tiere* (1790), der die vergleichende Anatomie des Säugetierskelettes begründete. Der *Entwurf einer allgemeinen Einleitung in die vergleichende Anatomie* (1795) ist sein Hauptwerk auf diesem Gebiet. Aus einem allgemeinen Typus wird da die Gesamtheit der tierischen Formen abgeleitet.

Auf dem Gebiet der **Botanik** stellt er in seiner Arbeit *Versuch die Metamorphose der Pflanzen zu erklären* (1790) den Grundsatz auf, daß alle Pflanzenteile, vom Stamm abgesehen, umgebildete Blätter seien. Seine Behauptung, daß der Formenwechsel der Pflanzen vom Stoffwechsel abhängig sein müsse, wurde bestätigt.

In seinen Arbeiten auf dem Gebiet der **Optik** stellt er sich in entschiedenen Gegensatz zu Isaac Newton (1643 bis 1727), der die Farben aus dem weißen Licht abgeleitet hatte. Schon in Leipzig war Goethe Zeuge optischer Versuche gewesen, die im Anschluß an Newtons Lehre durchgeführt worden waren. In Italien befaßte er sich mit der technischen Seite der Malerei und studierte dabei die Eigenart der Farben. Auf seinen Wunsch hin unternahm Angelika Kauffmann koloristische Versuche, indem sie beispielsweise ein Bild grau in grau malte und dann mit einer durchscheinenden Farbe überzog oder auf einem Landschaftsbild alle blauen Töne ausließ. Goethe war in der Welt der Farben heimisch.

Bei einem Blick durch ein Prisma entdeckte er zu seiner Verwunderung, daß sich das weiße Licht nicht regenbogenfarbig aufgelöst hatte, sondern weiß blieb. Dadurch kam er zur Ansicht, daß Newtons Lehre falsch sei. Für Goethe sind Licht und Schatten zwei gleichberechtigte Mächte, von deren richtigen Verteilung der allgemeine Farbton abhängt.

In seinen *Beiträgen zur Optik* (1791/92) beschuldigte er Newton der Fälschung, weil dieser bei Versuchen in der Dunkelkammer von Strahlen sprach.

Seine Kunststudien bereiteten Goethe auf die unwissenschaftliche Annahme vor, daß die Farben durch eine Wechselwirkung von Licht und Finsternis, Hellem und Dunklem, Licht und Nichtlicht, erzeugt würden. Wie er sich in der Morphologie auf eine Urpflanze berief, geschah dies auf dem Gebiet der Optik mit dem Begriff des „Urphänomens". Die Ursache, die besondere Farben hervorbringt, schrieb er den „trüben Mitteln" zu. Er beobachtete, daß sich eine blaue Farbe zeigte, wenn man die Finsternis durch ein trübes, von darauffallendem Licht erleuchtetes Mittel sah, wobei das Blau heller und blasser wurde, je mehr sich das Trübe des Mittels vermehrte. Die Physiker konnten jedoch feststellen, daß Goethes „Urphänomen" keineswegs alle Fälle umfasse. Es war bald offensichtlich, daß sich Goethe hinsichtlich der ergänzenden Farbe als Künstler und Kunstfreund zu einer unrichtigen Theorie verleiten hatte lassen.

1790 hatte er sich Newtons Werke verschafft und alle darin angegebenen Experimente nochmals durchgeführt.

Sein *Versuch, die Elemente der Farbenlehre zu entdecken* wurde nicht veröffentlicht. Hingegen erschien 1810 das Werk *Zur Farbenlehre* in zwei Bänden mit beigefügten Abbildungen.

In einem Brief an Schiller (14. Februar 1798) beschreibt er seine Einteilung der Farben in drei Klassen: physiologische (physiologisch = bedingt durch den Zustand unseres Auges), physische (physisch = durch Einfluß der Lichtstrahlen und Äthererscheinungen, also prismatische Farben) und chemische (chemische = Körperfarben des Gesteins, der Wand usw.).

Er wurde der Begründer der physiologischen Optik, da er die physiologischen Farben an die Spitze stellte, was für seine Zeit neu war.

Goethes Naturauffassung und seine Kunstanschauung entspringen denselben Grundgedanken: hier und dort sucht er den **Typus,** das **Notwendige,** das Gesetz. Er kennt keine Ausnahme, er kennt keine Willkür, er kennt nur die ewige, gleichmäßige Entwicklung. Kraft, Form und Gesetz sind für sein Weltbild die drei Grundmächte des Lebens.

Johann Christoph Friedrich Schiller (1759 bis 1805)

Das Leben Schillers

I. Der junge Schiller

Im Elternhaus (1759 bis 1772)

Die **Vorfahren** Schillers stammen aus einem schwäbischen Bauerngeschlecht. Ob dieses aus Tirol eingewandert ist, läßt sich nicht mit Sicherheit nachweisen.

Schillers **Vater,** Johann Caspar Schiller, war der Sohn eines Bäckermeisters, wurde Regimentsmedikus in württembergischen Diensten, nahm am Siebenjährigen Krieg teil, war dann Werbeoffizier in Lorch und zuletzt Verwalter der herzoglichen Gärten und Baumschulen des Schlosses Solitude. Er besaß eine im Sinn der Aufklärung von der Vernunft her bestimmte Frömmigkeit und einen unermüdlichen,

Abb. 13: Friedrich Schiller in seinem 28. Lebensjahr.

praktischen Tätigkeitsdrang. Schillers **Mutter,** eine geborene Elisabeth Dorothea Kodweiß, war eine Marbacher Gastwirtstochter. Sie war mit reichen Gefühls- und Phantasiekräften ausgestattet.

Am 10. November 1759 wurde der Dichter als zweites Kind seiner Eltern in dem württembergischen Städtchen Marbach am Neckar geboren, wo er seine Kindheit (1759 bis 1763) verbrachte. In Lorch, wo die

Familie in der Zeit von 1763 bis 1766 lebte, besuchte Schiller die Dorfschule und wurde daneben vom Pastor Philipp Ulrich Moser in Latein unterrichtet. In der Gestalt des gleichnamigen Pfarrers setzte ihm der Dichter in dem Schauspiel „Die Räuber" ein poetisches Denkmal. Nach der Übersiedlung der Familie nach Ludwigsburg im Jahr 1766 besuchte er die dortige Lateinschule, um sich für den Predigerberuf vorzubereiten, da er früh rhetorische Begabung und theologische Interessen zeigte. So wiederholte er nach dem Besuch eines Sonntagsgottesdienstes gern vor seinen Geschwistern die gehörte Predigt. Auf Befehl des despotischen Herzogs *Karl Eugen* von Württemberg mußte er jedoch auf das angestrebte Theologie-Studium verzichten und in die vom Herzog neu gegründete Militärpflanzschule eintreten, die Offiziere und Beamte heranbildete.

Die Herrschaft des Herzogs war eine der übelsten unter den Regierungen der vielen kleinen deutschen und italienischen Fürsten des 18. Jahrhunderts, die die französischen Könige nachahmen wollten und deshalb ihren Ländern die härtesten Lasten auferlegten, um sich und ihren Günstlingen prunkvolle Schlösser zu bauen. Insbesondere wird die Erzählung des Kammerdieners in Schillers „Kabale und Liebe" von der Geschichte voll bestätigt. Der Herzog verkaufte württembergische Soldaten als Söldner an ausländische Mächte (England, Holland) und scheute sich nicht, für jeden Verwundeten und Toten Blutgeld zu nehmen. Dagegen war es (ähnlich wie Lady Milford) gerade die Favoritin des Herzogs, Franziska von Hohenheim, die manches Elend beseitigte und manchen tyrannischen Spruch des Herzogs durch ihre Fürbitte in sein Gegenteil verwandelte.

An der Militärakademie (1773 bis 1780)

An der aus der Militärpflanzschule erwachsenen herzoglichen Militärakademie, die vorübergehend auf der Solitude und nachher in Stuttgart untergebracht war, studierte Schiller zunächst Rechtswissenschaft und später Medizin. Er litt sehr unter der übertriebenen strengen Zucht des Kasernenlebens. Nur heimlich konnte er die damals moderne, den Zöglingen streng verbotene Literatur lesen. Er begeisterte sich für Klopstock, Rousseau, Shakespeare, Ossian, Goethe und die Stürmer und Dränger.

Im Rahmen der Schule trat Schiller wiederholt als Festredner und Verfasser von Festgedichten auf. Im Dezember 1779, auf der Rückreise aus der Schweiz, besuchten Herzog Karl August von Weimar und der von den Akademieschülern glühend verehrte Goethe die Schule und wohnten einer Preisverteilung bei, bei der auch Schiller ausgezeichnet wurde.

Schillers früheste Gedichte stehen unter dem Einfluß Klopstocks. Im Banne des Sturmes und Dranges und aus der Auflehnung gegen fürstliche Willkür und übertriebenen Schulzwang entstand das erste Schauspiel des Dichters „Die Räuber". Schon hier setzte sich Schiller mit dem Problem der sittlichen Freiheit auseinander.

Als Regimentsmedikus in Stuttgart (1780 bis 1782)

Nach den gut bestandenen Schlußprüfungen wurde Schiller als Regimentsmedikus im Stuttgarter Militärlazarett angestellt. Von glühender Schaffenslust beseelt, widmete er sich aber mehr seinen schnell hintereinander entstehenden ersten Dichtungen als seinem Arztberuf. Er beendete das Drama „Die Räuber", das er 1781 anonym im Selbstverlag veröffentlichte, wodurch er in Schulden geriet. Ein zweites Theaterstück, „Fiesko" entstand. Leidenschaftliche, pathetisch übersteigerte Gedichte (die „*Laura-Oden*") richtete er an die Hauptmannswitwe Luise Vischer. Diese und andere Gedichte ließ er im Jahr 1782 unter dem Titel „Anthologie auf das Jahr 1782" ebenfalls auf eigene Kosten drucken. Im Jänner 1782 wurden „Die Räuber" von dem Intendanten des Mannheimer Nationaltheaters Heribert von Dalberg zur Uraufführung angenommen, der Schiller ohne Erlaubnis beiwohnte. Die Wirkung des Stückes war gewaltig. „Das Theater glich einem Irrenhause, rollende Augen, geballte Fäuste, heisere Aufschreie im Zuschauerraume! Fremde Menschen fielen einander schluchzend in die Arme, Frauen wankten einer Ohnmacht nahe zur Türe", so berichtet ein Augenzeuge. Schiller aber bekam für eine zweite Reise ins kurpfälzische „Ausland", die bekannt geworden war, 14 Tage Arrest. Als aus dem Schweizer Kanton Graubünden bald darauf eine Beschwerde bei dem Herzog einlief, weil in einem Auftritt der „Räuber" (II./3.) vom „Spitzbubenklima" dieses Landes gesprochen wurde, verhängte der erzürnte Karl Eugen das Verbot jeder weiteren poetischen Betätigung über den Dichter. Dies ließ in Schiller den Entschluß zur Flucht nach Mannheim reifen, die mit Hilfe des befreundeten jungen Musikers Andreas Streicher[1] im September 1782 auch gelang. Schiller hatte mittlerweile sein zweites Schauspiel, den „Fiesko", fertiggestellt und bereits den Plan zu einem dritten Stück, „Luise Millerin", gefaßt. Er hoffte, in Mannheim eine Anstellung beim Theater finden zu können.

[1] Streicher, der später nach Wien ging und hier Klavierfabrikant wurde, hat seine Flucht mit Schiller in einem autobiographischen Werk beschrieben.

Auf der Flucht (1782 bis 1783)

So groß auch der Erfolg bei der Aufführung der „Räuber" gewesen war, so wagte es Dalberg doch nicht, den württembergischen „Deserteur" zu unterstützen. Er lehnte auch die Annahme des „Fiesko" ab. Aus Furcht vor der Verfolgung durch den Herzog floh Schiller mit dem treuen Freund Streicher über Frankfurt nach Oggersheim, wo er sich in einem billigen Gasthof bis zum November 1782 aufhielt. Bald geriet er in bittere Not. Da rettete ihn die Einladung der Mutter eines Schulfreundes, Frau von Wolzogen, die ihm auf ihrem Gut Bauerbach bei Meiningen eine Zuflucht anbot. Schiller nahm das freundliche Anerbieten an und lebte vom Dezember 1782 bis Juli 1783 ziemlich sorglos in Bauerbach. In unermüdlicher Arbeit wurde das Schauspiel „Fiesko" umgearbeitet, das Stück „Luise Millerin" unter dem auf Ifflands Rat veränderten Titel „Kabale und Liebe" abgeschlossen und ein viertes Drama, „Don Carlos", begonnen. Im Juli 1783 kam frohe Botschaft aus Mannheim. Dalberg, dem der Dichter seine beiden fertigen Stücke zur Begutachtung eingeschickt hatte, bot ihm zunächst für ein Jahr die Stelle eines Theaterdichters am Mannheimer Nationaltheater an, die Schiller annahm.

Als Theaterdichter in Mannheim (1783 bis 1785)

Als Theaterdichter mit einem Jahresgehalt von 500 Gulden hatte Schiller nun die Möglichkeit, das Theaterleben praktisch kennenzulernen. Mit nur geringem Erfolg wurde der „Fiesko" aufgeführt, mit umso größerem, ja wahrhaft durchschlagendem Erfolg hingegen „Kabale und Liebe". Schiller wurde daraufhin in die kurpfälzische Deutsche Gesellschaft zu Mannheim aufgenommen und schrieb die Abhandlung „Die Schaubühne als eine moralische Anstalt betrachtet". Aber der neue Erfolg verhinderte nicht, daß nach einem Jahr der Anstellungsvertrag als Hoftheaterdichter keine Erneuerung erfuhr. Von Schuldenlast bedrückt und in ständiger Sorge um den Lebensunterhalt, versuchte nun der Dichter, als freier Schriftsteller sein Brot zu verdienen. Doch die Gründung und Herausgabe der Zeitschrift „Rheinische Thalia" brachte nur wenig ein. Zu dieser wirtschaftlichen Not kam noch Schillers aussichtslose Liebe zur geistreichen Freifrau Charlotte von Kalb[1], die ihn in große seelische Bedrängnis stürzte. Dankbar nahm er daher als willkommene Hilfe die Einladung zweier junger Männer aus Leipzig an, die, von seinen Dichtungen begeistert, seine glühenden Verehrer geworden waren. Es waren dies Ferdinand Huber und der Konsistorialrat Christian Gottfried Körner, der spätere Vater des Freiheitsdichters Theodor Körner.

Aufenthalt in Leipzig (Gohlis) und Dresden bei Körner (1785 bis 1787)

Schiller lebte zunächst als Gast im Hause Hubers in Leipzig und im nahen Gohlis, da Körner mittlerweile nach Dresden übersiedelt war. Aber schon im September 1785 lud ihn Körner zu sich ein. Mit diesem verband Schiller bald eine äußerst innige Freundschaft. Ein unvergängliches Denkmal dieser Freundschaft besitzen wir in dem erhaltenen „Briefwechsel zwischen Schiller und Körner vom Jahr 1784 bis zum Tode Schillers". Im Haus Körners in Leipzig verlebte der Dichter die glücklichste Zeit seines Lebens. Von allen Geldsorgen befreit und durch den Umgang mit diesem Freund geistig gefördert, konnte Schiller damals ausschließlich der Dichtung leben. Er fand allmählich innere Ruhe, löste sich von den Ideen des Sturmes und Dranges, vollendete zunächst das Schauspiel „Don Carlos" und schrieb die Novelle „Der Verbrecher aus verlorener Ehre" und den unvollendet gebliebenen Roman „Der Geisterseher". Er begann sich für historische Studien zu interessieren und arbeitete mit großem Eifer an einer „Geschichte des Abfalls der vereinigten Niederlande". Als Zeugnis für Schillers gelöste Stimmung entstanden damals auch seine einzigen Lustspiele, die er hinterlassen hat, und das von Beethoven in seiner „Neunten Symphonie" vertonte Lied „An die Freude".

II. Mannesjahre

In Weimar und Umgebung (1787)

Als Schiller seinem Freund Körner nicht mehr zur Last fallen wollte, versuchte er, sich durch Goethe in Weimar eine Existenz zu schaffen. So reiste er nach Weimar, wo er von Wieland und Herder freundlich aufgenommen wurde. Da er schon früher auf Grund einer Don Carlos-Vorlesung am Darmstädter Hof, der auch Herzog Karl August beigewohnt hatte, den Titel eines „Weimarischen Rates" verliehen erhalten hatte und ihn Frau Charlotte von Kalb, die damals ebenfalls in Weimar weilte, bei Hofe empfahl, wurde er auch bei der Herzogin eingeführt. Schiller konnte sich aber nicht in die höfische Etikette finden, auch war

[1] Der Roman „Romantische Leidenschaft" von Joseph Handl (geb. 1909 in Mödling bei Wien) schildert diese Liebe und gleichzeitig auch das Leben des jungen Schiller auf Grund genauer Quellenstudien.

der Herzog gerade verreist, und Goethe befand sich noch in Italien. So gelang es Schiller zunächst nicht, in Weimar festen Fuß zu fassen. Er beschloß, die Rückkehr Goethes abzuwarten, und lebte wieder von seiner Arbeit als Schriftsteller, wobei er oft zwölf Stunden im Tag durcharbeitete. Nach einem Besuch der Frau von Wolzogen in Bauerbach im Sommer 1787, wobei er die Familie Lengefeld kennenlernte, beschloß er, Volkstädt bei Rudolstadt zum Wohnsitz zu wählen.

In Volkstädt und Rudolstadt (1788)

Schiller wurde bald von der bescheidenen, ruhig-sanften und häuslichen Charlotte von Lengefeld gefangen genommen, die im Jahr 1790 seine Frau wurde, ihm zeitlebens eine treue Gefährtin war und tapfer alle schweren Schicksalsschläge wie Krankheit und Not mit dem Dichter ertrug.

Schon während seiner Arbeit an dem Schauspiel „Don Carlos“ hatte Schiller begonnen, sich vom Sturm und Drang loszulösen. Dies wurde durch seine Geschichtsstudien und seine Beschäftigung mit den Dichtungen Homers und denen der griechischen Tragiker vollendet, deren Werke er teilweise ins Deutsche übersetzte. Ein erstes großes, selbständiges Bekenntnis zur Antike sind die damals entstandenen Gedichte „Die Götter Griechenlands“ und „Die Künstler“. In Wielands Zeitschrift „Der teutsche Merkur“ brachte er seine „Geschichte des Abfalls der vereinigten Niederlande“ zum Abdruck. Als Goethe schließlich aus Italien zurückkehrte, entzog er sich bewußt einem persönlichen Verkehr mit Schiller, den er immer noch im Bann des von ihm mittlerweile längst überwundenen Sturmes und Dranges glaubte. Doch veranlaßte er Charlotte von Lengefeld zuliebe, die eine Freundin der Frau von Stein war, im Jahr 1789 Schillers Berufung als zunächst unbesoldeter Professor der Geschichte an die Universität in Jena.

Als Geschichtsprofessor in Jena (1789 bis 1794)

Am 26. und 27. Mai 1789 hielt Schiller im überfüllten größten Hörsaal der Jenaer Universität seine Antrittsvorlesung über das Thema „Was heißt und zu welchem Ende studiert man Universalgeschichte?“ Von weither waren Studenten herbeigeeilt, um den berühmten Dichter der „Räuber“ zu hören. Schiller führte damals aus, daß das Studium der Geschichte dazu verhelfen solle, die eigene Gegenwart zu verstehen. Er widmete sich dann umfangreichen Geschichtsstudien, wozu ihn ja sein neues Amt verpflichtete. Als Hauptwerk entstand in den Jahren 1790 bis 1793 die „Geschichte des Dreißigjährigen Krieges“.

Schillers Hoffnung, nunmehr stille und unbeschwerte Jahre erleben zu können, wurde bereits im Dezember 1790 zunichte. Er erkrankte schwer an einer Lungenentzündung, die ihn im Jänner 1791 an den Rand des Grabes brachte und wohl auch den Grund zu seinem frühen Tod legte. In rührender und unermüdlicher Hingabe bewies Charlotte die Größe ihrer Liebe und ihrer Aufopferungsfähigkeit, als es bald an dem Nötigsten fehlte, da Apotheke und Arzt nahezu alle Einkünfte verbrauchten. Da kam von hochherzigen Freunden aus weiter Ferne Hilfe in höchster Not. Irrtümlicherweise wurde die Nachricht von Schillers Tod verbreitet. Sie erreichte auch in Dänemark Jens Baggesen, einen jungen Dichter und glühenden Verehrer Schillers, den er im Jahr zuvor in Jena besucht hatte. Gemeinsam mit dem dänischen Finanzminister Graf von Schimmelmann, der Schiller gleichfalls verehrte, veranstaltete er am Meeresstrand eine großartige und ergreifende Totenfeier. Als er aber bald nachher seinen Irrtum erkannte, gewann er den Erbprinzen Friedrich Christian von Schleswig-Holstein-Sonderburg-Augustenburg dafür, Schiller für drei Jahre eine jährliche Pension von 1000 Talern zu bewilligen. Dadurch wurde es dem Dichter möglich, sich nach seiner erfolgten Genesung zu schonen, Erholungsreisen zu unternehmen und sich von den drückenden Geldsorgen zu befreien. Er besuchte auch seine Heimat wieder, wobei es zu einem ersten Wiedersehen mit seinen Eltern und Geschwistern kam. Herzog Karl Eugen gestattete diesen Besuch.

Nach seiner Genesung wandte sich der Dichter von seinen geschichtlichen Studien ab und solchen der Philosophie zu. Er beschäftigte sich hiebei besonders mit der Kantischen Philosophie, in die ihn sein Kollege an der Jenaer Universität, der Österreicher Reinhold, Wielands Schwiegersohn, eingeführt hatte. Auch gewann er den vielseitig gebildeten Wilhelm von Humboldt zum Freund, dessen Einfluß Schillers innere Läuterung vollendete. Die damals entstehenden philosophischen Abhandlungen kreisen alle um die hohen Begriffe: Wahrheit, Schönheit und Sittlichkeit. In Ausweitung der Kantischen Begriffe formte sich Schiller ein hohes sittliches Humanitätsideal, das er später nach seiner Rückkehr zur Dichtung in dichterische Bilder umsetzte. Seinem dänischen Wohltäter widmete er in Dankbarkeit die „Briefe über die ästhetische Erziehung des Menschen“. Nachdem sich Schiller trotz wirtschaftlichen Sorgen und schweren Behinderungen durch Krankheit zu einer festen Welt- und Kunstanschauung durchgerungen hatte, drängte es ihn immer stärker zu dichterischer Gestaltung. Als sein neues Werben um Goethes Freundschaft diesmal von Erfolg gekrönt wurde, siegte in ihm nun endgültig der Dichter über den Philosophen. Im Freundschaftsbund mit Goethe kommt es zu Schillers reichster Periode in seinem dichterischen Schaffen.

In Jena und Weimar, im Bund mit Goethe. Die zweite dichterische Schaffensperiode Schillers (1794 bis 1805)

Im März 1794 forderte Schiller Goethe auf, an seiner neu gegründeten Zeitschrift „Die Horen" mitzuarbeiten. Im Anschluß an eine Sitzung der naturforschenden Gesellschaft in Jena kam es im Juli zu einer Unterhaltung Goethes mit Schiller über die Urpflanze, wodurch die Freundschaft der beiden Männer eingeleitet wurde. Durch einen Brief Schillers an Goethe vom 23. August 1794, in dem er die „Summe der Existenz" Goethes zog, wurde diese Freundschaft endgültig begründet. Im September weilte Schiller zwei Wochen lang als Gast Goethes in Weimar. Dieser war von da an häufig, ja oft monatelang in Jena, um Schiller nahe zu sein. In beiden erwachte von neuem die in wissenschaftlicher Beschäftigung fast erstorbene Lust an dichterischer Produktion. Für beide Dichter erwies sich der geschlossene Freundschaftsbund fruchtbar. Schillers spekulativer Geist, der vom Allgemeinen zum Besonderen drängte, wurde vom Freund auf die Wirklichkeit gewiesen. Schillers Dichtung wurde dadurch realistischer, konkreter und objektiver. Der intuitiv vorgehende Goethe wurde von der Anschauung zur Abstraktion gedrängt. In seinem Werk wurde so fortan das Zufällig-Individuelle allgemeinen Gesetzen und Ideen dienstbar gemacht. Eine wertvolle Frucht des Dichterbündnisses ist unter anderem der alle Fragen der Dichtung berührende „Briefwechsel zwischen Schiller und Goethe in den Jahren 1794 bis 1805".

Was die äußeren Lebensumstände des Dichters betrifft, so übte er zunächst noch seinen Beruf als Universitätsprofessor in Jena aus. Trotz einer Gehaltserhöhung auf 400 Taler war er auch weiterhin finanziell von seiner Arbeit abhängig. Seine wirtschaftliche Lage besserte sich jedoch in den nächsten Jahren in dem Ausmaße, daß es 1799 kein Wagnis mehr schien, die Professur in Jena aufzugeben und nach Weimar in Goethes Nähe zu ziehen. Schiller verbrachte seine letzten fünf Lebensjahre ab Dezember 1799, ab 1802 sogar in einem eigenen Haus, in Weimar. Der glückliche Lebensabend, der sich auf diese Weise anbahnte, wurde nur durch des Dichters häufige Erkrankungen getrübt. Mit eisernem Willen kämpfte Schiller jedoch gegen immer wieder ihn überfallende Schmerzen und Schwächezustände an. Ungetrübtes Glück bereitete ihm nur die zu jedem Opfer bereite Liebe Charlottens, die ihm vier Kinder, zwei Knaben und zwei Mädchen, gebar. Nach dem Tod seines Vaters sorgte er in kindlicher Liebe für seine alte Mutter und bemühte sich, ihren Lebensabend so heiter und ruhig wie möglich zu gestalten. Schillers Ruhm verbreitete sich immer mehr. So versuchte der preußische König, den Dichter dauernd an Berlin zu binden. Schiller lehnte jedoch das glänzende Angebot ab, da er sich nicht gern von Weimar und Goethe trennen wollte. Auch eine Reihe offizieller Ehrungen wurde ihm zuteil. Er wurde zum Herzoglich Meiningischen Hofrat, im Jahr 1792 zum Ehrenbürger der französischen Republik ernannt und über Antrag von Herzog Karl August im Jahr 1802 vom Kaiser in den Adelsstand erhoben.

Gemeinsam mit Goethe bemühte sich Schiller, das Weimarer Theater in eine klassizistische Musterbühne umzuformen.

Nach neuerlicher Hinwendung zur Poesie entstand eine Reihe von philosophischen Gedichten, die seine neu gewonnene Welt- und Kunstanschauung zeigen. Der mit Goethe geschlossene Freundschaftsbund ergab zunächst zwei Musenalmanache. Der eine enthielt die gemeinsam im Jahr 1796 (Xenien[1]-Jahr) geschaffenen Xenien, in denen sich die beiden Dichter mit der zeitgenössischen Literatur auseinandersetzten. Der andere Almanach brachte die im Jahr 1797 (Balladen-Jahr) im edlen Wetteifer entstandenen Balladen.

Die nächsten Jahre Schillers waren fast ausschließlich der Dramatik gewidmet. Zunächst entstand in dreijähriger Arbeit die große Wallenstein-Trilogie (1797/99) und in schneller Folge die übrigen Meisterdramen: „Maria Stuart" (1800), „Die Jungfrau von Orleans" (1801), „Die Braut von Messina" (1803) und „Wilhelm Tell" (1804). Dabei fand der Dichter noch Zeit zu rasch hingeworfenen Übertragungen des Lustspiels „Turandot" von Carlo Gozzi[2] aus dem Italienischen (1801), zweier kleineren französischen Lustspiele von Picard („Der Neffe als Onkel" und „Der Parasit", 1803) und des Trauerspiels „Phädra" von Jean Racine[3]. Im November 1804 begrüßte er die als Gemahlin des Erbprinzen einziehende Großfürstin Maria Paulowna und verbrauchte dann seine Kraft für das Drama „Demetrius" (1805), das leider ein Bruchstück geblieben ist.

46 Jahre alt, starb Schiller am 9. Mai 1805. Seine Schwägerin Karoline von Wolzogen, der wir die älteste Schillerbiographie verdanken, erzählt: „In den ersten Stunden des 9. Mai trat Besinnungslosigkeit ein und gegen drei Uhr fing der Atem an zu stocken. Noch einmal drückte er seiner Lotte, die neben seinem Bett kniete, die Hand. Zwischen 5 und 6 Uhr hatte er ausgelitten. Die vollkommenste Ruhe verklärte sein Antlitz; seine Züge waren die eines sanft Schlafenden."

[1] Xenion — gr. Gastgeschenk. Hier: epigrammatische Distichen, die mit den literarischen Gegnern Goethes und Schillers abrechnen.

[2] Siehe Seite 179, I. Teil.

[3] Siehe Seite 153, I. Teil.

Bei der Sektion fand man den linken Lungenflügel zerstört, die Herzkammern fast verwachsen. Die Beerdigung erfolgte in einer mondhellen Mainacht auf dem alten Friedhof der St.-Jakobs-Kirche; zwölf junge Männer, Verehrer des Dichters, trugen ihn; später (1827) wurden die Gebeine in der Gruft des Weimarer Fürstenhauses beigesetzt.

Schillers Werke

I. Dramen

a) Jugenddramen

1.	*Die Räuber.* Ein Schauspiel	1780
2.	Die Verschwörung des *Fiesko* zu Genua. Ein republikanisches Trauerspiel.	1782
3.	*Kabale und Liebe.* Ein bürgerliches Trauerspiel.	1783
4.	*Don Carlos,* Infant von Spanien. Ein dramatisches Gedicht.	1787

1. *Die Räuber.* Ein Schauspiel.

Schon 1777 in der Militärakademie begonnen, 1780 vollendet. 1. Druck 1781, anonym im Selbstverlag. 1. Aufführung am 13. Jänner 1782 in Mannheim.

Hauptmotiv ist das im Sturm und Drang häufige Thema der feindlichen Brüder mit gegensätzlichem Charakter. Die Quelle bildet die Erzählung „Zur Geschichte des menschlichen Herzens" von Christian Schubart im „Schwäbischen Magazin" 1775.

Das Schauspiel spiegelt den Gemüts- und Geisteszustand des achtzehnjährigen Dichters unmittelbar vor und nach dem Verlassen der Militärakademie wider. Es wendet sich gegen die herrschende Gesellschaftsordnung, gegen das „tintenklecksende Säkulum" mit seiner Scheinheiligkeit, gegen die Unterdrückung aller freien Regungen durch das absolute Fürstentum. Auf dem Titelblatt der zweiten Auflage finden wir das Bild eines wütenden Löwen mit der bezeichnenden Umschrift „In tirannos".

Das Drama ist in einer leidenschaftlich-durchglühten Prosa, voll atemloser Pathetik, überladen mit geschraubten und gesuchten Ausdrücken und drastischen Bildern, geschrieben.

Inhalt: *Der alte Graf von* Moor *hat zwei ungleiche Söhne,* Karl *und* Franz. *Karl ist ein edel veranlagter Idealist, ein hochstrebender Feuergeist voll Tatendrang, Empfindsamkeit und Tiefe des Gefühls. In seiner äußeren Erscheinung ist er von männlicher Kraft und Schönheit, aber auch unbeherrscht und leichtsinnig. Sein Bruder Franz, klein und häßlich, ist ein abgefeimter Schurke, ein teuflischer Bösewicht in der Art von Shakespeares Richard III.*

Karl studiert außer Haus in Leipzig, gerät in schlechte Gesellschaft und macht Schulden. Da wird er von Reue erfaßt und ringt sich zu dem Entschluß durch, den Vater wieder zu versöhnen und sich zu bessern. Beide Brüder lieben das gleiche Mädchen, die edle Amalia, *deren Herz aber Karl gehört.*

Franz versteht es, durch gefälschte Briefe den Bruder aus dem Herzen des Vaters zu verdrängen, der Karl schließlich enterbt und verstößt. Um das auf ihn fallende Erbe antreten zu können, läßt Franz den nach einer Ohnmacht für tot gehaltenen Vater schnell begraben. Doch ein Diener versteckt den nur scheintoten Grafen in einem einsamen Turm im Wald und erhält ihn durch kümmerliche Nahrung am Leben. Franz triumphiert, nur Amalia läßt sich auch mit Gewalt nicht von Karl abbringen, dem sie treu bleibt.

Als Karl sich aus der menschlichen Gesellschaft ungerecht verstoßen fühlt, empört er sich gegen sie. Er will sich selbst und auch allen gleiche ihm von der Gesellschaft Unterdrückten zum Recht verhelfen. Er sammelt Freigeister um sich, gründet eine Räuberbande, die ihm zu ihrem Hauptmann wählt. Er wird so ein „edler" Räuber, der nicht aus reinem Egoismus und Mordgier handelt, sondern der die Ungleichheiten innerhalb der Gesellschaft ausgleichen will. Er erleichtert die Reichen um ihren Besitz und unterstützt die Armen.

Von Sehnsucht nach Amalia getrieben, erscheint er eines Tages vor seinem väterlichen Schloß, das die Räuber in Brand stecken und plündern. Franz, von Todesangst erfaßt, erdrosselt sich. Karl findet in dem Hungerturm den eingesperrten Vater, der aber vor Entsetzen stirbt, als er seinen Sohn als Räuber wiederfindet. Karl kann Amalia vor den Zugriffen der Räuber nur dadurch retten, daß er selbst sie tötet. Nun aber packt ihn das Entsetzen. Er erkennt seine verbrecherische Torheit, die darin bestand, das Gesetz durch Gesetzlosigkeit erhalten zu wollen. Er hat zwar manchmal Böses bestraft, doch mit dem Bösen auch das Gute in Trümmer geschlagen, Willkür gegen Willkür, Verbrechen gegen Verbrechen gesetzt. Daher beugt er sich vor der beleidigten göttlichen Gerechtigkeit und übergibt sich selbst dem Gericht.

Abb. 14: Friedrich Schiller in der Karlsschule, aus den „Räubern" vorlesend.

„Die Räuber" stehen weitgehend unter dem Einfluß zeitgenössischer Stürmer und Dränger, wie unter dem von Johann Adolf Leisewitz („Julius von Tarrent"), Maximilian Klinger („Die Zwillinge"), Heinrich Wilhelm Gerstenberg („Ugolino") und Johann Wolfgang Goethe („Götz"). Aber an dramatischer Wucht und Bühnenwirksamkeit übertreffen sie die meisten Vorbilder.

2. *Die Verschwörung des Fiesko zu Genua.* Ein republikanisches Trauerspiel.

1783 bei Schwan in Mannheim erschienen. Am 11. Jänner 1784 in geänderter Fassung in Mannheim zum ersten Male aufgeführt. Der Stoff ist den Memoiren des Kardinals von Retz entnommen. Das Drama spielt im Jahr 1547.

Auch in dem zweiten Drama Schillers wird ein Freiheitskampf gezeigt. Es geht aber nicht um die Freiheit des Individuums gegen die Einengung durch das Gesetz und die Konvention der Gesellschaft, sondern um die politische Freiheit der Staatsbürger gegen den Despotismus und die Willkür absoluter Fürsten. Man kämpft für die demokratische Idee des Rechts- und

Verfassungsstaates, gegen selbstherrliche, egoistische Tyrannen und auch gegen ehrgeizige, leidenschaftsbesessene und haltlose Emporkömmlinge.

Inhalt: *Die Freiheit und die republikanische Verfassung von Genua werden durch den brutalen, gewalttätigen, schrankenlosen Genußmenschen* Gianettino Doria, *den Neffen des alten Andreas Doria, des Dogen von Genua, bedroht. Denn Gianettino strebt nach der absoluten Herzogswürde. Eine Verschwörung gegen die Dorias bereitet sich vor, angeführt von* Verrina, *einem glühenden Patrioten und Republikaner voll männlicher Festigkeit und starrer Beständigkeit. Die Verschwörer gewinnen den jungen, ehrgeizigen* Fiesko, *den Grafen von Lavagna, der an ihre Spitze tritt und geschickt die Revolution vorbereitet. Eine Gewalttat Gianettinos löst die Erhebung aus, bei der dieser im Straßenkampf fällt und Andreas Doria fliehen muß. Die Revolution scheint zu siegen. Da droht aber der republikanischen Idee eine neue Gefahr durch Fiesko, der der Versuchung erliegt, den Erfolg der eigenen Machtentfaltung und Befriedigung seines maßlosen Ehrgeizes dienstbar zu machen. Er will selbst als Herzog an der Spitze des Staates stehen („Es ist schimpflich", meint er, „eine Börse zu leeren, es ist frech, eine Million zu veruntreuen, aber es ist namenlos groß, eine Krone zu stehlen"). Das Glück scheint ihm zunächst günstig zu sein, aber in dem Augenblick, da er sich am Ziel glaubt, wird er vom gesinnungstreuen Republikaner Verrina ins Meer gestoßen und findet den Tod in den Wellen. Andreas Doria kehrt zurück und stellt die Ruhe wieder her.*

Die Einheitlichkeit der Handlung leidet darunter, daß das Theaterstück in den ersten Akten ein leidenschaftlich-revolutionäres Freiheitsdrama ist und schließlich als Charaktertragödie eines Ehrgeizigen endet.

Trotzdem bedeutet „Fiesko" dank der schärferen Charakterzeichnung, der geschickten Gruppierung und Darstellung der Massen einen deutlichen Fortschritt gegenüber den „Räubern". Man spürt den nun wirksam werdenden Einfluß Lessings. Besonders gelungen erscheint die Figur des stets auf seinen Vorteil bedachten, zwischen den Parteien schwankenden Mohren Muley Hassan, der zu den besten Gaunerfiguren der deutschen Bühne gehört.

3. *Kabale und Liebe.* Ein bürgerliches Trauerspiel.

1782 begonnen, 1783 beendet und am 17. April 1784 zum ersten Male in Mannheim aufgeführt. Ursprünglicher Titel: „Luise Millerin".

Im dritten Jugenddrama Schillers geht es um die Freiheit der Gattenwahl gegenüber dem Standesunterschied und der Konvention der Gesellschaft, um das beliebte Sturm-und-Drang-Thema vom Recht des Herzens. Das Drama, das die tragische Liebesbeziehung zwischen Ferdinand, dem Sohn des Präsidenten, und Luise, der Tochter des Stadtmusikus, zum Inhalt hat, wendet sich gegen die Konventionsehe und kämpft für das Ideal der freiwillig geschlossenen und von wirklicher Liebe getragenen Ehe. Darüber hinaus bietet das Trauerspiel auch mutige Zeitkritik, indem es sich gegen die Höflings-, Günstlings- und Mätressenwirtschaft, die Gewaltherrschaft und völlige Rechtlosigkeit der Untertanen in der Zeit der absoluten Rokokofürsten wendet.

Inhalt: Ferdinand, *der einzige Sohn des einflußreichen, aber charakterlosen* Präsidenten von Walter, *liebt aufrichtig* Luise, *die Tochter des* Musikus Miller. *Unbekümmert um die Anforderungen des wirklichen Lebens, haben sich die jungen Leute ihrer gefühlvollen Schwärmerei hingegeben. Durch seinen eifersüchtigen* Sekretär Wurm *erfährt der Präsident von dieser Liebe, die er durchkreuzen muß, weil Ferdinand die Favoritin des Herzogs,* Lady Milford, *heiraten soll. Sein Versuch, mit Gewalt die Trennung herbeizuführen, scheitert aber an der verzweifelten Drohung Ferdinands, „der Residenz eine Geschichte zu erzählen, wie man Präsident wird". Der Lady, die sich mittlerweile überzeugen mußte, daß ihr guter Einfluß auf die Regierung des Landes nur Einbildung war, tritt Ferdinand mit Verachtung entgegen, die er allerdings nicht aufrechterhalten kann. Da er ihr seine Liebe zu Luisen verraten hat, will sie die Nebenbuhlerin kennenlernen, wird aber diesmal aufs tiefste beschämt, sodaß sie den Entschluß faßt, ihre unwürdige Stellung preiszugeben.*

Mittlerweile haben Wurm und der Präsident eine schreckliche Kabale gegen Luise geschmiedet: ihre

Eltern sind gefangengesetzt; sie kann deren Freiheit nur wieder erlangen, wenn sie einen Liebesbrief an den lächerlichen Hofmarschall Kalb schreibt und sich eidlich verpflichtet, nicht zu verraten, daß sie es nur gezwungen getan hat. Dieser Brief wird Ferdinand in die Hände gespielt. Sein eigener Ungestüm verhindert, daß der Marschall ihm den Betrug gesteht. Ferdinands Entschluß ist schnell gefaßt: er vergiftet Luise und sich und erfährt von der Sterbenden zu spät, daß alles nur höllischer Betrug war. Entsetzt sehen der Präsident und Wurm, was sie angerichtet haben. Da der Präsident die Schuld von sich abwälzen will, überliefert sich Wurm selbst – aber auch den Präsidenten – der Gerechtigkeit.

Sterbend verzeiht Ferdinand dem Vater. (Nach B. Busse)

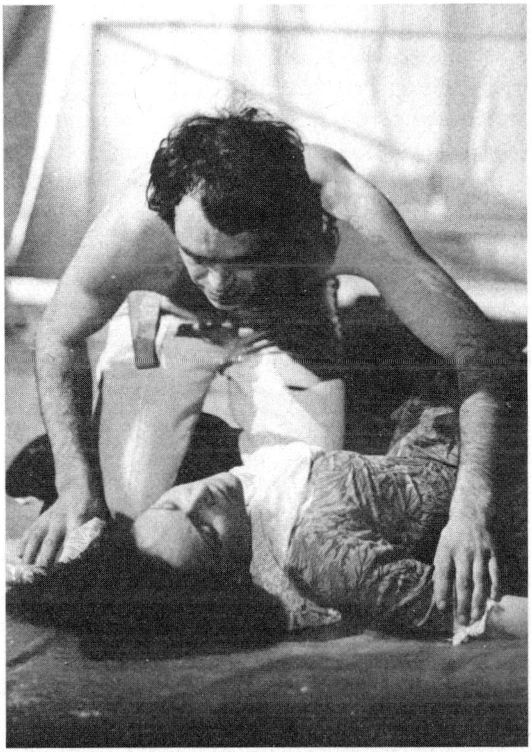

Abb. 15: Szenenfoto zu Schillers Aufführung „Kabale und Liebe“.

Auch in diesem Drama spürt man den Einfluß Lessings. „Kabale und Liebe“ stellt eine wirksame Weiterentwicklung der „Emilia Galotti“ dar. Die Charakteristiken der Familie Miller und einzelner anderer Figuren weisen auf die von Lessing geschaffenen Theaterfiguren hin: der polternde Vater Miller erinnert an Odoardo, die eitle, etwas oberflächliche Mutter Miller an Claudia, das sanfte, sentimentale, kleinbürgerliche Mädchen Luise an Emilia, der Präsident an Marinelli. Eine veredelte Orsina ist Lady Milford. Auch die streng ausgewogene Bauform des Dramas entstand in Anlehnung an das große Vorbild der „Emilia Galotti“. Der 1. und 2. Akt bringen den charakterisierenden Akkord, die Exposition und die steigende Handlung, die im 3. Akt ihren Höhepunkt (4. bis 6. Szene: Abfassung des Briefes) erreicht. Der

4. und 5. Akt bringen dann die fallende Handlung und die Katastrophe. Die Personengruppierung ist, wie in „Emilia Galotti", streng symmetrisch und übersichtlich gestaltet:

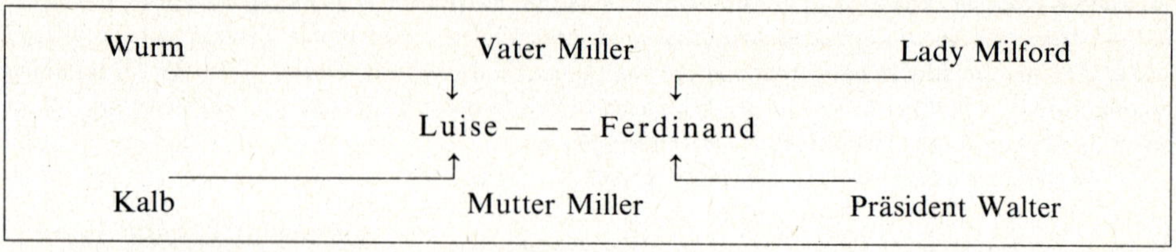

„Kabale und Liebe" stellt den Höhepunkt der ersten Entwicklungsstufe des bürgerlichen Trauerspiels dar, jenes Dramas, dessen Tragik sich in einer betont bürgerlichen Welt entfaltet. Nach englischen (George Lillo, Samuel Richardson[1]) und französischen (Denis Diderot[2]) Vorbildern war es von Gotthold Ephraim Lessing begründet und vom Sturm und Drang (Heinrich Leopold Wagner: „Die Kindermörderin", Reinhold Lenz: „Der Hofmeister", „Die Soldaten") weiter ausgebaut worden. Hauptmotiv auf dieser ersten Entwicklungsstufe ist der Standesunterschied zwischen Adeligen und Bürgerlichen, verbunden mit der Darstellung des Kampfes gegen die Unterdrückung des Bürgertums durch den Adel. Mit dem Aufstieg einer selbstbewußten Bürgerkultur im Zeitalter der Aufklärung und dem Zusammenstoß des neuen Bürgertums mit dem Adel war der erste Typus des bürgerlichen Trauerspiels entstanden. Im Gegensatz zu seinen Vorgängern betrachtet bei Schiller nicht mehr der gesamte Adel den Standesunterschied als Ehehindernis. Der adlige Ferdinand hat bereits mit veralteten Vorurteilen gebrochen und ist bereit, seiner Liebe zu einer Bürgerlichen alles, sogar Stand und Stellung, zu opfern. Noch ist aber einerseits die Macht der adeligen Gesellschaft zu groß, und andererseits das kleinbürgerliche Mädchen infolge der sozialen Unfreiheit ihres Standes zu kleinmütig und untertänig, als daß ein Sieg über die gesellschaftliche Konvention errungen werden könnte.

Äußerst kunstvoll und bühnenwirksam ist die rhythmische Zweiteilung in ein adeliges und ein bürgerliches Milieu. Wuchtiger und ergreifender als in den bürgerlichen Trauerspielen vor Schiller ist dem Nebenmotiv, dem Kampf gegen die Fürstenwillkür, künstlerischer Ausdruck verliehen. „Kabale und Liebe" ist auch ein aktuelles Zeit- und Sittendrama, das aus der Seele des unterdrückten und rechtlosen Volkes gegen die sozialen Mißbräuche der Zeit der absoluten Kleinfürsten protestiert: gegen den von den kleinen Fürsten betriebenen Menschenhandel (Verkauf von Landeskindern als Soldaten an England gegen ein Kopfgeld), gegen die Mätressenwirtschaft, gegen Gerichtswillkür und das käufliche Beamtentum sowie gegen die Höflings- und Günstlingswirtschaft.

Gottfried von Einem (Siehe III. Teil) hat „Kabale und Liebe" als Textgrundlage für seine gleichnamige Oper gewählt.

4. *Don Carlos*, Infant von Spanien. Ein dramatisches Gedicht.

Den Stoff entnahm Schiller einer Novelle des Abbé de St. Réal, 1691. In Mannheim 1783 begonnen, wird das Drama nach fast vierjähriger Arbeit in Leipzig im Jahr 1787 fertiggestellt und später mehrmals gekürzt und umgearbeitet.

Die Einheitlichkeit des Dramas leidet darunter, daß sich Schiller während der Arbeit innerlich vom Sturm und Drang löste, was eine Verschiebung des ursprünglichen Planes und

[1] Siehe Seite 178 und 199, I. Teil.
[2] Siehe Seite 180, I. Teil.

Themas bedingte. Er beabsichtigte nämlich zunächst, eine Liebes- und Familientragödie mit der Hauptperson Don Carlos zu schreiben.

Vom dritten Akte an aber übernimmt Marquis Posa die Führung, und das Liebesdrama wird zu einer hohen staatspolitischen Tragödie mit weltgeschichtlichem Hintergrund. Es geht nicht mehr um die Liebe, sondern um die Verherrlichung der Freundschaft und um die Forderung nach Gedankenfreiheit und Menschenrechten. Nach Gotthold Ephraim Lessings Vorbild wird die anfangs gewählte Prosaform durch eine Fassung im Blankvers, d.i. in fünffüßigen reimlosen Jamben, ersetzt. Wie Lessings „Nathan der Weise" und Johann Wolfgang Goethes „Iphigenie" gehört „Don Carlos" zu den hohen deutschen Ideendramen, die für Humanität und Toleranz kämpfen, in denen sich das hohe sittliche Lebensgefühl des deutschen Idealismus ausdrückt.

Inhalt: Don Carlos, *der Sohn des spanischen Königs* Philipp II., *ist mit* Elisabeth *von Frankreich verlobt gewesen, die aber aus politischen Gründen schließlich von seinem eigenen Vater geheiratet wird. So muß Carlos seine leidenschaftliche Liebe zu seiner Stiefmutter, die früher seine Braut gewesen ist, wie eine verbrecherische Schuld verbergen. Der innere Zwiespalt lähmt seine Tatkraft, die sein Jugendfreund, Marquis* Posa, *neu erwecken will, da er auf Don Carlos idealistische Weltbefreiungspläne gründet. Posa selbst führt den Prinzen der Königin zu, damit ihn ihr Einfluß von seiner unglückseligen Liebe befreien und seiner Leidenschaft ein würdigeres Ziel zeigen soll: die Befreiung der Niederlande. Posa will deren Statthalterschaft beim König erbitten. Doch die Hofdame* Eboli, *die Carlos liebt, von ihm aber verschmäht wird, ist mittlerweile eine gefährliche Feindin geworden. Ihr und der intrigierenden Hofpartei, dem Beichtvater* Domingo *und Herzog* Alba, *gelingt es, die Eifersucht des Königs zu erwecken. Da tritt dem ohnedies mißtrauischen, nunmehr an der Menschheit verzweifelnden König in Posa zum ersten Mal ein freier Mensch entgegen. Seine glühende Beredsamkeit und sein optimistischer Menschheitsglaube beeindrucken den Monarchen derart, daß er ihm sein Vertrauen schenkt und ihn zum Minister macht.*

Es gelingt Posa zunächst, den König zu beruhigen. Durch unvorsichtiges Handeln des Don Carlos, der sich durch irrige Berichte von seinem Freund verlassen glaubt, wird das eifersüchtige Mißtrauen des Königs neu erweckt. Da opfert sich der edle Marquis für den Freund und die Freiheitsidee, indem er Carlos aufklärt, den Verdacht, der diesen trifft, auf sich lenkt, und, meuchlings niedergeschossen, für ihn stirbt. Durch Posas Opfer zutiefst erschüttert, überwindet Don Carlos seine aussichtslose Liebe und will nach den Niederlanden fliehen, um dort Posas Ideale zu verwirklichen, nämlich als künftiger König allen Staaten Philipps die Freiheit zu bringen. Bei seinem Abschied von der Königin wird er jedoch gefangengesetzt. Der König, der sich in seinem aufkeimenden Vertrauen getäuscht glaubt und seelisch völlig gebrochen ist, übergibt den Sohn dem geistlichen Gericht des Großinquisitors zum Tod.

In der äußerst verwickelten Handlung überlagern sich vier Motive: die **Liebestragödie** des Prinzen zu der ihm vormals anverlobten Stiefmutter, die **Tragik der Einsamkeit** des Königs, dessen pessimistische Menschenverachtung sich stets neu zu bestätigen scheint, die **Heldentragödie** des sich für seine weltbeglückenden Humanitätsideen, für Gedankenfreiheit und Menschenrechte opfernden Marquis Posa und eine die **Freundschaft** verherrlichende Tragödie. Die Schwarzweißtechnik von Schillers ersten Dramen ist in „Don Carlos" überwunden, da Philipp II. nicht nur als böser Tyrann und brutaler Egoist erscheint. Hinter ihm und hinter Posa steht eine Weltanschauung. In dem Drama kämpfen zwei große Staatsideen miteinander. Philipp glaubt sich als König zu einem wohldurchdachten Regierungssystem grundsätzlicher Unterdrückung verpflichtet, das sich von der strengen Etikette des Hofes bis zur Anerkennung der Inquisition erstreckt. Bedingt ist dieses System durch Philipps pessimistische Auffassung vom Menschen. Er ist überzeugt, daß der Mensch die Freiheit nicht ertragen könne, daß er weder für die Freiheit des Gedankens noch für die des Handelns befähigt sei. Posas Staatsauffassung dagegen fußt auf einem optimistischen Menschheitsglauben. Er ist davon überzeugt, daß sich der Mensch zu wahrer Humanität entwickeln könne. Die erste Voraussetzung dazu sei aber die politische Freiheit. Posa ist reiner Idealist. Er will nichts für sich, sondern er will der menschlichen Größe der Zukunft dienen. Er versucht, den alten oder den jungen König für seine Menschheitsträume zu gewinnen, doch ganz gelingt ihm dies bloß bei der warmherzigen und tugendhaften Königin. Dadurch, daß er sich schließlich für den Prinzen entscheidet, wirkt sich der Fluch des Despotismus auch auf den Unterdrücker aus. Der König hofft, Posa als Freund zu gewinnen, doch verrät ihn dieser politisch, indem er die gewonnene Gunst bloß zur Erreichung seiner politischen Ziele benützt. So entrinnt Philipp nicht dem Fluch eines Despoten: allein zu stehen! Er verfällt von neuem dem Despotismus, von dem er sich befreien wollte. Auch der König selbst erscheint so als Sklave eines Systems. Er ist König um den Preis seiner Menschlichkeit.

Der Despotismus wird in dem Drama „Don Carlos" innerlich gerichtet: Er wird als ein System dargestellt, dem jede Menschlichkeit zum Opfer fallen muß – nicht nur die der Beherrschten, sondern auch die der Herrscher.

Die berühmte Audienzszene (3. Akt, 10. Szene) zwischen Philipp und Posa, in welcher der Marquis verlangt „Geben Sie Gedankenfreiheit!", gehört zu den größten und gewaltigsten Freiheitsbekenntnissen der Weltliteratur.

Geht es somit in den Jugenddramen Schillers um eine **äußere** Freiheit, d. h. um die Befreiung von den von außen her wirkenden Kräften, so handelt es sich in den **Meisterdramen** des Dichters um die **innere** Freiheit, um die Befreiung des Menschen von sich selbst, um die Befreiung der sittlichen Persönlichkeit von der Herrschaft der natürlichen Triebe und Leidenschaften, um den Sieg einer idealistischen Weltanschauung.

b) Meisterdramen

1. *Wallenstein.* Ein dramatisches Gedicht.	1800
2. *Maria Stuart.* Ein Trauerspiel.	1801
3. *Die Jungfrau von Orleans.* Eine romantische Tragödie.	1802
4. *Die Braut von Messina* oder die feindlichen Brüder. Ein Trauerspiel mit Chören.	1803
5. *Wilhelm Tell.* Schauspiel.	1804
6. *Demetrius.* Fragment.	1805

1. *Wallenstein.* Ein dramatisches Gedicht.

1796 begonnen, 1799 beendet. 1. Druck: 1800. Ursprünglich als eine fünfaktige Tragödie mit einem Vorspiel geschrieben, später aber in zwei Dramen mit einem Vorspiel zerlegt.

1. „Wallensteins Lager" (Prolog und Vorspiel).
2. „Die Piccolomini. In 5 Aufzügen."
3. „Wallensteins Tod. Ein Trauerspiel in 5 Aufzügen."

Die Tragödie fußt auf eingehendem Quellenstudium im Zusammenhang mit Schillers „Geschichte des Dreißigjährigen Krieges", die 1793 im Druck erschienen war. „Wallensteins Lager" ist in Knittelversen, „Die Piccolomini" und „Wallensteins Tod" sind in fünffüßigen Jamben abgefaßt.

Das erste große Drama, das Schiller nach einer langjährigen dichterischen Pause schuf, in der er sich Geschichts- und Philosophiestudien gewidmet hatte, ist die große geschichtsphilosophische Tragödie „Wallenstein".

Inhalt: *Das Vorspiel* **„Wallensteins Lager"** *dient der Exposition. Es schildert das Vertrauen und die Ergebenheit des Heeres zu dem großen Feldherrn, der sich dadurch sogar zu seinem Bruch mit dem Kaiser stark genug fühlt. „Denn seine Macht ist's, die sein Herz verführt; Das Lager nur erkläret sein Verbrechen."*

In volkstümlichen Knittelversen wird ein lustspielartiges Sittengemälde vom Lagerleben während des Krieges dargeboten.

Einzelne Soldaten sind als Spiegelbilder ihrer Regimenter und Führer dargestellt. Ein Bauer und sein Sohn zeigen die traurige Lage des Volkes und den moralischen Niedergang als Folgen des Krieges, welche durch dargebotene Marketenderszenen und eine originelle Kapuzinerpredigt, bei deren Gestaltung Schiller eine Türkenpredigt Abrahams a Santa Clara benutzte, noch mehr betont werden. In zahlreichen Andeutungen klingt das Thema des ganzen Dramas an: der Kampf zwischen dem Kaiser und Wallenstein um die Kriegsmacht.

„Die Piccolomini" *setzen die Exposition fort und bringen die steigende Handlung.* Wallenstein *grollt dem Kaiser, der seine Macht schmälern will. Von maßlosem Ehrgeiz getrieben, will er dem Reich den Frieden bringen, selbst König von Böhmen werden und sich zu diesem Zweck mit den Schweden verbinden. Allein er zögert, da die Sterne, an deren Einfluß auf die Menschenschicksale er glaubt, noch keine günstige Konstellation zeigen. Inzwischen verhandelt er mit den Schweden und läßt sich die Treue seiner Generale auch gegen den Kaiser bestätigen. Dies geschieht durch einen Betrug* Feldmarschall Illos, *der eine Schrift mit gefälschter Klausel zum Unterschreiben vorlegt.* Octavio Piccolomini, *dem Wallenstein blind vertraut, weiß um die verräterischen Pläne und hat bereits vom Kaiser, zu dem er hält, die Vollmacht, nötigenfalls einzuschreiten. Vergeblich bemüht er sich, seinen Sohn* Max, *der Wallenstein hochachtet und dessen Tochter* Thekla *liebt, von dem drohenden Verrat an dem Kaiser zu überzeugen.*

„Wallensteins Tod" *führt die Handlung zum Höhepunkt und schließlich zur Katastrophe. Der Stand der Gestirne scheint einer großen Unternehmung günstig. Die Gefangennahme von Wallensteins Unterhändler* Sesina *durch die Kaiserlichen führt zum Verlust der inneren Entscheidungsfreiheit des großen Feldherrn und zwingt ihn, den Bund mit den Schweden zu schließen (Höhepunkt 1. Akt, 7. Szene). Octavio hat aber mittlerweile alle Generale außer Max auf die Seite des Kaisers gebracht. Sie verlassen mit ihren Soldaten das Lager. Mit dem Rest seiner Truppen zieht sich Wallenstein aus Pilsen nach Eger zurück, um dort die Schweden zu erwarten, die ihm für das Bündnis die böhmische Königskrone versprochen haben.*

Knapp bevor diese eintreffen, wird er von den Dragonern des Obersten Butler, *der sich auf Grund einer Mitteilung Octavios beleidigt und zurückgesetzt fühlt, ermordet. Thekla eilt zur Leiche Maxens, der sich von Wallenstein und vom Vater losgesagt hat und in Treue zu seinem Kaiser im Kampf gegen die Schweden gefallen ist. Sie will sich mit ihm im Tod vereinen. Octavio, innerlich durch seinen Verrat an dem Freund zutiefst erschüttert und gedemütigt, wird für seine Tat, die das Reich gerettet hat, von dem Kaiser in den Fürstenstand erhoben.*

Das Ziel der Handlung ist Wallensteins Untergang, den wir vom Anfang der Trilogie an verfolgen können. Sein maßloser Ehrgeiz und sein übermächtiges Selbstgefühl lassen ihn mit der Macht spielen. Sein Glaube an die Macht der Sterne und an sein Glück treiben ihn schließlich zum Verrat. Dennoch erscheint Wallenstein nicht als ein bloß ehrgeiziger Egoist. Seiner Familie ist er ein fürsorgliches Oberhaupt, dem jungen Max Piccolomini ein warmer Freund. Seinen Soldaten erscheint er als echter Vater. Er ist Verfechter großer Ziele, wenn er den völkermordenden Religionskrieg durch einen Ausgleich beenden will. Schließlich erliegt er den Intrigen des Wiener Hofes, der seinen Gedanken der religiösen Toleranz aus fanatischer Unduldsamkeit verdammt. Wallensteins Schicksal wird aber nicht allein durch den äußeren Zwang bedingt, sondern vor allem durch seinen Charakter. Dieser und sein Glaube an die Sterne lassen ihn in Verblendung untergehen. Der innere Zwang nach Größe treibt ihn zu immer weiterer Machtvermehrung, in der aber das Verderben lauert. Als der Kaiser die Macht seines Feldherrn zu vermindern sucht, wird der Verrat notwendig. Als man von einer zweiten Absetzung Wallensteins spricht, fühlt er sich schließlich zu dem gezwungen, womit er in Gedanken immer gespielt hat. Nachdem er durch sein zweideutiges Betragen den Verdacht des Verrates auf sich geladen hat, muß er wirklich zum Verräter werden. Seine Tragik kommt ihm erschreckend in dem großen Monolog zum Bewußtsein: „Wär's möglich? Könnt' ich nicht mehr, wie ich wollte? ..." Wallensteins Gesinnung ist seine innere Schuld. Ohne seinen gewissenlosen Ehrgeiz wäre es zu keinem Mißtrauen des Kaisers gekommen. Nicht äußerer Zwang, sondern innerer – sein Charakter – bedingt sein Schicksal. Wallenstein könnte auf weitere politische Tätigkeit verzichten. Er wird schuldig, weil es ihm an wahrer sittlicher Freiheit gebricht, weil er das Pflichtgefühl nicht über die natürliche Neigung siegen läßt. Doch ist „Wallenstein" nicht bloß eine große Charaktertragödie, sondern darüber hinaus eine Prinzipientragödie: Das idealistische Prinzip erscheint in der Welt herrschend. Das sittlich Gute ist das Gesetz der Welt, dessen Übertretung sich immer wieder rächt.

2. *Maria Stuart*. Ein Trauerspiel.

1799 begonnen, 1800 vollendet und in Weimar zum ersten Mal aufgeführt, 1801 erster Druck.

Der Stoff für das in Blankversen geschriebene Trauerspiel ist der Geschichte Schottlands entnommen. Es wird jedoch weniger das politische Geschehen dargestellt als vielmehr ein menschlicher Charakter im Kampf um die innere Befreiung vom Zwang des Schicksals.

Nach dem Vorbild des antiken Dramas ist „Maria Stuart" eine analytische Tragödie, d. h. es wird bloß die Katastrophe dargeboten und das vorangegangene Geschehen nachträglich berichtet.

Inhalt: *24 Jahre lang wird* Maria, *die Königin von Schottland, zuletzt in Schloß Fotheringhay, von Königin* Elisabeth *von England gefangengehalten, weil sie mit unerlaubten Mitteln nach der englischen Krone strebe. Ein gar nicht dazu berechtigter Gerichtshof hat bereits ihr Todesurteil ausgesprochen, ohne ihre Verteidigung gehört zu haben. Elisabeth zögert jedoch noch, das Urteil zu unterschreiben. Inzwischen stiftet* Mortimer, *der Neffe des Kerkermeisters* Paulet, *eine Verschwörung zur Befreiung Marias an.* Graf Leicester, *der Maria liebt und Elisabeths Günstling ist, hofft, die Königinnen zu versöhnen. Doch die von ihm herbeigeführte Begegnung beider besiegelt das Schicksal Marias. Sie bittet zwar um Gnade, als sie aber von Elisabeth beleidigt und in ihrer Menschenwürde zutiefst verletzt wird, macht sie sich vor dem Schicksal frei, weist Elisabeths Angriff auf ihre Frauenehre zurück und demütigt diese, obwohl sie weiß, daß sie dadurch ihr Leben verwirkt. Die in ihrer Eitelkeit tödlich verletzte Elisabeth unterschreibt nun das Todesurteil, das der Großschatzmeister* Burleigh *schnell vollstrecken läßt. Vorher erringt Maria im Angesicht des Todes volle innere Freiheit, indem sie dem irdischen Leben entsagt und den ungerecht über sie verhängten Tod als Sühne für alte Schuld (Mitschuld am Tod ihres zweiten Gatten Darnley) freiwillig auf sich nimmt. Was vom Schicksal unabwendbar verhängt war, wandelt sich so in ihre freie Tat und wird zu einem religiösen Sühneopfer.*

Mortimer hat nach Entdeckung der Verschwörung seinem Leben ein Ende gemacht. Leicester muß sich wegen seiner Feigheit und Doppelzüngigkeit angesichts der sittlichen Läuterung Marias selbst verachten und verläßt Elisabeth, von der sich nun alle treuen Diener und Freunde ihrer Umgebung abwenden.

Maria Stuart erringt sittliche Freiheit, indem sie den Tod, der von außen recht- und gesetzlos als ein Schicksal kommt, als Sühne ihrer Schuld in ihren freien Willen aufnimmt. Durch freiwilliges Sich-Ergeben in ihr Schicksal löst sie dessen Zwang in persönliche Freiheit auf. Sie hört nur auf die Stimme des Gewissens, die sie zur Sühne mahnt.

Von der Pflicht zur Wahrung der Menschenwürde geleitet, überwindet sie die Neigung, auf Kosten ihrer Frauenehre ihr Leben zu erhalten, an dem sie dabei leidenschaftlich hängt. Indem sie aber bei diesem Sieg der Pflicht über die Neigung den Tod findet, erringt sie Erhabenheit.

In der „Maria Stuart" zeigt sich die hohe baumeisterliche Kunst des Dichters in ihrer höchsten Vollendung. Streng symmetrisch, in klarer Linienführung ist das Dramengeschehen aufgebaut. Im Kontrast zueinander stehen die Welt Marias und die Elisabeths, die sich im Wechsel von Spiel und Gegenspiel mit damit verbundenem regelmäßigem Schauplatzwechsel auf die einzelnen Akte aufteilen. Der 1. Akt gehört Maria in Fotheringhay, der 2. Akt Elisabeth in Westminster. Der Mittelakt bringt die Begegnung beider in Fotheringhay. Wieder gehört der 4. Akt Elisabeth in Westminster, der Schlußakt Maria in Fotheringhay, im Tode siegend, und im Nachspiel: Elisabeth in Westminster, im Sieg vereinsamt und besiegt. Auch die Personengruppierung besitzt streng ausgewogenes Gleichgewicht:

Shrewsbury		Paulet
	Elisabeth – Leicester – Maria	
Burleigh		Mortimer

Durch die gegebene Charakteristik der Personen werden diese deutlich in zwei verschiedene Gruppen geordnet. Die eine bleibt im eigenen Ich und in den engen Grenzen des Staatsgedankens befangen. Die andere gelangt darüber hinaus zu edler Humanität. Leicester und Mortimer dienen ihren eigenen „Neigungen", der eine seinem Geltungstrieb, der andere ganz seiner sinnlich-schwärmerischen Liebe zu Maria. Elisabeth erscheint von Machtgier, weiblicher Eitelkeit und Rachsucht geleitet. Burleigh verkörpert die kalte Staatsvernunft. In seinem Handeln wird er ausschließlich vom Vorteil des Staates bestimmt. Im Gegensatz zu ihnen stehen Paulet, der Vertreter des strengen Sittengesetzes, der dieses über die Staatsinteressen stellt, Shrewsbury, der die Stimme der Menschlichkeit vertritt und auf die Pflicht der Gnade und Milde gegen die Unglückliche hinweist, und schließlich Maria, die durch Verzicht auf die aus begehrlicher Sinnlichkeit von Mortimer angebotene Befreiung und durch Verteidigung ihrer von Elisabeth bedrohten Frauenehre innere Freiheit und edle Humanität erringt.

In „Maria Stuart" hat Schiller eine „Ehrenrettung" der schottischen Königin gleichen Namens gegeben, ähnlich wie er es in der „Jungfrau von Orleans" mit Jeanne d'Arc tut. Maria Stuart war von einer ihr feindlichen Geschichtsschreibung als ein Ausbund von Verworfenheit und weiblichen Lastern hingestellt worden. Wenn wir auch nicht leugnen können, daß sie in ihrer Jugend – unerfahren und ohne ehrliche Ratgeber – manche Torheit beging, so ist sie dennoch eher so gewesen, wie sie Schiller auf Grund dichterischer Intensität schildert. Schiller unterläßt es – aus poetischer Berechnung –, die zweifelhaften früheren Lebensjahre der Königin auf die Bühne zu bringen (dies versuchte später die österreichische Dichterin Marie v. Ebner-Eschenbach in ihrem Schaupiel „Maria Stuart in Schottland"). So kann er sie als die unschuldig Verfolgte, als die Märtyrerin hinstellen, die er als Heldin für sein Drama braucht. Schon die Einleitungsszene läßt in uns Sympathie für die gefangene Königin aufkommen, der man sogar die Briefe raubt, und in deren Privatleben man eindringt, ohne daß sie sich dagegen wehren kann. Für Schiller ist Maria Stuart – obwohl sie in der Geschichte bei ihrer Hinrichtung immerhin schon 46 Jahre alt war – eine liebenswerte Frau, die die Begeisterung des jungen Mortimer, des Neffen ihres Kerkermeisters, entflammt und die heimliche Verehrung des Günstlings ihrer Feindin Elisabeth auf sich zieht. Meisterhaft schildert der Dichter, wie sich allmählich das finstere Gewölk um die schottische Herrscherin zusammenzieht. Die Pläne, die zu ihrer Befreiung geschmiedet werden, wenden sich zum Unheil für sie. Die Unterredung, um die sie bittet und die ihr von Elisabeth gewährt wird, erreicht gerade das Gegenteil des gewünschten Zwecks: An Stelle der Versöhnung tritt noch bitterer, diesmal auch persönlicher Haß, da sich Elisabeth durch den Ausruf „Der Thron von England wird durch einen Bastard entweiht" auf tiefste getroffen fühlt. Aber schließlich siegt Maria Stuart noch im

Tod. Ihr Haupt fällt auf dem Schafott. Aber die treuesten Diener und Freunde Elisabeths verlassen sie, und sie steht einsam da, verzweifelnd an ihrer Schuld und vergeblich die Ausrede gebrauchend, sie habe die augenblickliche Ausführung des Todesurteiles nicht gewollt. Von besonderer Bedeutung ist es für Schillers *poetische* Weltanschauung, daß er Mortimer einen Hymnus auf die katholische Kirche sprechen läßt, der in dieser Form durchaus nicht durch das Stück gefordert worden wäre.

3. *Die Jungfrau von Orleans.* Eine romantische Tragödie.

Juni 1800 begonnen, April 1801 beendet, am 18. September 1801 Uraufführung in Leipzig, 1802 erster Druck.

Trotz eingehender Studien machte Schiller nicht die ruhmreichen Kämpfe Johannas zur Haupthandlung seiner Tragödie. Die Befreiung des Vaterlandes ist nur das äußere Ziel des Strebens der Heldin. Dem Dichter kam es vornehmlich darauf an, die Vorgänge in der Seele der Heldin während der Durchführung ihrer schwierigen Aufgabe darzustellen. Es war ihm dabei darum zu tun, seine in der Schrift „Über Anmut und Würde“ (1893) gewonnenen Sittenbegriffe in dichterische Bilder umzusetzen. Im Ablauf der Handlung wich Schiller daher in voller dichterischer Freiheit an vielen Punkten von der Geschichte ab. Er will nicht dramatisierte Geschichte, sondern ein Seelendrama an Hand eines Geschichtsstoffes bieten. Dabei ist er aber in der Zeichnung des Charakters der französischen Nationalheiligen durchaus gerecht geworden, indem er die wesentlichsten Züge der historischen Johanna beibehielt, ihre innige Frömmigkeit und ihr felsenfestes Vertrauen auf die Göttlichkeit ihrer Sendung, ihre glühende Vaterlandsliebe und den Adel der Gesinnung.

Schillers im Drama dargestellter **Schönheitsbegriff** stellt eine Weiterentwicklung von Kants Begriff des kategorischen Imperativs dar. Jeder Mensch erscheint nach Schiller bestimmt durch sein natürliches, sinnliches Ich und durch sein geistiges, übersinnliches Ich. Die Bindung des Menschen an einen Körper verursacht seine Triebe nach irdischem Sinnengenuß, „natürliche“ Wünsche, die Schiller „Neigungen“ nennt. Das geistige Ich äußert sich im Gewissen, das den Menschen zum Streben nach edler und reiner Menschlichkeit, nach Humanität, drängt. Die innere Stimme, das im Dienst der sittlichen Idee stehende Gewissen, stellt Aufgaben, die oft mit dem irdischen Ich und seinen Wünschen in Widerspruch stehen. Diese Aufgaben nennt Schiller „Pflicht“. Er unterscheidet außerdem zwischen „architektonischer“ (d. h. körperlicher) und moralischer Schönheit. Jene ist ein Geschenk der Natur und nicht auf eine sittliche Leistung des Menschen zurückzuführen. Die moralische Schönheit jedoch muß sich der Mensch erst in seinem Leben erringen. Sie ist seine eigene Leistung und tritt in dreifacher Gestalt in Erscheinung: als Anmut, Würde und Erhabenheit. **Anmut** gewinne ich dann, wenn sich in mir Pflicht und Neigung decken, wenn ich ohne besonderen Kampf der Pflicht und nicht der Neigung folge. Sie ist etwas Göttliches, Übermenschliches und wird auf die Dauer nur von einer „naiv-schönen“ Seele, von einer Heiligen oder einem reinen Geistwesen, einem Engel bewahrt. Der irdische Mensch jedoch besitzt Anmut nur für kurze Augenblicke.

Würde erringt ein Mensch, wenn in ihm Pflicht und Neigung gegeneinander kämpfen und dabei die Pflicht siegt. Verliere ich in diesem Kampf mein körperliches Leben, dann gewinne ich **Erhabenheit.**

Anmut weckt in den Mitmenschen Liebe, Würde Achtung, und Erhabenheit erzeugt tragisches Mitgefühl.

Zusammenfassung:	Architektonische Schönheit:	Geschenk der Natur
	Moralische Schönheit:	Eigene sittliche Leistung

Moralische Schönheit tritt in Erscheinung als

1. Anmut	2. Würde	3. Erhabenheit
Pflicht und Neigung decken sich.	Sie kämpfen gegeneinander. Pflicht siegt.	Der Sieg der Pflicht ist mit äußerem Untergang verbunden.

Sie erwecken in den Mitmenschen:

Liebe	Achtung	Tragisches Mitgefühl

In seinem Drama „Die Jungfrau von Orleans" zeigt uns Schiller den Weg Johannas von Anmut über Würde zu Erhabenheit.

Johanna tritt uns zunächst als eine über alles irdische Maß erhabene Heilige, als ein Engel entgegen. Sie kennt nur ihre Pflicht, der keinerlei persönliche Neigungen und Wünsche entgegenstehen. Sie nimmt ohne innere Kämpfe und ohne Zögern den dreifachen Auftrag des Himmels entgegen: nämlich Frankreich zu befreien, nicht zu lieben und alles Lebende, das ihr der Schlachtengott verhängnisvoll entgegenschickt, zu töten. So besitzt sie zunächst Anmut. Sie bleibt in Liebe und Haß den Menschen verborgen und unheimlich, eine Gestalt aus einer fremden Welt, aber dennoch ist sie Weib genug, um Leidenschaften zu wecken und selber Leidenschaften zu empfinden. Das Göttliche im Menschen steht im Widerstreit mit dem Menschlichen. So kommt es, daß die Vorgänge in der Seele der Heldin keinen ruhigen, glatten Verlauf nehmen. Johannas tragischer Konflikt liegt in ihrer Sendung und ihrem Wesen als Frau. In ihrem Kampf für Gott soll sie rein sein – hier repräsentiert sie Schillers Begriff vom Erhabenen – darf also keine persönlichen Interessen verfolgen. In jedem Augenblick aber, da sie ihren Feind Lionel liebt, wird sie an ihrer Sendung schuldig. Ihre Wunderkraft erlischt, bis sie endlich ihr altes Sendungsbewußtsein zurückgewinnt, sich selbst zum Opfer bringt und damit in die Verklärung eingeht.

Inhalt: Johanna *verläßt Vaterhaus und Bräutigam, geht an den Hof des Königs, um sich ihm als Kämpferin zur Verfügung zu stellen. Da Anmut göttlich ist, besitzt Johanna eine überirdische Seherkraft und übermenschliche Macht. Sie kann Wunder wirken. Sie erkennt den König, den sie nie gesehen hat und der sich unter die Höflinge gemischt hat. Sie weiß um den Inhalt seiner Gebete. Vorher schon hat sie einen wunderbaren Sieg über die Engländer bei Vermenton errungen. In zwei großen Schlachten besiegt sie die Feinde in der Nähe von Orleans und vor Reims. Sie erscheint zunächst unmittelbar von Gott geleitet. Aber bald gerät sie in das Fegefeuer der Menschwerdung. Sie ist ein zum Engel emporgehobener Mensch, der sich schließlich als Mensch erweist. Denn es entstehen in ihr durchaus menschlich-irdische Neigungen, die sie in einen Kampf zwischen Neigung und Pflicht stürzen. So verliert sie ihre „Anmut" und erringt „Würde", indem in ihren ersten Seelenkämpfen die Pflicht über die Neigung siegt.*

Die erste Versuchung erfolgt durch Montgomery, *dem sie auf dem Schlachtfeld im Kampf gegenübertritt und der, von ihr besiegt, um Gnade fleht. Da zeigt sich, daß Johanna durchaus nicht ein Racheengel ist, sondern ein Mensch. Die Frau in ihr erwacht. Gerade für die Frau ist Mitleid und das Streben, Leben zu erhalten, etwas Naturgegebenes, nicht aber das Töten fremden Lebens, was der himmlische Auftrag von ihr fordert. Johanna überwindet die Macht des persönlichen Gefühls und tötet im Dienst des überpersönlichen Auftrags den Engländer. Die Pflicht siegt über die Neigung, Mitleid walten zu lassen, persönlichen Wünschen nachzugeben. Nun kommt die Versuchung von Freundesseite.* Dunois *und* La Hire *bestürmen sie, von weiteren*

Kämpfen abzusehen. Sie bleibt aber ihrer schweren Aufgabe treu. So gelingt es ihr, mit Hilfe Gottes, die ihr verbleibt, den Herzog von Burgund *für die Sache Frankreichs zurückzugewinnen. Ganz im Sinne ihrer Pflicht lehnt sie ab, als sich Dunois und La Hire um ihre Hand bewerben. Auch als nach der Besiegung der Engländer vor Reims und Talbots Ende ein Höllengeist sie zum Abfall von ihrer Sendung zu bewegen sucht, bleibt sie standhaft. Aber bei allen diesen Versuchungen hat sie es insofern leicht, als sie dabei keine übermächtige Leidenschaft erfaßt hat. Das ändert sich, als sie mit dem durch manche Vorzüge ausgestatteten* Lionel *zusammentrifft, in den sie sich verliebt. „Der Liebe Allgewalt" kann sie nicht widerstehen. Sie tötet ihn nicht. Ihre Neigung, die menschlich durchaus begreiflich ist, da sie ja liebt, siegt zunächst über ihre Pflicht: nicht zu lieben und jeden Engländer, der ihr auf dem Schlachtfeld entgegentritt, zu töten. So bricht sie ihr Gelübde und wird schuldig. Neigung siegt über Pflicht: Johanna verliert so die schwer errungene Würde. Bis zur zweiten Begegnung mit Lionel ist sie ganz auf sich allein gestellt, ein Mensch unter Menschen. Der nun einsetzende Kampf der Läuterung, der schließlichen Überwindung der „Neigung" und die schließliche Erhebung zur früheren Reinheit ist ihre eigene Tat. Der Himmel läßt Johanna in den entscheidenden Augenblicken frei handeln. Sie allein erscheint für ihr Tun verantwortlich. Die Liebe zu Lionel ist daher eine der Heldin anzurechnende Schuld, nicht eine Strafe. Ebenso ist ihre wiedererlangte Seelenreinheit ihr Verdienst, weil sie das Werk ihrer Wahl ist; was sie früher aus Naturanlage und mit göttlichem Beistand war, ist sie nun wollend und aus eigener sittlicher Kraft. Während der Krönung des Königs in Reims, des Höhepunktes ihrer äußeren Ehre, wird sie sich ihrer Schuld bewußt und ringt sich zu dem Entschluß durch, ihre Neigung zu überwinden, ihre Schuld zu sühnen und zur Pflichterfüllung zurückzukehren. Sie nimmt freiwillig Buße auf sich, indem sie die ungerechte Beschuldigung durch den Vater und ihre Verbannung stumm erträgt. In der Einsamkeit des Ardennenwaldes überwindet sie ihre Liebe zu Lionel. Sie wird von den Engländern gefangen und einer letzten großen Versuchung ausgesetzt. Lionel bietet ihr seine Hand und die Freiheit an. Indem sie ihn aber zurückweist, vollendet sie ihre Selbstüberwindung. In diesem Augenblick, da die Pflicht über die Neigung neuerlich siegt, kehrt ihr der göttliche Beistand zurück und befähigt sie, ihre Ketten zu sprengen. Die Franzosen sind mittlerweile beim mißlungenen Versuch, Johanna zu befreien, in arge Bedrängnis geraten. Der König selbst ist in Lebensgefahr. Da befreit ihr wunderbares Dazwischentreten den König und Frankreich.*

Sie führt das französische Heer zum Sieg und treibt die Engländer in die Flucht. Im Kampf auf den Tod verwundet und mit ihrem Volk und dem Himmel versöhnt, stirbt sie. Indem sie so bei ihrem Sieg der Pflicht über die Neigung ihren äußeren Untergang findet, gewinnt sie Erhabenheit und erweckt unser tragisches Mitgefühl.

4. *Die Braut von Messina.* Ein Trauerspiel mit Chören.

1803: am 19. März Uraufführung und im gleichen Jahr erster Druck.

„Die Braut von Messina" stellt den Gipfel der antikisierenden Richtung der Klassik dar, indem sie sich formal der antiken Tragödie am meisten nähert. Das Drama entnimmt dem „König Ödipus" von Sophokles die Einführung von Chören in die Dialogtragödie, die antike Schicksalsidee und die strenge Symmetrie des Aufbaus. Um aber den modernen Grundcharakter einer gesprochenen Dialogtragödie nicht völlig zu verwischen, teilt Schiller die Chöre auf einzelne Sprecher auf. Auch die antike Schicksalsidee modernisiert er. Im antiken Drama waltet über den Menschen ein finsteres geheimnisvolles Schicksal, das dem Menschen auflauert und ihn plötzlich überfällt. Der antike Schicksalsbegriff drückt die unbedingte Abhängigkeit des Menschen von Gott, seine natürliche Blindheit und Ohnmacht, auf ergreifende Weise aus. Bei Schiller aber ist das Schicksal keine außerhalb des Menschen bestehende Macht, sondern in diesem selbst verankert. Der Mensch bleibt für sein Tun verantwortlich. Seine Schuld ist nicht das Werk einer fremden Macht, sondern die Folge seiner eigenen Sünde. Schiller schildert Menschen, die von Natur aus leidenschaftlich, jähzornig und mißtrauisch sind. Diese Charakteranlage verursacht die Handlung und nicht ein über den Menschen stehendes Schicksal. Die sittliche Pflicht der Dramenhelden wäre es gewesen, ihre bösen Triebe zu zügeln und nicht sich ihnen auszuliefern. Indem sie dies unterlassen, werden sie schuldig. Schillers Tragödie ist auf sittliche Willensfreiheit, Schuld und Verantwortung gegründet.

Inhalt: *Der Fürst von Messina hatte zwei Söhne,* Don Manuel *und* Don Cesar. *Als ihm auch noch eine Tochter,* Beatrice, *geboren wurde, befahl er, diese zu töten, da ein Orakel weissagte, von diesem Kind werde Unheil kommen.* Isabella, *seine Frau, aber ließ es heimlich retten und in einem entlegenen Kloster aufziehen. Die Söhne trennt seit ihrer Kindheit furchtbarer Haß, der nach dem Tod des Vaters den Bürgerkrieg in Messina zu entfachen droht. Der Fürstin gelingt es jedoch, bei einer Zusammenkunft im väterlichen Palast eine Versöhnung der Brüder, die mit ihrem Gefolge, den Chören der jüngeren und älteren Ritter, erschienen waren, herbeizuführen. Sie teilt den Söhnen mit, daß ihnen eine Schwester lebe. Die Brüder erklären ihrerseits, daß jeder im Laufe des Tages der Mutter die gewählte Braut zuführen werde. Beide lieben, ohne es zu wissen, dasselbe Mädchen, ihre eigene Schwester Beatrice. Als sie beide bei ihr zusammentreffen, ersticht im neu auflodernden Haß Don Cesar seinen älteren Bruder Don Manuel. Entsetzen erfaßt ihn aber, als er in der zu Isabella gebrachten Beatrice seine Schwester erkennen muß. Er gibt sich selbst den Tod, um die Schuld des Brudermordes zu sühnen.*

Das im Sturm und Drang sehr beliebte Motiv von den feindlichen Brüdern hat Schiller schon früher in seinen „Räubern" benützt. Die Liebe des Bruders zur unbekannten Schwester behandelte später Franz Grillparzer in seiner „Ahnfrau".

5. *Wilhelm Tell.* Ein Schauspiel.

Erstaufführung: 17. März 1804 in Weimar, erster Druck im gleichen Jahr.

Mehr in Anlehnung an Shakespeare als an das antike Drama behandelt Schillers bekanntestes und beliebtestes Schauspiel nach Tschudis „Helvetischer Chronik" (1570) die Befreiung der Schweiz von der österreichischen Herrschaft.

Inhalt: *Die drei Waldstädte Schwyz, Uri und Unterwalden verbinden sich zur Vertreibung der gewalttätigen österreichischen Landvögte* Geßler *und* Landenberg. *Auf dem Rütli, einer einsamen Wiese am Vierwaldstätter See, kommen die Eidgenossen unter der Führung des* Werner Stauffacher *aus Schwyz, des* Arnold Melchtal *aus Unterwalden und des* Walter Fürst *aus Uri zusammen. Geßlers Übermut empört alle; er hat den Bau einer Zwingburg begonnen und verlangt von den Schweizern, daß sie dem Sinnbild der Fremdherrschaft, einem aufgerichteten Hut, Ehrerbietung erweisen.*

Tell, *der schon längst durch seinen Wagemut und freien Sinn Geßlers Grimm heraufbeschworen hat, erfüllt diese Forderung nicht. Daraufhin wird er von Geßler gezwungen, vom Kopf seines eigenen Knaben einen Apfel zu schießen. Als er nach glücklich bestandener Probe seiner Kunst freimütig auf eine diesbezügliche Frage seine Absicht bekennt, im Falle des Mißlingens des Schusses den Vogt zu töten, wird er gefangengenommen und weggeschleppt. Als er bei der Überfahrt über den See zur Steuerung des im plötzlich aufgekommenen Sturme gefährdeten Schiffes seiner Fesseln entledigt wird, entflieht er und stößt das Schiff in die Wellen zurück. Da er am Leben bedroht wird und für seine Familie fürchtet, faßt er den Entschluß, Geßler zu töten. Er eilt in die Hohle Gasse bei Küßnacht, erwartet dort den heimkehrenden Geßler und durchbohrt ihn aus einem Hinterhalt mit seinem letzten Pfeil.*

Die Nachricht von Geßlers Tod löst den Aufstand der Eidgenossen aus, die die Zwingburgen zerstören und ihre Freiheit verkünden. Selbst die Adeligen des Landes, die teilweise zum Kaiser hielten, treten auf die Seite der Landleute, darunter auch Rudenz, *der Neffe des edlen* Attinghausen, *des Bannerherrn, der immer an der Heimat hing und vor seinem Tod noch die freudige Kunde der Freiheit hört.*

Nur der Kaiser selbst ist es, der noch gefürchtet wird, aber fast zu gleicher Zeit mit den Ereignissen am See ist Albrecht *von seinem eigenen Neffen aus persönlicher Rache ermordet worden, und die Eidgenossen sind von dieser Furcht befreit.*

Das Drama klingt in einer Schlußszene aus, in der der verfolgte Kaisermörder Johann Parricida *bei Tell Schutz sucht. Dieser versagt zwar seine Hilfe nicht, weist jedoch jede Gemeinschaft entschieden zurück, denn er habe keinen Mord begangen, sondern seinen Herd, sein Weib, seine Kinder, sein eigenes Leben und die Freiheit des Landes in gerechter Notwehr verteidigt. So fassen es auch die Eidgenossen auf, die zu Tells Hütte eilen und ihm begeisterten Dank für seine befreiende Tat bringen.*

„Wilhelm Tell" ist wohl Schillers populärstes Drama. Ohne selbst in der Schweiz gewesen zu sein, vermag er Land und Leute mit einer dichterischen Wahrheit zu schildern, die kaum ihresgleichen hat. „Wilhelm Tell" ist nicht nur die Tragödie des Titelhelden – Tell steht auch für das ganze Schweizer Volk. Mit der Telltragödie und dem Rütlischwur lose verbunden ist die Berta-Rudenz-Handlung.

Die drei Handlungen (Aufstand der Schweizer, Tell, Berta-Rudenz) werden durch den Schauplatz und durch die zeitliche Abfolge der Ereignisse zusammengehalten. Man pflegt den „Wilhelm Tell" gewöhnlich als ein Schauspiel der Freiheit zu bezeichnen. Die Worte des Rütli-Schwurs sind schon oft zitiert worden. Und dennoch steht ein noch tieferes Problem im „Tell" zur Behandlung: die Frage der legitimen Herrschaft und die des Tyrannenmordes. In der Rütli-Szene heißt es ausdrücklich, als einer der Teilnehmer erklärt: „Ich trage Gut von Österreich zu Lehen" – „Ihr fahret fort, Österreich die Pflicht zu leisten." Es ist also eigentlich gar keine „Revolution" im modernen Sinn, die die Schweizer Bauern machen – eher könnte man sagen, die Landvögte hätten eine Revolution von oben gemacht, da sie die reichsunmittelbaren Kantone unter die landesfürstliche Gewalt der Habsburger zwingen wollen. Wie sehr Schiller bemüht war, die Ermordung Geßlers durch Tell auch moralisch zu rechtfertigen, zeigt nichts deutlicher als die Schlußszene in Tells Haus. Hier tritt der Kaisermörder Johann Parricida auf. Er will von Tell Hilfe haben, er betrachtet sich als dessen „Schicksalsgefährten". Deutlich weist ihn Tell in die Schranken: er habe nicht gemordet, sondern sein Weib, seine Kinder und sein Vaterland in Notwehr verteidigt.

Drei Handlungen, die Volks-, die Tellhandlung und die der adligen Gruppe, laufen zunächst nebeneinander her, innerlich bloß verbunden durch das gemeinsame Ziel, den Verzweiflungskampf um die Existenz. Aber zum Schluß fließen sie kunstvoll zusammen. Schiller knüpft nun auf höherer Ebene an seine Jugenddramen an. Es geht auch hier nicht um die Einführung einer neuen Staatsverfassung, sondern um die Erhaltung der alten Sitten und der ewigen Rechte, die unveräußerlich und unzerbrechlich sind wie die Gesetze der Natur. Besonders gut gelungen sind die Massenszenen. Der Rütli-Schwur und die Apfelschußszene sind Glanzpunkte des Dramas. Sie zeigen Schiller auf dem Weg zu einem neuen Stil, zu einem volkstümlich-realistischen Schauspiel.

6. *Demetrius.* Ein Bruchstück aus dem Nachlaß.

Der Kampf zwischen Lüge und Wahrheit, zwischen Pflicht und Neigung in der Seele des angeblichen Sohnes Iwans des Gewaltigen sollte dargestellt werden.

II. Lyrik

Die Gedichte Schillers sind selten Ausdruck von Gefühlen und Stimmungen, sondern vielmehr der seiner idealen Weltanschauung. Sie gehören zur **Gedankenlyrik,** die aus der Sehnsucht nach Erkenntnis des Schönen, des Wahren, des Rechten, des Guten und Heiligen erwächst. Schillers harmonische Gedankenklarheit kommt in dem rhythmischen Gleichmaß des breit ausladenden und doch streng zusammengefaßten Aufbaus, in dem vollen Klang des meist strophisch gegliederten Gedichtes und der bilderreichen Sprache seiner Gedichte zum Ausdruck.

Wir unterscheiden:

Philosophische Gedichte

Sie sind der dichterische Ausdruck jener Ideen, die er in seinen ästhetischen Aufsätzen dargelegt hat und stellen Maß und Würde, Freiheit und Schönheit als Ziele des Menschen auf. Sie zeigen den Kampf zwischen Pflicht und Neigung, den Gegensatz zwischen Ideal und Wirklichkeit. Sie künden von der Bedeutung, die der Kunst im menschlichen Leben zukommt (*Die Macht des Gesanges*, *Die Ideale*, *Würde der Frauen* und *Das Ideal und das Leben*).

Geschichts- und kulturphilosophische Gedichte

Sie schildern die Entwicklung der menschlichen Kultur und den Ablauf des menschlichen Lebens in der Gemeinschaft. So entwirft *Der Spaziergang* ein Bild von der Entwicklung des Menschengeschlechtes, wobei der Gegensatz zwischen Natur und Kultur zum Leitmotiv gemacht wird. *Das eleusische Fest* zeigt den Aufstieg des Menschen vom Barbaren zum Kulturmenschen. *Das Lied von der Glocke* (1799) schließt an die einzelnen Phasen des Glockengusses Schilderungen, die das menschliche Leben von der Geburt bis zum Tod, aber auch das Leben in der Gemeinschaft bringen. Schiller verstand diese Dichtung selbst als seine Antwort auf die Französische Revolution, als ein Preislied des Bürgertums, dem Johann Wolfgang Goethe in „Hermann und Dorothea" ein Denkmal setzte.

Xenien

In dem von Schiller herausgegebenen *Musenalmanach für das Jahr 1797* erschienen über 400 Distichen unter der dem römischen Satiriker Marcus Valerius Martial entlehnten Überschrift Xenien (d. i. Gastgeschenke), die er gemeinsam mit Goethe verfaßt hat. Sie geben eine Kritik der gesamten zeitgenössischen Literatur mit scharfem, recht treffendem Witz in der knappen Form von Epigrammen.

Balladen

Schillers Balladen, heute nicht mehr ganz unumstritten, aber dennoch — nach wie vor — populär, veranschaulichen in dramatisch gestalteten Bildern sittliche Ideen. Es handelt sich daher um dramatische Ideenballaden. Am berühmtesten sind: *Der Taucher* (Idee der klassischen Grenze: Man soll sich mit den dem menschlichen Erkennen gesetzten Schranken abfinden), *Der Kampf mit dem Drachen* (Sieg der Pflicht über die Neigung: die Selbstüberwindung als größte sittliche Tat), *Der Gang nach dem Eisenhammer* (Sieg des Guten über das Böse: die sittliche Größe im Dienen und Dulden), *Die Bürgschaft* (der Triumph der Treue: versöhnende Kraft reiner Menschlichkeit), *Der Ring des Polykrates* (Idee des Maßhaltens), *Der Graf von Habsburg* (Idee der Demut vor dem göttlichen Walten), *Die Kraniche des Ibykus* (Idee der Nemesis: jedes Verbrechen findet schließlich seine Sühne).

III. Epische Werke

Schiller schrieb auch Prosaerzählungen, unter denen besonders *Der Verbrecher aus verlorener Ehre* (1786) einen interessanten Vorläufer der späteren psychologischen Novelle darstellt. Sie schildert, durch welche Umstände der zeitgenössische Räuber Schwan sittlich abgesunken ist. In dem unvollendet gebliebenen Roman *Der Geisterseher* gerät ein protestantischer Prinz in die Netze einer katholischen Geheimgesellschaft, die ihn durch einen Wundermann, der an Cagliostro erinnert, in ihren Bann zieht. Hans Heinz Ewers[1] schrieb später eine Fortsetzung zu Schillers Roman.

[1] Siehe III. Teil.

IV. Wissenschaftliche Werke

Schillers wichtigste Schriften zur Literatur, Geschichte und Philosophie sind:

Geschichte des Abfalls der vereinigten Niederlande von der spanischen Regierung (1788), *Geschichte des Dreißigjährigen Krieges* (1791 bis 1793). Dazu treten die philosophisch-ästhetischen Schriften, in denen Schiller, von Kant ausgehend, seine Weltanschauung wissenschaftlich begründet darlegt:

Über Anmut und Würde (1793), *Briefe über die ästhetische Erziehung des Menschen* (1795), *Vom Erhabenen* (1793), *Über naive und sentimentale Dichtung* (1795 bis 1796).

Da Schiller ohne Vermögen und auf die Einkünfte aus seiner schriftstellerischen Tätigkeit wirklich angewiesen war, ist auch seine publizistische Tätigkeit bedeutend. Die wichtigsten der von ihm herausgegebenen Zeitschriften sind: „Rheinische Thalia" (1785), „Neue Thalia" (1786 bis 1793), „Die Horen" (1795 bis 1797), bei denen Johann Wolfgang Goethe, Gottfried Herder, Wilhelm von Humboldt, Heinrich Voß, Johann Gottlieb Fichte, August Wilhelm Schlegel und Friedrich Hölderlin mitarbeiteten, und „Musenalmanache" (1796 bis 1800).

Auf **ästhetischem** Gebiet formt Schiller drei Begriffe: das Erhabene, das Schöne und das Ideal-Schöne. Gegenstände der Natur sind Quellen der Beruhigung und des Friedens: das ist das Schöne. Durch ihre Größe sind sie für uns auch Quellen innerer Erregung. Dieses ausgelöste Gefühl ist das Erhabene. Das Ideal-Schöne ist letzte Harmonie, es ist der Schlußbegriff, in dem die Klassik gipfelt. Das Kunstwerk ist das Mittel, aus der Menschheit das Menschentum herauszubilden.

Die Zeitgenossen der Klassiker

Unter den zeitgenössischen Dichtern der großen Klassiker gelingt es nur wenigen, über bloße Nachahmung hinaus zu einer selbständigen dichterischen Leistung vorzustoßen. Sie bleiben fast alle im Bann des Sturmes und Dranges stehen und sind außerstande, ihn als eine bloße Entwicklungsstufe zu hoher Kunst zu überwinden.

Lyrik

In der Nachfolge von Gottfried Herders Bestrebungen um eine naturnahe und volksgemäße Dichtung und unter dem Einfluß der Mundartdichtung eines Heinrich Voß und Friedrich Müller, genannt Maler Müller, steht das herzlich-schlichte und anmutige Werk von **Johann Peter Hebel** (1760 bis 1826). Seine *Alemannischen Gedichte* (1803) bilden das Vorbild für die spätere Dialektdichtung im 19. Jahrhundert. Hebels Sammlung von volkstümlichen, meist schalkhaften Erzählungen *Schatzkästlein des Rheinischen Hausfreundes* (1811) ist ein in Hunderttausenden von Exemplaren verbreitetes Volksbuch geworden.

Eine durchaus schöpferische Eigenpersönlichkeit ist **Friedrich Hölderlin** (1770 bis 1843).

In seiner Dichtung kann man sowohl Ideen der Klassik als auch der Romantik finden, ohne daß man sie jedoch in bezug auf Gehalt oder Gestalt einer dieser Kunstrichtungen zuordnen könnte.

Zu seiner vollen Wirkung und Anerkennung kommt Hölderlin erst mitten im Ersten Weltkrieg, als Norbert von Hellingrath die erste vollständige Ausgabe seiner Werke herauszugeben begann.

In Lauffen am Neckar am 20. März 1770 geboren, wird Hölderlin für den theologischen Beruf bestimmt und besucht die Klosterschulen in Denkendorf und Maulbronn, nachher das Tübinger Stift, wo Friedrich Hegel und Friedrich Wilhelm Schelling seine Mitschüler sind und als Freunde einen tiefgehenden Einfluß auf ihn ausüben. Nach Beendigung seiner theologischen Studien tritt er kein Predigeramt an, sondern übernimmt eine Hauslehrerstelle bei Charlotte von Kalb, der Freundin Schillers, und später eine solche in der Familie des Bankiers Gontard in Frankfurt a. M., dessen Frau Susette (geb. 1768, gest. 1802) er schwärmerisch verehrt. Sie erst erweckt ihn so recht zum Dichter und wird die „Diotima“ seiner Dichtung. Unter demütigenden Umständen muß Hölderlin schließlich das Haus Gontard verlassen und gerät in stetig wachsende innere Vereinsamung, da sich auch Schiller nach anfänglicher Förderung von ihm zurückzieht. Nun geht der Dichter als Hauslehrer nach Bordeaux, von wo er geisteskrank zurückkehrt. Seit 1806 lebt er in geistiger Umnachtung mit bloß zeitweilig lichten Augenblicken in der Pflege eines freundlichen Tischlerehepaares in Tübingen bis zu seinem Tod am 7. Juni 1843[1].

Bestimmt und geformt wird Hölderlins geistige Entwicklung durch Friedrich Klopstock, Jean Jacques Rousseau, Johann Gottfried Herder, Johann Joachim Winckelmann, Friedrich Schiller, durch die Griechen Pindar, Homer, Hesiod, Sophokles, Platon, Heraklit und Empedokles, durch die Philosophie Baruch Spinozas und Immanuel Kants sowie durch die Ideale der Französischen Revolution. Von der Gegenwart enttäuscht, erhöht er die ferne Vergangenheit von Althellas zu seinem Ideal, das er neu wirksam machen will. Ihm ist Dichtung nicht ein Schmuck des Daseins, sondern stärkstes Leben. Er fühlt sich unter dem

[1] Eine andere Meinung vertritt Pierre Bertaux in seinem Buch „Friedrich Hölderlin“, 1979.

Willen des Allmächtigen stehen und dazu berufen, eine Wiederauferstehung von Althellas in Deutschland durch sein den Göttern dienendes Wort vorzubereiten. Griechentum und Christentum sollten mit dem Deutschtum zu einer großartigen Synthese vereinigt werden. Sanfte, elegische Trauer über den Verlust von Althellas erfüllt Hölderlins Dichtung neben dem optimistischen Glauben an die Wiedergeburt der **Kalokagathia** (d. i. wörtlich: Schöngutheit; gemeint ist der harmonische Mensch), wie Platon das Bildungsideal der Griechen bezeichnet hat. Der zur Kalokagathia, d. h. zu körperlich-geistiger Leistungsfähigkeit, zur Schönheit und Sittlichkeit voll entfaltete Mensch soll sich der Gemeinschaft zur Verfügung stellen.

Hölderlins dichterisches Werk umfaßt einen Roman, ein Drama, Gedichte und Übersetzungen.

Sein lyrisch-beschwingter Briefroman (1797 bis 1799) *Hyperion* oder *der Eremit in Griechenland* schildert die Geschichte eines reinen, edlen, jungen Griechen, der sein Volk zu seiner verlorenen geistigen Größe zurückführen will. Er folgt aber dabei nicht dem Rat seiner Geliebten Diotima, die eine reine Verköperung des Göttlichen darstellt und ihn vor vorschnellem Handeln warnt. Sie will Hyperion, wie der junge Grieche heißt, dazu bewegen, durch Selbsterziehung und Versenken in altgriechische Art und Dichtung zu einem Propheten der Zukunft zu werden, die sich heute noch nicht mit Gewalt erzwingen lasse.

Die lyrische Dichtung Hölderlins ist in erster Linie Gedankenlyrik. Sie geht von Friedrich Schiller aus und gewinnt rasch dichterische Selbständigkeit. In **Oden, Elegien** und **Hymnen** besingt sie die Freundschaft, die Unsterblichkeit, das Heldentum, die Liebe, das Vaterland, die Freiheit und die Menschenwürde, das Reine, Gute und Wahre. Sie ist nur aus den politischen und sozialen Bedingungen der Zeit zu verstehen, in der der Dichter lebte und schrieb. Auf der einen Seite finden wir eine pantheistische Sehnsucht nach dem Aufgehen in die All-Natur, die mit der Gottheit gleichgesetzt wird; auf der anderen Seite zieht sich Hölderlin aus der ihm trostlos erscheinenden Vergangenheit in die Freiheit eines von ihm erträumten republikanischen Griechenland zurück. Dieser tiefe Pessimismus drückt sich am stärksten in dem bekannten Gedicht „Hyperions Schicksalslied“ aus:

Ihr wandelt droben im Licht
Auf weichem Grunde, selige Genien!
Glänzende Götterlüfte
Rühren euch leicht.
Wie die Finger der Künstlerin
Heilige Saiten.
Doch uns ist gegeben,
auf keiner Stätte zu ruhn,
es schwinden, es fallen
die leidenden Menschen
blindlings vor einer
Stunde zur andern,
wie Wasser von Klippe
zu Klippe geworfen,
jahrlang ins Ungewisse hinab.

Die Natur sieht Hölderlin anders als Goethe. Für ihn ist sie nicht der Kern strebender Erkenntnis und wach werdender Leidenschaft, sondern er liebt ihre Ruhe, ihre Stille, ihr Abseitsstehen und ihre scheinbare Unveränderlichkeit. Auch das Griechenerlebnis Hölderlins ist nicht das Goethes. In seinen Dithyramben ist er ein Vorläufer Friedrich Nietzsches und dessen „dionysischen Griechentums“, so schon den großen Irrtum Johann Joachim Winckelmanns von der „edlen Einfalt und stillen Größe“ der Griechen erkennend. Hölderlin erhofft sich durch die Synthese von Griechentum und Christentum eine sittliche Erneuerung des deutschen Volkes.

Das Drama *Der Tod des Empedokles* (1798 bis 1799), von dem nur Bruchstücke verschiedener Fassungen erhalten sind, dramatisiert die Sage vom freiwilligen Tod des griechischen Naturphilosophen Empedokles (5. Jahrhundert vor Christus) im Ätna. Der Held opfert sich, um eine „Wende der Zeit“ herbeizuführen. „Es ist ein politisches Stück, das vom Problem der Revolution handelt“ (Pierre Bertaux).

Abb. 16: Szenenfoto zu Hölderlins Aufführung „Der Tod des Empedokles“.

Drama

In der Zeit der Klassik kommt es im bürgerlichen Deutschland zu einer neuen Theaterblüte. Die Zahl der stehenden Theater nimmt zu, und es gibt bedeutende schauspielerische Leistungen. Neben den großen Talenten regen sich tüchtige, bescheidene Talente, die mithelfen, das Repertoire der deutschen Bühne vom Ausland unabhängig zu machen. Glanzvolle Aufführungen bieten die Hofbühnen von Wien und Berlin, das Mannheimer und das Hamburger Theater, besonders aber die Weimarer Bühne unter der Leitung Goethes und Schillers.

Nach dem Vorbild von „Miß Sara Sampson“ entstehen viele **bürgerliche Trauerspiele,** im Anschluß an „Minna von Barnhelm“ **Soldatenstücke**, als Nachahmung von „Emilia Galotti“ und „Kabale und Liebe“ soziale bürgerliche Dramen und **rührende Familienstücke,** nach „Götz von Berlichingen“ **Ritterstücke.** „Fiesko“ ist das Muster für **historische Dramen**, „Die Räuber“ haben viele **Räuberstücke** zur Folge. Die erfolgreichsten Autoren, die fast durchwegs auch bedeutende Schauspieler waren, sind: Friedrich Ludwig Schröder, August Wilhelm Iffland und August v. Kotzebue. Einen mächtigen Aufschwung erlebt die Wiener Volksbühne unter Karl Hensler, Emanuel Schikaneder, Leopold Huber, Friedrich Wilhelm Ziegler und August v. Steigentesch. Zur Aufführung gelangen Ritterpossen mit Musikbegleitung und Gesang, Zauberstücke, Feenmärchen, Hanswurstiaden, ernste Ritter-, Gespenster- und Räuberstücke.

Roman

Seit der Sturm-und-Drangzeit nimmt der Roman einen ungeheuren Aufschwung. Innerhalb von 25 Jahren erscheinen mehr als 6000 deutsche Romane, die aber fast alle ohne künstlerischen Wert sind. Sie stellen den Lesestoff der breiten Masse dar und sind oft recht läppische Nachahmungen der klassischen Vorbilder.

Für die spätere Entwicklung der Dorfgeschichte und Heimatdichtung ist der Schweizer Pädagoge **Johann Heinrich Pestalozzi** (1746 bis 1827) von Bedeutung. Er begründete die neuzeitliche Volkserziehung und Sozialpädagogik. Als Sohn eines Arztes in Zürich geboren, studierte er zuerst Theologie und Rechte, wurde aber unter dem Einfluß Jean Jacques Rousseaus Bauer, später Lehrer, Leiter eines Waisenhauses und einer Erziehungs- und Lehrerbildungsanstalt in Ifferten am Neuenburgersee.

In seinem bäuerlichen Erziehungsroman *Lienhard und Gertrud* (3 Bände, 1781 bis 1787) erzählt er, wie die sittenreine Maurersfrau Gertrud nicht bloß das Glück des eigenen Hauses, sondern das des ganzen Dorfes begründet, indem sie ihren Mann vom Wirtshausleben fernhält, ihre sieben Kinder richtig erzieht und den Junker dazu bringt, dem Elend des Dorfes durch geeignete Mittel abzuhelfen. Bei dieser Erziehung zu einer echten Gemeinschaft helfen ihr der Schulmeister und der Pfarrer.

Aus der treuesten Beobachtung des bäuerlichen Lebens hervorgegangen, bereitete der Roman für die spätere Dorfgeschichte den Weg.

Zu Pestalozzis erfolgreichsten pädagogischen Schriften gehört: *Wie Gertrud ihre Kinder lehrte; ein Versuch, den Müttern Anleitung zu geben, ihre Kinder selbst zu unterrichten* (14 Briefe; 1801).

Dichterische Selbständigkeit erringt bloß Johann Paul Friedrich Richter, dessen unter dem Namen **Jean Paul** (1763 bis 1825) erschienene Romane die große Masse, besonders die adligen Frauen, eifriger lesen als die Werke der Klassiker.

Als Sohn eines Lehrers im Jahr 1763 zu Wunsiedel im Fichtelgebirge geboren, studiert Jean Paul in Leipzig unter harten Entbehrungen Theologie und sucht nachher in Weimar als freier Schriftsteller vergeblich Anschluß an Schiller und Goethe zu finden. Dann führt ihn ein von Armut bedrücktes Wanderleben durch viele thüringische Städte, bis er endlich in seiner bayrischen Heimat in Bayreuth im Jahr 1804 zu gutem Auskommen gelangt. Dort stirbt er als vielbewunderter Schriftsteller 1825 und wird wie ein Fürst zu Grabe geleitet.

Von seinem über 60 Bände umfassenden Erzählwerk finden besonders die folgenden humoristischen, sentimentalen **Idyllen** aus dem **Kleinstadtleben** große Bewunderung:

Rektors Florian Fälbel und seiner Primaner Reise nach dem Fichtelberg, *Leben des vergnügten Schulmeisterleins Maria Wuz in Auenthal* (1793), *Das Leben des Quintus Fixlein* (1796), *Ehestand, Tod und Hochzeit des Armenadvokaten F. St. Siebenkäs im Reichsmarktflecken Kuhschnappel* (1796 bis 1797) und *Dr. Katzenbergers Badereise* (1809).

Die Helden dieser Idyllen sind Außenseiter voll weltfremder Herzensgüte und kindlicher Bescheidenheit. Durch lächerliche Einbildungen und Träume verstehen sie es, in einem beschränkten, armseligen und engumfriedeten Leben innere Zufriedenheit und stille Behaglichkeit zu finden.

Nicht geringeren Erfolg haben aber auch die großen sentimental-humoristischen **Bildungsromane:** *Hesperus* (1795), *Titan* (1800 bis 1803) und *Flegeljahre* (1804 bis 1805). Das Grundthema dieser Romane ist die Entwicklung großgesinnter, hochgespannter Idealisten im Kampf gegen die Widerstände der rauhen Wirklichkeit und die Dämonen in der eigenen Brust. Dabei wird der Zwiespalt zwischen Ideal und Wirklichkeit meist in zwei Gegenspielern verkörpert. Am Ende ihrer Entwicklung lernen diese hochgestimmten Helden erkennen: „Der Mensch braucht bei den besten Flügeln für den Äther doch auch ein Paar derbe Stiefel für das Pflaster.“

Anregungen zum Üben und Vertiefen

Außerliterarische Bereiche

1. Welche politischen Zeitverhältnisse beeinflussen das Leben während der Klassik?
2. Warum nennen wir die Stilhaltung der bildenden Künste zur Zeit der Klassik „Klassizismus“?
3. Welche literarischen Ideen der Klassik beeinflussen die Formgebung der zeitgenössischen bildenden Künste? Wie äußert sich dieser Einfluß?
4. Vergleichen Sie Haartracht und Kleidung der Rokokozeit mit jener der Klassik!
5. Worin erblicken Sie Stilunterschiede zwischen den bildenden Künsten der Rokokozeit und jenen des Klassizismus? – Zeigen Sie die Stilunterschiede an Hand von Beispielen auf!
6. Welche philosophischen bzw. wissenschaftlichen Erkenntnisse vergrößern den geistigen Horizont der Klassik und beeinflussen damit die zeitgenössische Literatur?

Literarischer Bereich

1. Welche literarischen Werke sind für Sie die charakteristischesten der Klassik? – Leiten Sie von diesen Werken die Kennzeichen der Klassik ab!
2. Welche persönlichen Erlebnisse verarbeitete Goethe (Schiller) in seiner Lyrik (in seinen Dramen, in seiner Epik)? – Beweisen Sie dies an Hand von Beispielen!
3. Welche Dramen schrieb Goethe im Stile des Rokoko (der Sturm- und Drangzeit)? – Welche Rokokomerkmale (Sturm- und Drangmerkmale) können Sie von diesen Werken ableiten?
4. In welchen Liedern drückt Goethe seine Vorliebe für das Volkstümliche aus? – Charakterisieren Sie das „Volkstümliche“ an Hand von Beispielen!
5. Warum kann Goethes Ode „Prometheus“ zur Sturm- und Drangepoche gezählt werden?
6. Warum kann Götz als Symbol der Sturm- und Drangzeit angesehen werden?
7. Welche Rechtsauffassungen prallen in Goethes Schauspiel „Götz von Berlichingen“ aufeinander?
8. Ziehen Sie Vergleiche zwischen den beiden Goethehelden „Prometheus“ und „Götz“!
9. Warum zählen wir Goethes epische Dichtung „Die Leiden des jungen Werthers“ zu den Briefromanen? – Welche Briefromane kennen Sie noch?
10. Welche persönlichen Erlebnisse verarbeitete Goethe im „Werther“?
11. Warum können wir die Wirkung von Goethes „Werther“ auf die Zeitgenossen des jungen Goethe als gewaltig bezeichnen?
12. Ziehen Sie Vergleiche zwischen den beiden Goethehelden „Götz“ und „Werther“!
13. Welche Goethedramen zählen Sie zur Klassik? – Welche Merkmale der Klassik können Sie von diesen Werken ableiten?
14. Ziehen Sie einen Vergleich zwischen Lessings „Nathan“ und Goethes „Iphigenie“!
15. Ziehen Sie Vergleiche zwischen den beiden Goetheheldinnen „Iphigenie“ und „Adelheid“ (aus „Götz von Berlichingen)!

16. Wodurch wird Goethes „Iphigenie" zum Idealbild der Menschlichkeit?

17. Was gefährdete Iphigeniens Menschlichkeit und Reinheit?

18. Vergleichen Sie die Sprache der beiden Goethedramen „Iphigenie" und „Götz von Berlichingen"!

19. Warum können wir die Fausttragödie als eine Gesamtschau über Goethes Leben bezeichnen?

20. Welche Entwicklungsstufen durchläuft der Goetheheld „Faust"?

21. Was an den beiden Goethehelden „Faust" und „Mephistopheles" wirkt zeitlos?

22. Welche Probleme des menschlichen Lebens behandelt Goethe in seinem Epos „Hermann und Dorothea" („Reineke Fuchs")?

23. Vergleichen Sie Vorkommnisse der Gegenwart (beispielsweise das Flüchtlingsproblem) mit solchen aus Goethes „Hermann und Dorothea"!

24. Kann Goethe als Universalgenie bezeichnet werden?

25. Mit welchen wissenschaftlichen Problemen seiner Zeit beschäftigte sich Goethe?

26. Welche Dramen verfaßte Schiller im Stile der Sturm- und Drangzeit (der Klassik)? – Welche Sturm- und Drangmerkmale (Merkmale der Klassik) lassen sich davon ableiten?

27. Ziehen Sie Vergleiche zwischen Karl (aus Schillers Schauspiel „Die Räuber") und Goethes Götz (aus „Götz von Berlichingen")!

28. Was am Freiheitsstreben des Schillerhelden Karl Moor ist zu kritisieren?

29. In welchen Werken wurde das Thema der feindlichen Brüder noch behandelt?

30. Vergleichen Sie die sozialen und gesellschaftlichen Verhältnisse der Gegenwart mit jenen in Schillers „Kabale und Liebe"!

31. Welche innere Wandlung durchlief Maria Stuart in Schillers Drama? – Wodurch erweckt sie unsere Anteilnahme?

32. Warum kann Wallensteins Lager in Schillers Drama als Staat im Staate bezeichnet werden?

33. Erklären Sie die Beweggründe der Handlungsweisen der beiden Schillerhelden „Wallenstein" und „Max Piccolomini"!

34. Vergleichen Sie Schillers Auffassung von Pflicht mit der Kants!

35. Warum sucht Max Piccolomini im Drama Schillers den Tod?

36. Ist Tyrannenmord mit dem Naturrecht der Notwehr entschuldbar? – Vergleichen Sie die Handlungsweise Tells aus Schillers Drama mit der gegenwärtigen politischen Terrorszene!

37. Welche zeitlosen Probleme behandelt Schiller in seinem „Wilhelm Tell"?

38. Vergleichen Sie die Bedeutung des Sittengesetzes aus Schillers „Braut von Messina" mit jener unserer Gegenwart!

39. Was aus Schillers „Lied von der Glocke" kann auch gegenwärtig als gültig angesehen werden?

40. Welchen Idealen huldigt Schiller in seinen Dichtungen? – Sind diese auch in unserer Zeit erstrebenswert?

41. Warum können wir Hölderlins Gedichte in erster Linie zur Gedankenlyrik zählen? – Wen zählen Sie noch zu den großen Gedankenlyrikern?

Zusammenfassende Übersicht: Siehe Seite 198f.

DIE DEUTSCHE ROMANTIK

1798 bis 1830

Geschichtliche Voraussetzungen

Napoleons Machtaufstieg:

1799: Erster Konsul in Frankreich, seit
1804: Kaiser der Franzosen
1805: Sieg bei Austerlitz
1806: Sieg bei Jena und Auerstedt über die Preußen. Ende des Heiligen Römischen Reiches

Napoleons Sturz:

1804: Franz II. nimmt den Titel eines erblichen Kaisers von Österreich an und regiert als solcher unter dem Namen Franz I.
1809: Erhebung Österreichs. Erzherzog Carls Sieg bei Aspern und Eßlingen. Seine Niederlage bei Wagram. Friede zu Wien. Andreas Hofers Freiheitskampf in Tirol
1810: Hinrichtung Andreas Hofers in Mantua
1812: Napoleons Niederlage in seinem Krieg gegen Rußland
1813 bis 1815: Befreiungskrieg
1813: (16., 18. und 19. Oktober): Völkerschlacht bei Leipzig
1814: Einzug in Paris und Napoleons Thronverzicht in Fontainebleau. Seine Verbannung auf die Insel Elba
1815: Napoleons Flucht und sein erneuertes Kaisertum der 100 Tage. Seine Niederlage bei Waterloo und Verbannung nach St. Helena

Neuordnung Europas auf dem Wiener Kongreß:

1815: Wiener Kongreß
1815 bis 1848: Zeitalter der Restauration, d. h. der Wiederherstellung der Zustände vor der Französischen Revolution. Heilige Allianz. Der Deutsche Bund. Österreichs führender Minister Metternich als Gegner aller liberal-revolutionären Bewegungen in Europa
1819: Karlsbader Beschlüsse und Beginn der Demagogenverfolgungen (Ernst Moritz Arndt, Friedrich Ludwig Jahn)
1797 bis 1840: Unter Friedrich Wilhelm III. Aufstieg Preußens zur zweiten Macht neben Österreich. Im Osten Entwicklung Rußlands zu einer neuen Weltmacht.
1821 bis 1829: Griechischer Befreiungskrieg (Lord Byron)
1835 bis 1848: Ferdinand I. in Österreich

Entstehung des Nationalbewußtseins. Allmähliches Anlaufen des späteren atemberaubenden Aufstieges der Naturwissenschaft und Technik. Industrialisierung Englands. Aufkommen des französischen Sozialismus. (1830: Julirevolution in Paris.) Beginn der Parteikämpfe zwischen Konservativen, Liberalen und Sozialisten.

Überblick über die Entwicklung der Romantik und ihre Kulturzentren

Noch in der Zeit der Hochklassik setzt um 1798 innerhalb der neu heranwachsenden Generation eine revolutionär auftretende Geistesbewegung ein. Es ist dies die **Romantik.** Sie wächst aus der Klassik, tritt jedoch später zu ihr in Gegensatz, wobei sie weitgehend auf den Sturm und Drang zurückgreift. Die Romantik ist die Endstufe der in der Dreiheit von Sturm und Drang, Klassik und Romantik sich emporsteigernden idealistischen Bewegung; in ihr vollendet sich das eigenste Wollen des deutschen Idealismus in einer universalen Synthese.

Seit der Auflösung der festgefügten religiösen Einheitlichkeit des Mittelalters versucht das Abendland, mit den im Menschen wirkenden Mächten ein anthropozentrisches Weltbild aufzubauen, wobei man durch Überbetonung bald der einen, bald der anderen Kraft im Menschen zu recht einseitigen, nicht völlig befriedigenden Schöpfungen kommt. Die Renaissance und besonders die Aufklärung sind durch eine einseitige Betonung der menschlichen Vernunft, durch zu strengen Rationalismus gekennzeichnet; die Gegenbewegungen der Mystik, Reformation, des Pietismus und Sturmes und Dranges berücksichtigen wieder zu sehr die Gefühlskräfte des Menschen. Die Klassik unternimmt den Versuch, Rationalismus und Irrationalismus harmonisch in Einklang zu bringen. Nur in ganz geringem Ausmaß ist bei diesen Versuchen die Phantasie des Menschen beteiligt. Die Romantik strebt nun nach einer universalen Synthese, indem sie Vernunft, Gefühl und Phantasie gleichermaßen beim Aufbau ihres Weltbildes heranziehen will. Als Gegenbewegung gegen die Aufklärung sind Pietismus und Sturm und Drang entstanden. Die Klassik sucht zu vermitteln. Die Romantik bemüht sich nun, eine Synthese zwischen Klassik und der hinter ihr spürbaren Aufklärung einerseits und dem Pietismus und dem Sturm und Drang andererseits herzustellen:

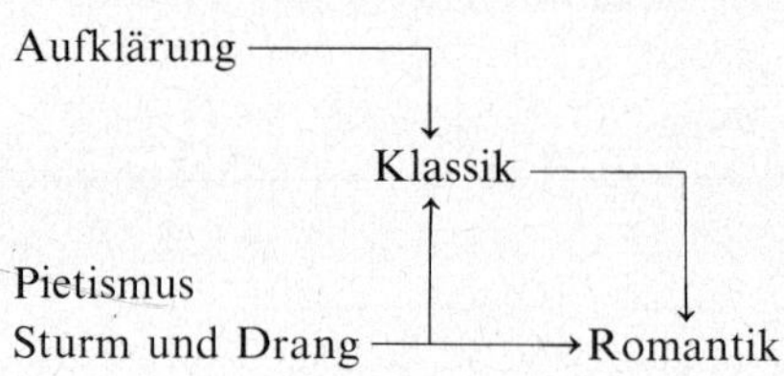

Auf diese Weise gipfelt die anthropozentrische Epoche des Abendlandes in der Romantik, die den Rationalismus und Irrationalismus der vorangegangenen Epochen in sich zu vereinen sucht.

Entwicklungsstufen der Romantik

1. **1798 bis 1804:** Frühromantik (Ältere Romantik)
   Sie verläuft gleichzeitig neben der Hochklassik und bringt den theoretischen Ausbau der neuen Lebenshaltung und Kunstanschauung. Die wichtigste Zeitschrift dieser Periode der Entwicklung der Romantik ist *Athenäum.*
   Die Zentren sind:
   1. die Universität in **Jena** und
   2. literarische Salons in **Berlin.**
      (Kapellmeister **Reichardt** / Henriette **Herz** / Dorothea **Mendelssohn,** die zuerst mit dem Kaufmann Philipp Veit, dann mit Friedrich Schlegel verheiratet ist und deren Söhne die romantischen Maler Johann und Philipp Veit sind / Rahel **Levin,** die mit Karl August Varnhagen von Ense, einem Arzt, Diplomaten und Schriftsteller, verheiratet ist.)

Die Hauptvertreter der Frühromantik sind:
die Philosophen: Johann Gottlieb Fichte, Friedrich Schelling und Friedrich Schleiermacher,
die Theoretiker: August Wilhelm und Friedrich Schlegel,
die Dichter: Ludwig Tieck, Wilhelm Wackenroder und Friedrich Novalis.

2. **1804 bis 1816:** Hochromantik (Jüngere Romantik)

Sie tritt gleichzeitig mit der Spätklassik in Erscheinung und ist durch die Betonung des volkstümlich-nationalen, des religiösen und des phantasiebetonten Charakterzuges der Romantik gekennzeichnet. Ihre Kampfschrift ist die „Zeitschrift für Einsiedler". Ihre Zentren sind:

1. die Universität in **Heidelberg,**
2. der Polar- oder Nordsternbund in **Berlin** und
3. die kleineren Kreise in Dresden (Zeitschrift „Phöbus") und in Wien (Katholische Richtung).

Die Dichter der Hochromantik sind:

1. der Heidelberger Kreis (Clemens und Bettina Brentano, Achim von Arnim, Josef von Eichendorff),
2. der jüngere Berliner Kreis (E. T. A. Hoffmann, Zacharias Werner, Friedrich Baron de la Motte-Fouqué, Adelbert von Chamisso, Jakob und Wilhelm Grimm),
3. **Heinrich von Kleist,**
4. die Dichter der Befreiungskriege (Ernst Moritz Arndt, Friedrich Ludwig Jahn, Freiherr von Stein, Max von Schenkendorf, Theodor Körner und Heinrich Josef von Collin).

3. **1816 bis 1830:** Spätromantik

Sie ist gekennzeichnet durch ihr Rückgreifen auf die Klassik, das Nebeneinander von klassischen und romantischen Zügen, das Versiegen der Schöpferkraft, das Epigonentum ihrer Vertreter und ihre Annäherung an den um 1830 einsetzenden Frührealismus. Ihr Zentrum ist **Schwaben.**

Ihre Dichter sind die Schwaben Ludwig Uhland, Justinus Kerner, Gustav Schwab, Wilhelm Hauff, Eduard Mörike und die Einzelgänger Friedrich Rückert, August Graf von Platen-Hallermünde und Wilhelm Müller.

Nach 1830 setzt die Wirklichkeitsdichtung (Realismus und Naturalismus) ein, in der es aber immer wieder zu einem Wiederaufleben der Romantik und auch der Klassik kommt. (Nachklassik und Nachromantik in der Zeit von 1848 bis 1880. Neuklassik und Neue Romantik um die Wende des 19. Jahrhunderts.)

Das Wesen der Romantik

Die Romantik ist eine europäische Geistesbewegung, die, von Deutschland ausgehend, alle Länder Europas erfaßte, so daß es auch eine französische, spanische, italienische, englische und russische Romantik gibt. Sie beeinflußt Philosophie, Dichtung, Musik, Malerei, Religion, Wissenschaft, Politik und die Formen des Zusammenlebens der Menschen.

Ihr Grundwesen besteht im Streben nach **Unendlichkeit** und **Entgrenzung,** im Sprengen der von der Klassik gesetzten Grenzen.

Klassik ist das Streben nach Vollendung, Ruhe, fester Ordnung, Klarheit, Maß und Harmonie, also das feste und genaue Abgrenzen.

Romantik ist der Drang nach Unendlichkeit, nach Leidenschaftlich-Bewegtem, nach

Dunklem, Maßlosem und Regellosem. Sie ist durch das Sprengen-Wollen aller Grenzen gekennzeichnet. Die **Klassik** beschränkt sich auf das sensuell-rational Erfaßbare (d. h. auf das mit den Sinnesorganen und der Vernunft Erkennbare) und strebt nach Objektivität, Typisierung, Gesetz, Vernunft, Gleichgewicht, plastischer Wirkung, nach gültiger und geschlossener Form. Sie sucht genau Epik, Lyrik und Dramatik voneinander zu scheiden. Sie fordert Entsagung, Selbstbeschränkung und sittliche Willensstärke. Sie lehnt alles Phantastische, Verworrene und Unklare ab. Sie bemüht sich um die Harmonie zwischen Gefühl und Verstand. Die Klassik verlangt genaue Grenzsetzung. Nach ihrer Auffassung ist es genug, das Erforschliche zu erforschen, das Unerforschliche aber auf sich beruhen zu lassen.

Die **Romantik** zerbricht die klassischen Grenzen und will die Herrschaft der frei schöpferischen Phantasie aufrichten. Sie will alle Grenzen sprengen: die Grenzen, die dem Verstand gesetzt sind, die Grenzen, die zwischen Wissenschaft und Poesie und zwischen den einzelnen Dichtungsgattungen bestehen. Sie strebt nach einer **Universalpoesie,** die gleichzeitig Wissenschaft, Religion und Dichtung und die lyrisch, episch, dramatisch und musikalisch ist. Sie will die Grenzen zwischen Traum und Wirklichkeit niederreißen.

Die Romantik will die ganze Welt „romantisieren". Sie fordert völlige Subjektivität, Individualisierung, Gesetzlosigkeit, Freiheit und Unabhängigkeit, schrankenlose Musikalität und eine weltoffene, ewig unfertige Dichtungsform.

Das Lebensgefühl der Romantik

Das Lebensgefühl und die Weltanschauung der Romantik waren ein Protest gegen das Zeitalter der Aufklärung. Obwohl die Romantiker im einzelnen verschiedene Anschauungen vertraten, ja verschiedener Konfession waren, so kann man doch eine gemeinsame Linie finden. Sie sieht ungefähr so aus: „Die Welt ist eine lebendige Einheit; das ist die Grundlage der romantischen Weltanschauung, der Satz, den ihre Vertreter nicht müde werden zu wiederholen. Sie verkündeten ihn wie ein Evangelium, das die Schönheit und den Segen künftiger neuer Zeiten einschließt; und was könnte auch verheißungsvoller klingen als die Botschaft: alles lebt, alles hängt wirkend zusammen, es gibt nichts Totes in der Welt." (Ricarda Huch.)

Aus dieser Anschauung heraus verteidigen die Romantiker alles, was ihrer Meinung nach naturgewachsen ist: das „Volkslied", den „Volksbrauch", den „Volksgeist". Sie haben ganz eigenartige Vorstellungen vom Wirken des „Volksgeistes". Etwas ist schon deshalb gut und schön, weil es volkstümlich ist. Das ist ihre Meinung. So werden sie – manchmal ohne an die weittragenden Folgen zu denken – die Erwecker jener sogenannten „geschichtslosen" Völker Europas, die keinen eigenen Staat besitzen. Sie tragen dadurch einen bis heute nicht aufgelösten Zwiespalt in den Begriff „Volk" und „Nation" hinein, die in jenen Gebieten, die die Romantik überwunden haben, nur im Zusammenhang mit dem „Staat" und dem „Staatsvolk" verstanden werden.

Aus seiner Weltansicht heraus trägt der Romantiker ein ganz anderes Gehaben zur Schau als der Rationalist der Aufklärung oder zeitgenössische Biedermeier. Der Überschwang, der bei den Romantikern echt ist, wird im Biedermeier mit einem leichten Spott behandelt. Auch der Romantiker kennt diesen Spott über sich selbst. Aber sein Spott ist naiv, nicht zynisch.

Die Philosophie der Romantik und ihre literarischen Folgen

Die drei großen Philosophen Fichte, Schelling und Schleiermacher geben der neuen Bewegung die philosophischen Grundlagen.

JOHANN GOTTLIEB FICHTE (1762 bis 1814)

Fichte war Professor an den Universitäten in Jena und Berlin. Seine Hauptwerke sind: *Grundlage der sogenannten Wissenschaftslehre* (1794), *Die Bestimmung des Menschen* (1806), *Reden an die deutsche Nation* (1807 bis 1808) und *Die Wissenschaftslehre* (1810).

Er unterscheidet das **Ich,** wie er die schöpferische menschliche Persönlichkeit nennt, und das **Nicht-Ich,** das alles umfaßt, was außerhalb des Ichs liegt, also die gesamte Natur. Dabei erklärt er das Nicht-Ich als eine Schöpfung des Ichs. Das Ich schafft sich mit Hilfe der schöpferischen Phantasie das außer ihm liegende Nicht-Ich, die es umgebende Welt der Wirklichkeit, damit es einen Gegenstand hat, an dem es sich sittlich betätigen kann. Das Wesen des menschlichen Ichs ist also rastlos-unendliche Tätigkeit mit dem Ziel, sich sittlich zu bewähren.

Die Poetisierung der Fichteschen Lehre, d. h. ihre Anwendung in der Dichtung erfolgt durch Friedrich **Schlegel** und durch **Novalis.**

Abb. 17: Johann Gottlieb Fichte, Ernst Moritz Arndt, Friedrich Jahn und Friedrich Schleiermacher.

FRIEDRICH WILHELM SCHELLING (1775 bis 1854)

Auch Schelling war Universitätsprofessor in Jena und Berlin. In seinem Hauptwerk *Von der Weltseele* (1798) romantisierte Schelling die Naturphilosophie der Klassik. Letztere setzt Grenzen zwischen den Stufen der Welt, die der Mensch einzeln durchlaufen soll. Aus seinem Ego (auf das eigene Ich beschränkter Kreis) soll der Mensch allmählich emporsteigen zu Familie und Stand, zu Staat und Nation, zu Kirche und edlem Menschentum und schließlich zu Gott. Dieses stufenweise Emporsteigen zu Humanität und Gott, diesen Dualismus zwischen Geist und Natur hebt Schelling in seiner Identitätsphilosophie auf. Nach seiner Auffassung sind Natur und Geist wesensgleich. Sie sind die Äußerungen desselben Prinzips, nämlich der „Weltseele". Die Kundgebung der Weltseele nach innen ist der Geist, nach außen Natur. Dadurch spaltet sich das unendlich **Eine** in das Endliche. Geist ist unsichtbare Weltseele. Geist ist so unsichtbare Natur. Natur sichtbarer Geist. In sichtbarer und geistig-unsichtbarer Gestalt tritt die Weltseele in Erscheinung. Dieselben Gesetze gelten für Geist und Natur. Kunst und Dichtung haben die Aufgabe, das Unsichtbare im Sichtbar-Endlichen darzustellen, Geist und Natur als zwei Offenbarungen desselben Weltprinzips (der Weltseele) zu begreifen.

FRIEDRICH SCHLEIERMACHER (1768 bis 1834)

Schleiermacher war Universitätsprofessor für Theologie und Prediger in Berlin. Sein Hauptwerk trägt den Titel: *Über die Religion. Reden an die Gebildeten unter ihren Verächtern* (1799).

Religion ist nach Schleiermacher das Streben des Menschen, das Unendliche im Endlichen zu erfassen, die Weltseele, wie sie Schelling als das eigentlich Seiende versteht, zu spüren, den Zusammenhang zwischen Geist und Natur zu begreifen. Das Gefühl der Abhängigkeit vom Urgrund, jedwedes intensive Gefühl ist Religion. Alle höheren Gefühle haben Religion in sich: die Freundschaft, die Liebe und die Kunst. Auf diese Weise romantisierte Schleiermacher das Humanitätsideal der Klassik.

Im Anschluß an die drei großen Philosophen der Frühromantik schaffen die Dichter, besonders Friedrich Schlegel und Novalis, die **Romantisierung** der **Poetik.**

Die romantische Philosophie läßt die gesamte Welt der Wirklichkeit als eine Dichtung des absoluten Weltgeistes erscheinen. Sie erhebt die produktive Einbildungskraft zum Weltprinzip. Auch der Dichter erscheint nun als ein Weltenschöpfer, der mit Hilfe seiner Phantasie Werke schafft. Ähnlich wie in der Zeit des Sturmes und Dranges gilt die originalschöpferische Zeugungskraft, das Genie, als das wesentlichste Merkmal des Dichters. Dabei ist das Genie nichts Abnormales, sondern lediglich eine Steigerung einer allen Menschen angeborenen Fähigkeit. Nicht nur der Poet, sondern alle Menschen sind Zauberer, Magier, aber der Dichter ist es in besonders hohem Maß. Wie das menschliche Ich zunächst das Nicht-Ich setzt und sich Gegenstände erschafft, so beginnt auch die dichterische Tätigkeit mit einer Setzung von Gegenständen. Dichten ist die Vergegenständlichung des Geistes, das Umsetzen des Geistes in dichterische Bilder. Ist es also der erste Akt der dichterischen Phantasie, Gegenstände zu erschaffen – so ist es der zweite, diese Gegenständlichkeit in Gleichnisse aufzulösen. Gemäß der romantischen Ironie, wie sie Friedrich Schlegel fordert, sind die dichterischen Gegenstände bloß Gleichnisse der Weltseele und des absoluten Geistes. Der Dichter erscheint so nach der Auffassung der Romantiker als ein Seher. Seine Leistung ist die Romantisierung der Wirklichkeit. Er deutet die Welt neu.

Als **Folgerungen der romantisierten Poetik**
ergeben sich für die Dichtung im besonderen:

1. eine Vorliebe für **Märchen** und Träume,

2. die bevorzugte Darstellung des **Wunderbaren,** Unbewußten, Triebhaften, Dunklen, Nachtseitigen, Unbegreiflichen und Magischen,

3. das Sprengen der klassischen Grenze (man kämpft gegen Formenstrenge und Regelgebundenheit, für die Freiheit der Gefühle und Phantasie, gegen das klassische Ideal der Vollendung und Begrenzung),

4. die Neigung zu **Humor, Ironie,** Komik, Satire und Parodie,

5. ein Streben nach **musikalischen** Ausdrucksmitteln und Wirkungen in der Wortkunst,

6. ein universales Streben nach neuen Formen, nach fremder Formkunst, nach **Weltliteratur.**

August Wilhelm Schlegel schafft dann noch eine **Romantisierung** des bisherigen **Geschichtsbildes:**

Im 116. Athenäumsfragment definiert sein Bruder Friedrich: „Die romantische Poesie ist eine **progressive Universalpoesie.** Ihre Bestimmung ist nicht bloß, alle getrennten Gattungen der Poesie wieder zu vereinigen und die Poesie mit der Philosophie und Rhetorik in Berührung zu setzen. Sie will und soll auch Poesie und Prosa, Genialität und Kritik, Kunstpoesie und Naturpoesie bald vermischen, bald verschmelzen."

Aus dieser neuen Haltung heraus verlangt August Wilhelm Schlegel ein Zurückgreifen auf die Dichtung des christlichen Mittelalters und des Barocks. Christentum und Germanentum sind nach ihm die Wurzeln unseres Daseins. So kommt es zu einer Neuwertung der vergangenen Literatur, zu einer Überwindung der Antike und des französischen Klassizismus. Wilhelm Heinrich Wackenroder, Novalis und Ludwig Tieck lassen in ihren Dichtungen das christlich-germanische Mittelalter wieder neu aufleben.

Aus dieser neuen Einstellung gegenüber der Vergangenheit ergeben sich für die Dichtung folgende **Merkmale:**

1. die Vorliebe für ideale Ferne, für die Vergangenheit, für Geschichte und Sage,
2. eine positive Neuwertung des Mittelalters,
3. eine neue Verteidigung des Christentums, besonders des Katholizismus (viele protestantische Romantiker kehren zur katholischen Kirche zurück),
4. eine Besinnung auf das Heimische und das eigene Volkstum.

Wissenschaft

JOSEF GÖRRES (1776 bis 1848)

Görres ist ein universell begabter und auf allen Gebieten rastlos tätiger Feuergeist, der als Publizist, Literarhistoriker, Mythen- und Geschichtsforscher und Philosoph nach allen Seiten hin starke Impulse erteilt. Von glühendem Haß gegen Napoleon beseelt, wird er zunächst der Sprecher der deutschen Nation gegen die Franzosen. Seine Zeitschrift *Rheinischer Merkur* führt zur Zeit der Befreiungskriege den geistigen Kampf gegen die Franzosen so mutig und erfolgreich, daß sie Napoleon die fünfte Großmacht nennt. Darin verfocht Görres die Ideen einer christlichen Restauration, einer Wiederherstellung des Heiligen Römischen Reiches und die Wiederbetrauung der Habsburger mit der Kaiserwürde. Erbittert wandte er sich gegen die Abtretung Vorderösterreichs auf dem Wiener Kongreß, die von Metternich beschlossen und durchgesetzt wurde. Die volkstümlichen Bestrebungen der Heidelberger Romantik unterstützt er durch die wissenschaftliche Herausgabe der *Deutschen Volksbücher* (1807).

JAKOB (1785 bis 1863) und WILHELM (1786 bis 1859) GRIMM

Im Werk der **Brüder Grimm** gipfeln die Bemühungen der Romantik um die altdeutsche Literatur und Sprache. Sie sind die Begründer der Germanistik oder Deutschen Philologie, d. h. jener Wissenschaft, die sich die Ergründung der Dichtung und Sprache des deutschen Volkes als Aufgabe setzt.

Als Seitenstück und Ergänzung zu „Des Knaben Wunderhorn" von Achim von Arnim und Clemens Brentano, wie zur Herausgabe der deutschen Volksbücher durch Josef Görres, lassen die Brüder Grimm gemeinsam im Jahre 1812 eine Sammlung der deutschen *Kinder- und Hausmärchen* erscheinen, wodurch nun auch die Märchen zu einem dauernden Volksgut und zu einer bis in unsere Zeit wirkenden Stoff- und Formquelle für die deutsche Dichtung werden. Bald folgt dann auch eine Sammlung der *Deutschen Sagen* (1816).

Eine der wichtigsten Leistungen der Romantik besteht darin, daß sie das deutsche Volksgut (Märchen, Sage, Volksbuch und Volkslied) aus ihrer Versenkung zu dauerndem Leben innehalb des deutschen Geisteslebens erweckt.

Während sich Wilhelm vor allem der Märchen- und Sagenforschung widmet, wendet sich sein Bruder Jakob neben der Erforschung der *Deutschen Rechtsaltertümer* und der *Deutschen Mythologie* der deutschen Sprachgeschichte zu. In seiner *Deutschen Grammatik* und *Geschichte der deutschen Sprache* weist er die Verwandtschaft der verschiedenen germanischen Sprachen nach. Er ist auch der Entdecker der ersten Lautverschiebung. Gemeinsam begründen die beiden Brüder das gewaltige *Deutsche Wörterbuch* (ab 1852), das erst Anfang des Jahres 1961 beendet und dessen Neubearbeitung bereits wieder begonnen wurde.

Abb. 18: Jakob und Wilhelm Grimm.

Bildende Künste (1798 bis 1830)

Wie in der Zeit der Klassik haben Dichtung und Musik noch immer die Führung inne. Die bildenden Künste stehen in Abhängigkeit von den literarischen Ideen. Die Romantik will gemäß dem Universalgedanken über die Dichtung hinaus alle Künste, ja das gesamte menschliche Leben erfassen. Nach ihrem Sieg in der Literatur erobert sie die bildenden Künste, die in der Stoffwahl und der inneren Haltung von den Zielsetzungen der Dichtung bestimmt erscheinen.

Österreich und Deutschland

Wie die Dichtung besitzen die bildenden Künste:

1. eine Vorliebe für das **christliche Mittelalter,** die vor allem von Wilhelm Wackenroder, Ludwig Tieck und Friedrich Schleiermacher ausgelöst worden war;

   In der Malerei entsprechen dieser Vorliebe für das christliche Mittelalter die **Nazarener,** eine Künstlergruppe die in Form und Gefühl an Raffael Santi und Albrecht Dürer

Abb. 19: Josef von Führich: Gang Mariens über das Gebirge.

Abb. 20: Alfred Rethel: Der Tod als Triumphator.

Abb. 21: Moritz von Schwind: Erlkönig.

Abb. 22: Julius Schnorr von Carolsfeld: Der barmherzige Samariter.

Abb. 23: Caspar David Friedrich: Zwei Männer in Betrachtung des Mondes.

Abb. 24: Ludwig Richter: Brautzug.

Abb. 25: Carl Spitzweg: Der arme Poet.

anknüpften. Die Maler Franz Pforr und Friedrich Overbeck gründeten 1809 in Wien mit einigen Malern der Wiener Akademie den „**Bund der Lukasbrüder**" (Lukas soll nach dem Evangelium ein Maler gewesen sein und gilt als Schutzheiliger dieser Zunft). Ihr Ziel bestand darin, „jeder akademischen Manier (= klassizistische Malerei in der von Heinrich Füger geleiteten Wiener Akademie) zu entsagen, brüderlich zu leben und gemeinsam die Wahrheit zu suchen". Sie lebten ab 1812 in Rom in dem leerstehenden Kloster San Isidoro als die „Klosterbrüder von San Isidoro" in mönchischer Gemeinschaft. Da einige von den Mitgliedern dieses Malerkreises zum Katholizismus übertraten, hat der Maler J. A. Koch ihnen die spöttische Bezeichnung „Nazarener" gegeben. Sie strebten nach innig-kindlicher Frömmigkeit, wählten Motive aus der Bibel und der mittelalterlichen Dichtung für ihre Bilder. Zu ihnen gehören:

Friedrich Overbeck: geb. 1789 in Lübeck, gest. 1869 in Rom, leistete Bedeutendes als Zeichner: „Einzug Christi in Jerusalem", „Triumph der Religion in den Künsten".

Franz Pforr: geb. 1788 in Frankfurt, gest. 1812 in Albano bei Rom, behandelte Themen aus der mittelalterlichen Geschichte: „Einzug Kaiser Rudolfs in Basel", „Ballade des Grafen von Habsburg". Er schuf auch Zeichnungen zu Goethes Drama „Götz von Berlichingen".

Peter Cornelius: geb. 1783 in Düsseldorf, gest. 1867 in Berlin, schuf Illustrationen zu Goethes „Faust" und zu den „Nibelungen" und Fresken für die Glyptothek, die alte Pinakothek und die Ludwigskirche in München.

Josef von Führich: geb. 1800 in Kratzau in Böhmen, gest. 1876 in Wien. Werke: „Letztes Abendmahl" für das Refektorium der Kapuzinerkirche in Wien, „Christus am Ölberg" im Chor der Peterskirche in Wien, Kreuzwegfresken in der Johann Nepomuk-Kirche in Wien, Freskenzyklus vom „Ersten Schöpfungstag" bis zum „Jüngsten Gericht" in der Alt-Lerchenfelder-Kirche in Wien, „Johannes der Täufer" in der Altmannsdorfer Pfarrkirche hl. Oswald in Wien XII, Hochaltarbild in der Pfarrkirche zu Ebergassing, NÖ., „Hl. Aloysius" in der Pfarrkirche in Stockerau, NÖ., Wand- und Deckengemälde, teilweise nach Vorlagen von Führich, in der Urfahrer Pfarrkirche bei Linz, Votivbild in der Schatzkammer von Maria Dreieichen, NÖ., „Gang Mariens über das Gebirge" im Oberen Belvedere in Wien.

2. das Streben nach einer Wiederbelebung der **deutschen Vergangenheit,** besonders des ritterlichen Mittelalters mit seiner Pracht der Turniere und Burgen (Friedrich Baron de la Motte Fouqué, Clemens Brentano), der Sage (Fouqué und Grimm), des Volksliedes („Des Knaben Wunderhorn"), der Volksbücher (Ludwig Tieck, Josef Görres, Gustav Schwab) und der Geschichte (Ludwig Tieck, Clemens Brentano, Ludwig Achim von Arnim, Wilhelm Hauff);

   zu nennen sind hier:

   die romantischen **Historienmaler**

   ALFRED RETHEL (1816 bis 1859) mit seiner Bilderfolge aus dem Leben Karls des Großen und WILHELM KAULBACH (1805 bis 1874), der auch Illustrationen zu Goethes „Reineke Fuchs" geschaffen hat;

3. die Vorliebe für Schöpfungen der freien Phantasie und das **Märchen;**

   den großen Märchendichtern Jakob und Wilhelm Grimm, E. T. A. Hoffmann, Clemens Brentano und Wilhelm Hauff entsprechen

   die romantischen **Märchenmaler:**

   der Wiener MORITZ VON SCHWIND (1804 bis 1871), der Bilderreihen zu den Märchen „Die sieben Raben", „Das Aschenbrödel", „Die schöne Melusine" und die Bilder Rübezahl, Hochzeitsreise, Elfenreigen, Einsiedler, Morgenstunde schuf (Drei Wandgemälde an der Außenseite des Elisabeth-Stiftungshauses in Lauffen bei Gmunden; Entwürfe zur Ausmalung des Landhauses in Linz im Landesmuseum; Anregungen für die malerische und plastische Ausschmückung des Äußeren und Inneren der Wiener Staatsoper;

   JULIUS SCHNORR VON CAROLSFELD (1794 bis 1872), von dem eine Bilderbibel in 240 Holzschnitten und ein Zyklus von Darstellungen aus der Nibelungensage stammen;

4. einen Gefühlsüberschwang und die **Entgrenzung** der sichtbaren Welt;

   das Erleben der Weltseele in der Natur (Schelling), das Landschafts- und Freundschaftsgefühl (Josef Eichendorff) findet sich in der romantischen **Landschaftsmalerei** wieder. Der Horizont liegt in diesen Bildern gewöhnlich tief, sodaß der Blick des Beschauers in eine ins Unendliche und Jenseitige entgrenzte Welt gezogen wird).

Romantische **Landschaftsmaler** sind:

CASPAR DAVID FRIEDRICH (1774 bis 1840) mit den Bildern: Der Mönch am Meer, Das Kreuz im Gebirge, Vor Sonnenaufgang, Zwei Männer in Betrachtung des Mondes und

PHILIPP OTTO RUNGE (1777 bis 1810), dessen Hauptwerk die mystisch-symbolischen, religiös-pantheistischen „Vier Zeiten" – Morgen, Tag, Abend, Nacht – sind.

In der Spätromantik wandelt sich die weltweite Sehnsucht nach Unendlichkeit und Entgrenzung in die poetische Verklärung des täglichen Lebens. Die kosmischen Ideen fehlen, dafür finden wir Idyllen. Dieser **Übergang zur Biedermeiermalerei** kennzeichnet die Werke von LUDWIG RICHTER (1803 bis 1884) und CARL SPITZWEG (1808 bis 1885), die Genrebilder aus dem Leben des Kleinbürgertums in schlichter Einfalt und humorvoller Verklärung schufen.

Frankreich

Der romantische Stil setzte sich auch im übrigen Europa durch. In **Frankreich** wirkte damals EUGÈNE DELACROIX (1798 bis 1863), der großartige Historienbilder (Massaker von

Chios, Freiheit für das Volk, Medea, Tod des Sardanapal) malte und zu Goethes „Faust" Illustrationen entworfen hat.

Baukunst und Plastik

Auf dem Gebiet der **Baukunst** kam es zu Neubauten in neugotischem Stil (Schloß Neuschwanstein) und zu Restaurierungen bisher vernachlässigter Bauwerke aus alter Zeit (Vollendung und Wiederherstellung des Kölner Doms, Regotisierung der Augustiner- und Minoritenkirche in Wien). Eine **Plastik** in romantischem Stil gibt es nicht. Sie verharrt im klassizistischen Stil.

Musik

Auch die romantische Musik erscheint durch Ideen der Literatur bestimmt. Im Sinne der Entgrenzung strebt man nach einem Gesamtkunstwerk, wie es aber erst bei Richard Wagner erreicht wird. Manche Ziele der Romantik kommen in der Musik zu einem klareren Ausdruck als in der Dichtung. Die Musik vermag dem Unbewußten, Märchen- und Traumhaften, der Sehnsucht und dem Stimmungszauber besser gerecht zu werden als das Wort. So geben die Dichter selbst zu, daß die eigentlich romantische Kunst die Musik sei.

Sie strebt nach einer verfeinerten Orchestersprache, die jeder Seelen- oder Naturstimmung gerecht werden will. Die Hörnerpaare in der „Freischütz"-Ouvertüre, die gedämpften Streicher in Carl Maria Webers Ouvertüre zu „Euryanthe" oder das Gewisper der Holzbläser in seinem „Oberon" zeigen das charakteristische Merkmal der Melodik. Hierher gehört auch die Ausnützung der tiefen Lagen von an und für sich hohen Instrumenten und umgekehrt (beispielsweise die tiefen Klarinettentöne in der Wolfsschlucht-Szene und die Charakterisierung des bösen Geistes Samiel durch die tiefsten Flötentöne in der Oper „Freischütz"). Die bevorzugten Stoffgebiete erscheinen von der Literatur her bestimmt: Volksleben („Freischütz"), Ritterleben und Minne („Euryanthe" von Weber), Rittertum und Morgenland („Oberon" von Weber), Indien („Jessonda" von Spohr), Zigeuner und Spanien („Preciosa" von Weber).

Österreich und Deutschland

1. Oper

Die musikalische Romantik beginnt mit **E. T. A. Hoffmann** (1776 bis 1822), dessen Novellen auf alle Romantiker tiefen Eindruck gemacht haben. Seine „Undine" ist eine Zauberoper im Sinne der Romantik.

Carl Maria von Weber (1786 bis 1826) studierte in Salzburg, bei Michael Haydn, dem Bruder Joseph Haydns, und bei Abbé Vogler in Wien. In seiner erfolgreichsten Oper *Freischütz* wird ältestes Märchen- und Volksgut auf die Bühne gebracht und meisterlich musikalisch untermalt. Hier sind das Mondlicht und das Rauschen der Bäume Musik geworden. Im Auftrag des Pachters des Wiener Kärntnertortheaters entstand mit der Oper *Euryanthe* der erste Versuch, ein romantisches Gesamtkunstwerk zu schaffen. Leider setzte sich dieses musikalisch hervorragende Werk wegen des unglücklichen, süßlich verstiegenen Textes nie auf der Bühne durch. In das Reich der Elfen und in das Morgenland führt Webers letzte Oper *Oberon*. Von ihm stammt auch die Vertonung von Körners Gedichtsammlung „Leier und Schwert". Mit Weber beginnt der Siegeszug der deutschen Oper über die damals immer noch herrschende italienische.

Von Albert Lortzing (1801 bis 1851) stammen die außerordentlich bühnenwirksamen Opern *Zar und Zimmermann*, *Hans Sachs*, *Der Wildschütz*, *Undine* und *Der Waffenschmied*, die noch heute gespielt werden. Er ist der Vertreter der deutschen komischen Oper und versteht es, den Kleinbürger treffend musikalisch zu charakterisieren. Er verbürgerlichte und verbiedermeierte die romantische Welt, ähnlich wie dies Ludwig Richter innerhalb der Malerei tut.

Otto Nicolai (1810 bis 1849) ist mehrere Jahre hindurch in Rom Organist und in Wien Kapellmeister, wo er die Konzerte der Wiener Philharmoniker begründete. Noch heute lebt seine Oper *Die lustigen Weiber von Windsor*. Er ist auch als Komponist von Kirchenmusik bedeutend.

Abb. 26: Szenenfoto zu Webers Aufführung „Der Freischütz".

Friedrich von Flotow (1812 bis 1883) schrieb zahlreiche Opern, die den Einfluß der französischen komischen Oper zeigen. Seine kleinbürgerlich-rührsame Oper *Martha* wird heute noch gespielt.

Giacomo Meyerbeer (ursprünglicher Name: Jakob Liebmann Beer; 1791 bis 1864) bearbeitete in seinen bühnenwirksamen Opern geschichtliche Stoffe mit Pomp und Prunk. Seine Oper *Robert der Teufel*, 1831 zu Paris mit großem Triumph aufgeführt, erlebte in den ersten zwanzig Jahren nach der Erstaufführung 330 Aufführungen. Weitere noch heute gespielte Opern von ihm sind: *Die Hugenotten* und *Der Prophet*.

2. Lied

Neben der Oper steht als Hauptform der romantischen Musik das „Lied". Ihr Schöpfer ist der Wiener Lehrerssohn

Franz Schubert (1797 bis 1828), der dem Kreis um Franz Schober, Josef Spaun, Eduard Bauernfeld, Moritz v. Schwind und Leopold Kupelwieser angehörte. Als Siebzehnjähriger komponierte er *Gretchen am Spinnrad* (Text von Johann Wolfgang Goethe), wobei die Klavierbegleitung das Geräusch des Spinnrads imitiert und die sich ständig steigernde innere Erregung wiedergibt. Mit 18 Jahren vertonte er die Ballade *Der Erlkönig*, knapp darauf

Heidenröslein und *Wanderers Nachtlied* von Goethe. Viele seiner Lieder sind zu Volksliedern geworden (Heidenröslein, Am Brunnen vor dem Tore), einige sind kantatenmäßig komponiert (Prometheus). Der Liederzyklus *Die Winterreise* (24 Lieder) bringt Wehmut und Todessehnsucht ergreifend zum Ausdruck. Weitere Zyklen sind *Die schöne Müllerin* und der *Schwanen-*

Abb. 27: Franz Schubert am Klavier, um ihn Eduard Bauernfeld, Leopold Kupelwieser, die Schwestern Fröhlich, Moritz von Schwind, Josef von Spaun, J. M. Vogl und Franz Grillparzer.

Abb. 28: Robert Schumann-Gedenkzimmer.

gesang (Heinrich Heine). Seine 500 Klavierlieder haben das Lied zu einer Hauptgattung deutscher Musik gemacht, der das Ausland nichts Gleichwertiges an die Seite setzen kann. Außer Liedkompositionen schuf er Opern (*Alfons und Estrella*, *Fierabras*), Singspiele, sieben Messen (am bekanntesten die sogenannte *Deutsche Messe*), Chorwerke für Männerchor, neun

Symphonien, darunter die sogenannte *Unvollendete*, auch h-Moll-Symphonie genannt, acht Ouvertüren, Kammermusik, wie das berühmte „Forellenquintett", Sonaten und Militärmärsche.

Karl Loewe (1796 bis 1869) ist der Schöpfer der musikalischen Form der deutschen Ballade. Am bekanntesten sind seine Vertonungen der Balladen: Heinrich der Vogler, Erlkönig, Archibald Douglas, Edward, Der Wirtin Töchterlein, Der Nöck, Die nächtliche Heerschau, Prinz Eugen und Tom der Reimer.

Nachfolger Schuberts auf dem Gebiet der Liedkomposition sind Robert Schumann (1810 bis 1856), der etwa 150 Lieder, darunter Liederzyklen, wie „Frauenliebe und -leben", „Myrten", „Dichterliebe", „Eichendorff", „Chamisso" und Einzellieder (Ich grolle nicht, Waldgespräch, Der Nußbaum, Du meine Seele, du mein Herz usw.) komponierte, und

Felix Mendelssohn-Bartholdy (1809 bis 1847. Er komponierte 83 Lieder für eine Singstimme, Duette, gemischte Quartette und Männerquartette. Besonders bekannt sind: Auf Flügeln des Gesanges, Der Herbstwind rüttelt die Bäume, Es ist bestimmt in Gottes Rat, heute zum Volkslied geworden). Von beiden stammen auch bedeutende sinfonische Musikwerke.

Friedrich Silcher (1789 bis 1860) ist der Schöpfer romantischer Männerchöre. Er begründete die berühmte Liedertafel zu Tübingen. Einige seiner Chorlieder sind zum Volkslied geworden (Zu Straßburg auf der Schanz, Morgens muß ich fort von hier, Loreley).

3. Beethoven

Ludwig van Beethoven (1770 bis 1827) wurde 1770 zu Bonn geboren und entstammte einer Musikerfamilie (Großvater: Bassist und Dirigent; Vater: Sänger in der Hofkapelle des Kurfürsten zu Köln). Schon mit zwölf Jahren widmete er seinem Kurfürsten drei Klaviersonaten. 1784 wurde er 2. Hoforganist. Ab 1792 lebte er in Wien. Seine künstlerische Ausbildung erhielt er hier bei dem sechzigjährigen Joseph Haydn[1], daneben bei Schenk und Salieri. 1795 trat er in der Hauptstadt des damaligen Kaiserreiches zum ersten Mal als Klaviervirtuose auf. Durch Freiherrn van Swieten, den Sohn des berühmten Leibarztes der Kaiserin Maria Theresia, lernte er die Werke Johann Sebastian Bachs und Friedrich Georg Händels kennen. Er hat sie zeit seines Lebens neben denen von Wolfgang Amadeus Mozart[2], Joseph Haydn und Luigi Cherubini sehr geschätzt. Beethoven wurde vor allem durch Mitglieder des österreichischen Hochadels gefördert, wie von den Fürsten Esterházy, Lichnowsky, Lobkowitz, Kinsky und Erzherzog Rudolf. Den Gipfel seiner Popularität erreichte er in den Jahren 1814 und 1815, zur Zeit des Wiener Kongresses, für dessen Eröffnungsfeier er die Kantate „Der glorreiche Augenblick" komponierte. Als er am 26. März 1827 starb, wurde er von den Spitzen des Wiener Kulturlebens, wie Franz Grillparzer, der die Grabrede hielt, Franz Schubert, Ferdinand Raimund, Nikolaus Lenau, zu Grabe getragen. 20000 Menschen säumten damals den Weg des Leichenzuges.

Beethoven ist vor allem Instrumentalmusiker, der größte Rhythmiker aller Zeiten und ein ausgeprägter Dynamiker. Er ist Klassiker und Romantiker. Romantiker ist er vor allem in seinen Klavierwerken, wie der cis-Moll-Sonate, der A-Dur-Sonate, op. 101, der Hammerklaviersonate und in seinen Streichquartetten (in den letzten 5 Quartetten, ab op. 127). Romantische Anklänge finden wir auch in seinen Ouvertüren (zu „Egmont", zu „Coriolan"), in der VI. Sinfonie (Pastorale: meisterhafte Wiedergabe eines Gewitters, Nachahmung der

[1] Siehe Seite 177, I. Teil.
[2] Siehe Seite 177, I. Teil.

Wachtelschläge und Kuckucksrufe) und in der IX. (Verbindung von Instrumentalmusik mit Gesang!). **Werke:** a) *Oper*: „Fidelio", 1805 in Wien; b) *Chorwerke*: 2 Messen (berühmt: Missa solemnis), 2 Kaiserkantaten u. a.; c) *Orchesterwerke*: 9 Sinfonien, Ouvertüren, 12 Deutsche Tänze, 12 Menuette usw., 5 Klavierkonzerte und 1 Violinkonzert; d) *Kammermusik*: 2 Quintette, 16 Streichquartette, 5 Streichtrios, 2 Oktette für Bläser u. a.; e) *Klavierwerke*: Sonaten, Menuette, Ländler, Polonaise u. a.; f) *Gesangswerke*: 66 Lieder, 7 Hefte englischer, schottischer und walisischer Lieder u. a.

Abb. 29: Ludwig van Beethovens Arbeitszimmer im „Schwarzspanierhaus" in Wien IX.

Das übrige Europa

Zu Beginn der Romantik herrscht in Österreich und Deutschland zunächst noch immer die italienische Oper, dargestellt von italienischen Operntruppen, die die Höfe in Wien, Berlin, München und Dresden den deutschen vorziehen. Erst mit dem „Freischütz" und im Zusammenhang mit dem in den Freiheitskriegen erwachenden deutschen Nationalbewußtsein setzt sich die deutschsprachige Oper durch. Die italienischen Ensembles werden nun durch deutsche ersetzt. Aber gegen Ende der Romantik beherrschen die Franzosen und Italiener die Bühnen Österreichs und Deutschlands wieder vollkommen, obwohl auch sie unterdessen in den Bann der deutschen Romantik geraten sind. Folgende romantische Musik des Abendlandes ist heute noch lebendiges Kulturgut:

Die Klavierstücke des **Frédéric Chopin** (1810 bis 1849), der als Sohn eines Franzosen und einer Polin in Warschau geboren wurde, auf seiner ersten Konzertreise im Jahr 1839 im Wiener Kärntnertortheater zwei erfolgreiche Konzerte gab, in Paris lebte und in dessen Musik sich französischer Geist, slawisches Temperament und deutsche Innerlichkeit mischen,

die geniale Kirchenmusik, vor allem die große Messe in f-Moll des Florentiners **Luigi Cherubini** (1760 bis 1842), doch nicht mehr seine in ihrer Zeit außerordentlich erfolgreichen und auch von Goethe und Beethoven geschätzten Opern (bei einem Aufenthalt in Wien trat Cherubini übrigens mit Haydn und Beethoven in persönlichen Verkehr und schrieb auf Haydns Tod eine Trauerkantate);

die großen, Kaisertum und Napoleons Ruhm verherrlichenden Opern des Florentiners **Gasparo Spontini** (1774 bis 1851) in ihrem Einfluß auf die Prunkopern Meyerbeers und auf das Schaffen Richard Wagners;

die komische Oper *Fra Diavolo* und die leidenschaftlich-revolutionäre Oper *Die Stumme von Portici* des Franzosen **Daniel F. E. Auber** (1782 bis 1871);

die Oper *Margarete*, deren Textbuch nach Goethes „Faust" verfaßt ist, des Parisers **Charles Francois Gounod** (1818 bis 1893);

die im Text Motive aus Goethes „Wilhelm Meister" benützende Oper *Mignon* von dem Franzosen **Ambroise Thomas** (1811 bis 1896);

die an kunstvollen Koloraturarien reichen Opern *Der Barbier von Sevilla*, *Othello* und *Wilhelm Tell* von **Gioacchino Rossini** (1792 bis 1868);

die lyrisch-romantische Oper *Norma* von **Vincenzo Bellini** (1801 bis 1835);

die drei komischen Opern *Der Liebestrank*, *Die Regimentstochter* und *Don Pasquale* von **Gaetano Donizetti** (1797 bis 1848);

die sinfonische Musik des Franzosen **Hector Berlioz** (1803 bis 1869), ohne den Franz Liszt, Richard Wagner und Richard Strauss undenkbar wären;

und schließlich die Jugendwerke des größten italienischen Opernkomponisten des 19. Jahrhunderts **Giuseppe Verdi**[1] (1813 bis 1901), nämlich *Nabucco*, *Ernani* und *Rigoletto*. Seine späteren Opern greifen bereits über die Romantik hinaus.

Die Weltliteratur in der Zeit der Klassik und Romantik

Die einzelnen europäischen Literaturen haben sich nicht getrennt voneinander entwickelt, sondern unter gegenseitiger Wechselwirkung inmitten eines regen und fortdauernden internationalen geistigen Verkehrs. Die geistige Einheit Europas erscheint bestimmt durch gemeinsame Geistesströmungen, durch gleiche oder ähnliche kulturelle Faktoren, durch den innigen Austausch von Motiven und Formen und nicht zuletzt durch den gemeinsamen Einfluß, den der Orient (Sagen, Märchen und Bibel) ausgeübt hat. Doch innerhalb der europäischen Dichtung hat immer wieder abwechselnd eine Nationalliteratur eine literarische Hegemonie ausgeübt. Anderseits standen zeitweise einzelne europäische Literaturen in besonders engem Kontakt miteinander (z. B. die skandinavischen Literaturen oder die des Donauraumes) und bildeten eigenständige Literaturprovinzen.

Im Mittelalter besitzt **Frankreich** (Ritterdichtung: Chrestien de Troyes) die Führerstelle innerhalb Europas. In der Zeit von 1450 bis 1600 übernimmt **Italien** die literarische Vorherrschaft (Renaissance, Francesco Petrarca, Giovanni Boccaccio, Lodovico Ariost und vorher Dante)[2]. – In der ersten Hälfte des 17. Jahrhunderts, in der Barockzeit, tritt als dritte Führerin in der Weltliteratur **Spanien** auf, das lange im Schlepptau der italienischen Dichtung gewesen ist (Miguel Cervantes, Amadisroman, Schelmenroman, Calderon de la Barca, Lope de Vega)[3]. – In der zweiten Hälfte des 17. Jahrhunderts hat neuerlich **Frankreich** die literarische Hegemonie in Europa inne. (Grand siècle de Louis XIV: Pierre Corneille, Jean Racine und Molière)[4]. In der Zeit der Aufklärung tritt neben das seine Führerstelle behauptende

[1] Siehe auch Seite 133.
[2] Siehe Seite 31, I. Teil.
[3] Siehe Seite 149 und 110, I. Teil.
[4] Siehe Seite 153, I. Teil.

Frankreich (Denis Diderot, Voltaire, Jean Jacques Rousseau[1]) zum ersten Mal auch **England** (David Hume, John Locke, erste Vollendung des Prosaromans mit Samuel Richardson, Henry Fielding, Laurence Sterne, Oliver Goldsmith und Jonathan Swift[2]). In der Zeit der deutschen Klassik und Romantik tritt als fünfte literarische Weltmacht **Deutschland** neben Frankreich, Italien, Spanien und England. Dementsprechend ist der Einfluß der ausländischen Literatur auf die deutsche in dieser Zeit unbedeutend. Im Gegenteil: die Romantik greift vom deutschen Sprachraum aus auf die anderen europäischen Literaturen über. Erst ab 1875 nehmen dann auch andere Völker am gemeinsamen Bau der europäischen Weltliteratur teil, nämlich die skandinavischen, slawischen und transatlantischen Nationen, die bis dorthin nur eine nehmende und keine gebende Stellung eingenommen haben.

So stehen die nicht-deutschschreibenden Dichter in der Zeit der Klassik und Romantik deutlich unter deutschem Einfluß.

England

Die Begründer der **englischen Romantik** sind die Dichter der Seeschule („**School of the Lake**“, 1797 gegründet), so genannt, weil sie längere Zeit zusammen an den Seen Cumberlands lebten. Zu ihnen gehören William **Wordsworth,** Samuel **Coleridge** und Robert **Southey.**

William Wordsworth (1770 bis 1850)

empfing auf einer Deutschlandreise 1799 starke Eindrücke von der deutschen Romantik. Er ist der Entdecker der englischen Seelandschaft. Mit seinem Freund Coleridge gab er die *Lyrical Ballads* heraus. Seine Lyrik wendet sich bewußt von der Aufklärung ab und besitzt eine pantheistische, die Natur verklärende Haltung. Zu dem Drama *The Borderers* wurde er durch Schillers „Räuber“ angeregt. Er ist der größte englische Sonettendichter seit dem 17. Jahrhundert.

Samuel Taylor Coleridge (1772 bis 1834)

ist von der Französischen Revolution begeistert und hat den Plan, mit seinem Freund Robert Southey ein kommunistisches Gemeinwesen in Amerika zu gründen. Wie Wordsworth wird er durch den Verlauf der Revolution enttäuscht. Sein dichterisches Werk zeigt ein Überwiegen von Traum, Phantasie, Exotik, Magie und Musik. Er ist der bedeutendste Literaturkritiker der englischen Romantik und hat Schillers „Wallenstein“ ins Englische übersetzt.

Lord Byron (1788 bis 1824)

Sein Werk stellt den Höhepunkt der englischen Romantik dar. Goethe empfand ihn als ebenbürtig und hat ihm in der Gestalt des Euphorion im „Faust“ ein dichterisches Denkmal gesetzt. 1824 beteiligte er sich am Freiheitskrieg der Griechen gegen die Türken und starb bei Missolunghi an Malaria. Sein poetisches Reisetagebuch *Childe Harold's Pilgrimage* machte ihn berühmt. Die Versdramen *Manfred, Cain, Don Juan* und Versepen *The Corsair* (Der Korsar), *Lara* sind von innerer Zerrissenheit und tiefem Pessimismus erfüllt. Er hat die romantische Bewegung in Frankreich, die deutsche Spätromantik und vor allem die Dichtungen der slawischen Völker stark beeinflußt. Sein Weltschmerz gab später (1830 bis 1848) einer ganzen Epoche den Namen **Byronismus.**

Thomas Moore (1779 bis 1852)

Er war Ire und wurde durch seine volksliederartigen Gedichte *Irish Melodies* berühmt. *Lalla Rockh* ist ein Romanzenzyklus orientalischer Märchenstoffe.

---

[1] Siehe Seite 217, I. Teil.
[2] Siehe Seite 178, I. Teil.

Sir Walter Scott (1771 bis 1832)

Die Begeisterung für das Mittelalter und das Erwachen des Historismus sind die Grundlagen, auf denen sich jener Typ des historischen Romans entwickelte, der die großen geschichtlichen Persönlichkeiten in den Hintergrund rückt und im Vordergrund an Hand von erfundenen Romanhelden breite geschichtliche Kulturbilder entwirft. Der Begründer dieses modernen historischen Romans ist Walter Scott.

Er verfaßte 29 Romane und beeinflußte mit der von ihm begründeten Romangattung Europa (Wilhelm Hauff, Viktor Scheffel, Willibald Alexis, Victor Hugo, Alessandro Manzoni). Goethe hat seine Romane sehr geschätzt. Durch die Romanze *The Lay of the Last Minstrel* (Das Lied vom letzten Minnesänger) wurde er einer der beliebtesten englischen Dichter seiner Zeit. Der Schottenkönig Jakob V., der sich als Fitz-James auf der Hirschjagd verirrt und der von ihm verbannte und durch die Fürbitte seiner Tochter begnadigte Douglas sind die Helden der poetischen Erzählung *The Lady of the Lake* (Die Frau vom See). Bedeutende Romane: *Waverley*, *Ivanhoe* (ein Roman über Richard Löwenherz), *Kenilworth* (im Mittelpunkt stehen Maria Stuart und Elisabeth), *Quentin Durward* (darin tritt Ludwig XI. von Frankreich auf).

Frankreich

Die französische Romantik wird von

François René Vicomte De Chateaubriand (1768 bis 1848)

eingeleitet. In seinem Hauptwerk *Le génie du Christianisme* (Der Geist des Christentums) schildert er den Zerfall der heidnischen und den Sieg der christlichen Welt. Seine religiösen und politischen Auffassungen sind hierbei denen Friedrich Schlegels ähnlich, so wenn er das Christentum als Voraussetzung zur Entfaltung der Persönlichkeit ansieht. Großen Erfolg hatten seine sentimentalen Erzählungen *Atala* und *René*, ein Seitenstück zu Goethes „Werther". In seinen *Memoiren* („Mémoires d'Outre-Tombe") schildert er die Pariser Gesellschaft. Neben Chateaubriand kann als Theoretiker der französischen Romantik

Madame de Staël (1766 bis 1817)

bezeichnet werden. Sie war die Tochter des letzten Finanzministers Ludwigs XVI. vor der Französischen Revolution, mußte wegen ihrer Gegnerschaft zu Napoleon Frankreich verlassen und lebte lange im Ausland (Deutschland, Italien, Rußland, Schweden, Coppet am Genfersee). Ihr Hauptwerk *De l'Allemagne* erschloß ihrem Vaterland die deutsche Literatur. Sie lernte in Weimar Johann Wolfgang Goethe und Friedrich Schiller kennen und hatte August Wilhelm Schlegel zum Sekretär. In ihren *Considérations sur la Révolution française* (Betrachtungen über die Französische Revolution) gibt sie der Meinung Ausdruck, daß soziale Gründe die Ursache der Revolution waren.

Victor Hugo (1802 bis 1885)

In seinen *Odes et Ballades* (Oden und Balladen) huldigte er den Bourbonen, unterstützte 1848 die Kandidatur Louis Napoleons zum Präsidenten, dem er als Politiker jedoch nicht gewachsen war. Daher mußte er emigrieren. Im Triumph kehrte er als politischer Staatsdichter der III. Republik wieder in sein Vaterland zurück. Weitere Gedichtsammlungen *Les feuilles d'Automne* (Herbstblätter) und *Les Rayons et les Ombres* (Sonnenstrahlen und Schatten).

Die programmatische Vorrede zu seinem Drama *Cromwell* gilt als Manifest der romantischen Schule, wobei er sich gegen die Regel von den drei Einheiten des Dramas ausspricht. Der Stoff des Dramas *Hernani* wurde von Giuseppe Verdi als Oper unter dem Titel „Ernani" vertont. Weitere Dramen: *Le roi s' amuse* (Der König unterhält sich), *Ruy Blas* usw. Das Paris des 15.

Jahrhunderts schildert Hugo in dem historischen Roman *Notre Dame de Paris*, 1831, (Der Glöckner von Notre Dame), mit dem er Weltruf erlangte. Weitere Romane: *Les Misérables*, *Les Travailleurs de la mer*.

ALEXANDER DUMAS (1803 bis 1870)

Sein erfolgreiches Drama *Henri III et sa cour* (Heinrich III. und sein Hof) ist eine Reaktion gegen den Klassizismus. Dumas Vater schrieb mehr als 60 Stücke. Von seinen zahlreichen Romanen sind *Le Comte de Monte-Christo* (Der Graf von Monte Christo) und *Les trois Mousquetaires* (Die drei Musketiere) noch heute bekannt. Sie wurden verfilmt.

EUGÈNE SCRIBE (1791 bis 1861)

schrieb mehr als 500 Stücke, wobei er oft einen historischen Hintergrund wählt. Noch heute wird *Le verre d'eau* (Ein Glas Wasser) aufgeführt.

Italien

VITTORIO ALFIERI (1749 bis 1803)

Er bildete sich während langer Reisen durch Europa und schildert in *Vita* (Mein Leben) sein Leben. In Paris wurde er Zeuge der Französischen Revolution und feierte in einer Ode den Sturm auf die Bastille. Mit seinen 22 Tragödien (*Antigone*, *Agamemnon*, *Orest*, *Maria Stuart*, *Saul*) wollte er auf klassizistischer Grundlage ein nationalitalienisches Theater schaffen.

ALESSANDRO MANZONI (1785 bis 1873)

In seinen *Inni sacri* (Heilige Hymnen) erinnert er an die Lyrik eines Novalis oder einer Annette Droste-Hülshoff. Napoleon war für ihn ein Werkzeug göttlicher Vorsehung („Ode auf den Tod Napoleons" – übersetzt von Johann Wolfgang Goethe und später von Paul Heyse). Die Ziele der italienischen Romantik legte er in theoretischen Untersuchungen dar. Da er die Ungebundenheit der Form und die Verwendung von Gespenstermotiven im Gegensatz zur deutschen Romantik ablehnte, mutet die italienische Romantik klassisch an. Seine theoretischen Erwägungen werden in dem in Mailand des 17. Jahrhunderts spielenden Roman *I promessi sposi* (Die Verlobten) verwirklicht. Dieser Roman ist im Stil Walter Scotts geschrieben.

GIACOMO LEOPARDI (1798 bis 1837)

Seine Lyrik drückt bei klassischer Formgebung romantischen Weltschmerz aus.

SILVIO PELLICO (1789 bis 1854)

schrieb das historische Trauerspiel *Francesca da Rimini*. Zu den volkstümlichsten Büchern Italiens gehört allerdings die Schilderung seiner politischen Gefängniszeit („Le mie prigioni" = Meine Gefangenschaft).

Dänemark

HANS CHRISTIAN ANDERSEN (1805 bis 1875),

zu Odense als Sohn eines Schuhmachers geboren, erhielt von seinen Auslandsreisen (Deutschland, Frankreich, Schweiz, Italien, Österreich – Wien besuchte er wiederholt und schloß Freundschaft mit Franz Grillparzer, Ignaz Castelli und Eduard Bauernfeld –, Orient) viele Anregungen und wurde von der dänischen und deutschen Romantik beeinflußt. Durch seine **Märchen** errang er Weltruf. Er übersetzte auch Ferdinand Raimunds Werke ins Dänische.

Polen

ADAM MICKIEWICZ (1798 bis 1855)

studierte an der Universität in Wilna, war Lehrer in Kowno, Professor für klassische Philologie in Lausanne und Professor der slawischen Literatur in Paris. Mit dem patriotischen Gedicht *Grazyna* und dem Fragment *Dziady* überwand er die bisher in Polen vorherrschende französisch-klassizistische Richtung und leitete die unter deutschem und englischem Einfluß stehende polnische Romantik ein. Großartige Naturschilderungen bieten seine *Sonette aus der Krim*. Das historische Epos *Konrad Wallenrod* erzählt von dem Litauer, der, um das Vaterland am Deutschen Orden zu rächen, sich unter erlogenem Namen als Großmeister einschleicht, jedoch seinen heroischen Verrat mit dem Leben büßt. Sein Meisterwerk ist *Pan Tadeusz*, ein ländliches Epos. Mickiewicz wird der „polnische Byron" genannt. Er traf in Weimar auch mit Goethe zusammen.

Rußland

Anschluß an die europäische Literatur fand im Zeitalter der Romantik auch die russische, für deren Entwicklung es von tiefgreifender Bedeutung war, daß sie an der europäischen Renaissance nicht teilgenommen hatte.

ALEXANDER PUSCHKIN (1799 bis 1837)

zeigte sich in seinem Jugendwerk stark von Lord Byron beeinflußt. Er verfaßte außer lyrischen Gedichten Verserzählungen, wie *Die Zigeuner* und *Boris Godunow*, vertont von Modest Mussorgski, die erste gültige russische Tragödie (im Geist William Shakespeares). Weltruf errang er mit seinem im Byronstil geschriebenen Epos *Eugen Onegin* (1831), das dem Textbuch zu der gleichnamigen Oper von Peter Tschaikowski zugrunde liegt. In dem Roman *Die Hauptmannstochter* gestaltete er den Kosakenaufstand des falschen Peter III. unter der Zarin Katharina II. der Großen. Zu den Meisterwerken der russischen Literatur zählen seine Novellen, wie *Pique Dame*, später vertont von Peter Iljitsch Tschaikowski, der *Postmeister*, das *Fräulein als Bäuerin*.

Über die Romantik hinaus führt das Werk des Ukrainers

NIKOLAJ GOGOL (1809 bis 1852),

der zum Wegbereiter des Realismus wurde. Seine Erzählungen *Abende auf dem Vorwerk bei Dikanka* sind romantisch-humorvolle Geschichten aus dem ukrainischen Volksleben. *Taras Bulba* schildert in prächtigen Farben altes Kosakentum. In seinen *Petersburger Novellen* befaßt er sich mit dem Problem des Städters. Von Alexander Puschkin angeregt, war sein bekanntestes, auch heute noch oft gespieltes Lustspiel im Molière-Stil *Der Revisor*, in dem er die zerrütteten bürokratischen Zustände seines Vaterlandes satirisch beleuchtet. Das russische Leben wird in satirischer Weise auch in seinem Hauptwerk, dem Roman *Die toten Seelen*, dargestellt.

Nordamerika

EDGAR ALLAN POE (1809 bis 1849)

zählt zu den originellsten Dichtern der amerikanischen Romantik. Er schreibt **phantastische Schauergeschichten.** Von seinen Detektivromanen mit dem Meisterdetektiv August Dupin geht die moderne Detektiverzählung aus („Bluttat in der Rue Morgue", das „Geheimnis von Marie Rogets Tod" usw.) Ein Virtuose des Grauens ist er in seinen Erzählungen „Der schwarze Kater", „Der Schacht und das Pendel" und „Der Malstrom".

Die Romantik bei den Tschechen, Ungarn, Südslawen vgl. Seite 148f.

DIE FRÜHROMANTIK (1798 BIS 1804)

I. Die Theoretiker der Frühromantik

August Wilhelm Schlegel (1767 bis 1845)

Als Sohn des dem Kreis der Bremer Beiträger angehörigen Dichters Johann Adolf Schlegel wird August Wilhelm Schlegel im Jahr 1767 in Hannover geboren. Nach theologischen und philosophischen Studien in Göttingen wird er Universitätsprofessor – zunächst in Jena (1796 bis 1801), dann in Berlin. Später ist er Reisebegleiter und Erzieher der Kinder der berühmten französischen Dichterin Madame de Staël, mit der er auch nach Wien kommt. Ab 1819 lebt er als Professor der Literatur in Bonn, wo er im Jahr 1845 stirbt.

Neben seinem Bruder, mit dem er gemeinsam die Zeitschrift *Athenäum* (3 Bände, Berlin, 1798 bis 1800) herausgibt, ist er der bedeutendste **Theoretiker** und **Organisator** der deutschen Frühromantik. Als meisterhafter **Übersetzer** wird er zu einem der größten Vermittler fremder Weltliteratur innerhalb des deutschen Sprachraumes. Er übersetzt italienische (Dante Alighieri, Francesco Petrarca, Giovanni Boccaccio, Lodovico Ariosto, Torquato Tasso, Battista Guarini), spanische (Jorge de Montemayor, Miguel Cervantes), portugiesische (Luiz de Camoes) und indische Dichtungen ins Deutsche. Durch seine Übertragung von fünf Dramen **Calderons** legt er den Grund zu jener begeisterten Verehrung des spanischen Dramas, die für das erste Drittel des 19. Jahrhunderts so bezeichnend und bedeutungsvoll ist. Sein Meisterwerk aber ist die metrische Übersetzung von 17 Shakespearedramen. Die übrigen Theaterstücke dieses Dramatikers werden nach Schlegels Vorbild von Ludwig Tieck, dessen Tochter Dorothea und deren Bräutigam Wolf Baudissin übertragen. Durch diese *Schlegel-Tiecksche Shakespeareübersetzung* (1797 bis 1833) wird William Shakespeare sozusagen zu einem „deutschen Dichter" (siehe auch Teil I, Seite 112).

August Wilhelm Schlegels umfassende Kenntnis der Weltliteratur und sein ästhetisches Einfühlungsvermögen zeigen auch seine literarhistorischen Charakteristiken. Indem er in ihnen als selbständiger Schüler Gottfried Herders den Bedingungen, unter denen die besprochenen Werke entstanden sind, nachforscht, wird er ein **Mitbegründer** der modernen **Literaturwissenschaft.** In seinen *Vorlesungen über schöne Literatur und Kunst*, die er in Berlin (1801 bis 1804), und namentlich in den *Vorlesungen über dramatische Kunst und Literatur*, die er im Jahr 1808 in Wien hält, bringt er als erster in großartiger Anlage und Durchführung die Geschichte einer literarischen Entwicklung. Durch sein Eintreten für die deutsche Literatur des Mittelalters, vor allem für das Nibelungenlied, das er mit der Ilias vergleicht, hat Schlegel die Schätzung der mittelalterlichen Poesie, die Forderung einer bodenständigen, nationalen Kunst in weitere Kreise getragen und so der günstigen Aufnahme der neuen romantischen Dichtung vorgearbeitet.

Friedrich Schlegel (1772 bis 1829)

Im Jahr 1772 in Hannover geboren, ist Friedrich Schlegel zunächst der Mitarbeiter seines Bruders bei der theoretischen Begründung der Romantik in Jena und Berlin, wo er mit Johann Gottlieb Fichte und Friedrich Schleiermacher eng befreundet ist und die geschiedene Dorothea Veit, die Tochter Moses Mendelssohns, heiratet. Er tritt 1808 zur katholischen Kirche über und nimmt Dienste in der österreichischen Hof- und Staatskanzlei an. 1809 verfaßt er im Hauptquartier Erzherzog Karls patriotische Aufrufe gegen Napoleon und ist Schriftleiter der „Armeezeitung" und des „Österreichischen Beobachters". 1815 ist er als österreichischer Legationsrat bei der Gesandtschaft am Frankfurter Bundestag tätig. 1820 gründet er die christlich-romantische Zeitschrift „Concordia" in Wien, die das Hauptorgan der Wiener Gruppe der Romantik wird. In Dresden, wohin er sich begeben hat, um Vorlesungen über die Philosophie des Lebens zu halten, stirbt er 1829.

Friedrich Schlegel ist mehr geistvoller Anreger und Analytiker als Dichter, ein Mensch voller Unruhe, ohne Ausdauer und inneren Halt. Immer ist er geistvoll, sprühend, doch allen auf ihn einströmenden fremden Einwirkungen unterwirft er sich lässig.

Er ist der **Haupttheoretiker** der Frühromantik. In seinen im Athenäum im Jahr 1798 erschienenen *Fragmenten* fordert er eine „progressive Universalpoesie", die romantische Ironie und überspitzten Subjektivismus.

In vielen Zeitschriftenaufsätzen und in den in Wien (1812) gehaltenen Vorlesungen über die *Geschichte der alten und neuen Literatur* verteidigt er die romantischen Programmpunkte und setzt sich für die alten Griechen, für Dante Alighieri, William Shakespeare, Johann Wolfgang Goethe, Lodovico Ariosto, Torquato Tasso, Francesco Petrarca und Miguel Cervantes ein, die er als Vorläufer der Romantik empfindet und schildert. Seine Schrift *Über die Sprache und Weisheit der Inder* (1808) bildet den Ausgangspunkt für die spätere orientalische und die vergleichende Sprachwissenschaft.

Als Dichter schreibt Friedrich Schlegel **Gedichte,** die ähnlich wie die seines Bruders durch eine Überbetonung der Form gekennzeichnet sind, und das **Romanfragment** *Lucinde* (1799), das die überkommene Romanform sprengt und eine lockere Aneinanderreihung von Briefen, Betrachtungen, Allegorien, Märchen, Erzählungen und Dialogen ist.

II. Die Dichter der Frühromantik

Ludwig Tieck (1773 bis 1853)

Als Sohn eines gebildeten Seilermeisters wird Tieck im Jahre 1773 in Berlin geboren. Nach seinen Studien der Geschichte, der Sprachen und Literatur schließt sich der dichterisch und schauspielerisch hochbegabte junge Mann den Frühromantikern in Jena (1799 bis 1800) an, nachdem er vorher in Berlin als Schriftsteller im Dienst der Aufklärung (Buchhändler Friedrich Nicolai) gestanden ist. Nach einem unruhigen Leben, das ihn bis England, Italien und Frankreich führt, läßt er sich dauernd in Berlin nieder. Hier stirbt er im Jahr 1853.

Ludwig **Tieck** ist der erfolgreichste und angesehenste Dichter der Frühromantik. Nachdem er den Glauben an die Richtigkeit der streng verstandesmäßigen Ideale der Aufklärung, der er in seinen Anfängen anhing, verloren hat, sucht er sich neue Ideale – zunächst in der altdeutschen Vergangenheit, dann im Christentum. Schließlich gerät er in den Bann der um 1830 neu heraufkommenden Wirklichkeitsdichtung, des sogenannten Frührealismus.

Seine dichterischen **Anfänge** zeigen die innere Unsicherheit eines Anhängers der Aufklärung, der den Glauben an ihre rationalen Ideale verloren hat und fürs erste in völlige Glaubenslosigkeit und geistlose Triebhaftigkeit abzusinken droht. Dieser Blick in den drohenden Abgrund nihilistisch-skeptisch entwurzelter Haltlosigkeit erfüllt den jungen Dichter mit innerer Unruhe, Angst, Melancholie, Schwermut und Weltschmerz. Seine literarischen Vorbilder bei der Darstellung seiner inneren Situation werden William Shakespeare mit seinem „Hamlet", Andreas Gryphius, Voltaire, Jean Jacques Rousseau, besonders aber der „Werther" und das Faustfragment von Johann Wolfgang Goethe. Aus dieser seelischen Not heraus entstehen die ersten Werke Tiecks, die uns eine **Schauerromantik** bieten.

So ist *Der blonde Eckbert* (1797) die Geschichte eines Ritters, der seine von einer Märchenhexe erzogene Schwester heiratet. Letztere hat der Hexe Perlen und Edelsteine

Abb. 30: Ein Abend bei Ludwig Tieck in Dresden.

geraubt, wird in der Ehe von Unruhe und Reue erfaßt und stirbt. Eckbert wird zum Mörder, verliert die Empfindung dafür, ob er träume oder wache, sodaß er im Wahnsinn dahinsiecht. Der Ermordete erscheint ihm immer wieder in neuer Gestalt, in die sich die von seiner Schwesterfrau betrogene Hexe verwandelt hat. In diesem Märchen erscheinen die Grenzen zwischen Wirklichkeit und Phantasie verwischt. Mit hoher Stimmungskunst wird das Schaurig-Unheimliche der Natur in einer Prosa und Poesie mischenden Erzählform dargestellt, indem sachlicher Prosabericht mit lyrisch-musikalisch gestalteter Prosa wechselt und stimmungsgeladene Lieder eingestreut sind.

Andere derartige Märchen sind: *Der getreue Eckart und Tannhäuser* (1797) und vor allem *Der Runenberg* (1797), in dem die Naturdämonie, die berückende und zerstörende Macht der als Organismus vorgestellten Natur dargestellt wird (Christian, ein Gärtner, wird von Sehnsucht nach den Bergen erfaßt, wird wahnsinnig und vom Berg verschlungen).

Aus dem drohenden Abgrund rettet sich Tieck zunächst durch seine **Flucht in Scherz und Ironie.** Dieses Ausweichen vor ernsthafter Lösung seiner Zweifel stellt eine Art Galgenhumor dar. Seine Flucht in die romantische Ironie ist der Notbehelf eines glaubenslosen Melancholikers und Nihilisten. Auf dieser Entwicklungsstufe schreibt der Dichter ironische **Scherzkomödien** und **Märchenkomödien.** Eine Flucht in den Scherz eines kindlich-volkstümlichen Stils, in ein literarisches Spiel bedeuten Tiecks Nacherzählungen deutscher **Volksbücher.** Dazu treten Gedichte im Ton und in der Haltung der deutschen **Spielmannsdichtung.** Ein **zweiter** Versuch Tiecks, aus seiner Glaubenslosigkeit herauszufinden, erfolgt in seiner **ernsthaften Flucht** in das **Christentum.** Die Sehnsucht nach Erlösung aus dem Nihilismus und nach einem wahren Glauben lenkt Tiecks Blick in die Vergangenheit. Das glaubensstarke Mittelalter wird zum natürlichen Wunschbild der glaubenslosen Gegenwart.

Neben dieser ersten Dichtung steht ein Riesenwerk, das den Gipfel, die poetische Summe der frühromantischen Zeit darstellt, nämlich der *Kaiser Oktavianus*, ein Lustspiel in 2 Teilen (1804). Jeder einzelne Teil dieser romantischen Universaldichtung überschreitet den Umfang eines klassischen Dramas. Erst hier überwindet der christliche Glaube die glaubenslose Schauerromantik des jungen Tieck zur Gänze. Der Glaube verwandelt die Dunkelheit der Wirklichkeit in den schimmernden Märchentraum der romantischen Welt: in Poesie.

Schauplatz des Geschehens ist der ganze Erdkreis der mittelalterlichen Christenheit. **Der Stoff** des Dramas ist dem alten Volksbuch entnommen. (Kaiser Oktavian verstößt auf die verleumderische Anklage seiner Mutter hin seine junge Frau mit ihren zwei Söhnen. Ein Affe raubt der einsam durch den Wald irrenden Mutter das eine, ein Löwe das andere Kind. Doch beide Kinder gelangen schließlich, zwar getrennt voneinander, in guter Menschen Hände und werden zu ehrlichen Rittern erzogen. Im Kampf gegen die Heiden treffen sie einander und ihren Vater Oktavian, der sich mittlerweile mit seiner Gemahlin Felicitas wieder ausgesöhnt hat. Mit einer Doppelhochzeit am Hof des Königs Dagobert von Frankreich schließt das Volksbuch.)

Das Drama ist in Prosa geschrieben, die lyrisch erhöht scheint, da Verse eingefügt sind. Der Dichter will eine höhere, eine romantische Welt über der irdischen aufleuchten lassen. Alle Schrecken der Welt werden gezeigt, aber sie werden in Harmonie, in Musik verwandelt. Der Glaube an die Harmonie, an die Musik der Welt, tritt uns in allen locker aneinandergefügten Bildern wirksam entgegen. Die Grundmelodie bringen jene im Prolog des Dramas stehenden Verse, die eine Definition der Romantik überhaupt geben:

„Mondbeglänzte Zaubernacht,
Die den Sinn gefangen hält,
Wundervolle Märchenwelt,
Steig auf in der alten Pracht!“

Die **Spätwerke** Tiecks zeigen eine deutliche Annäherung an den an seinem Lebensabend aufkommenden Frührealismus. Es sind dies Novellen und ein Roman.

Auch als **Übersetzer** hat Tieck Bedeutendes geleistet. Ein Meisterwerk stellt seine Übertragung des *Don Quixote* von Miguel Cervantes dar.

Friedrich von Hardenberg, genannt

NOVALIS (1772 bis 1801)

(nach der urkundlich bezeugten latinisierten Form des Familiennamens)

Novalis wird als Sohn eines sächsischen Salinendirektors im Jahr 1772 auf Oberwiederstedt im Mansfeldischen geboren und wird nach philosophischen und naturwissenschaftlichen Studien in Jena (hier hört er u. a. Friedrich Schiller), Leipzig (hier schloß er Freundschaft mit Friedrich Schlegel) und Wittenberg sowie dem Studium an der Bergakademie in Freiberg kursächsischer Salinen-Assessor in Weißenfels (Thüringen). Erst 29 Jahre alt, stirbt er als ein „Ewiger Jüngling“ 1801 an Schwindsucht. In knapp zwei

Jahren sind seine Werke geschrieben worden. Sie sind alle – außer seiner Lyrik – Fragmente geblieben. Die Haupterlebnisse, die ihn geistig formten, sind: seine pietistische Erziehung, seine naturwissenschaftlichen Studien, die Philosophie Johann Gottlieb Fichtes und Friedrich Wilhelm Schellings und im besonderen der Tod seiner Braut **Sophie von Kühn** im Jahr 1797. Sophie stirbt als Vierzehnjährige.

Novalis nimmt die romantische Forderung ernst, nämlich Leben und Dichtung, Wissenschaft, Philosophie und Religion in eins zu verschmelzen. Die Welt wird ihm zum Traum, der Traum zur Welt. Er strebt nach einer zauberhaft-magischen Verwandlung der Welt, in der die

Abb. 31: Friedrich Freiherr von Hardenberg (Novalis).

Natur sich als etwas Übersinnliches, als eine Seele, als vom eigenen Geist Geschaffenes darstellt, in der die **Nacht** als der Weg zum Jenseits und zur Verbindung des Lebenden mit den Toten erscheint, in der aber auch der **Tag** der christlichen Liebe herrscht und die **Schönheit** der Poesie durch die Phantasie geschaffen werden kann. Nach einer solch zauberhaft verwandelten Welt sehnt sich Novalis. Nach einem Symbol in seinem Roman „Heinrich von Ofterdingen" nennt er diese Welt das **Reich der blauen Blume.** Es umfaßt **vier** Provinzen:

1. das übersinnliche Reich der Natur, 2. das Reich der Nacht und des hereinragenden Jenseits, 3. das Reich Christi und 4. das Reich der Poesie.

Das **übersinnliche Reich der Natur** schildert Novalis in seinem 1798 erschienenen Romanfragment *Die Lehrlinge zu Sais.* Ein heilandsgleiches Kind tritt hier in den Kreis der Lehrlinge zu Sais.

Das **Reich** der **Nacht** und des **Jenseits** besingen die *Hymnen an die Nacht* (1799 bis 1800).

Diese sechs Hymnen in rhythmischer Prosa mit eingefügten Reimversen sind der poetische Ausdruck der Todessehnsucht des Dichters und seiner Trauer um die geliebte Braut Sophie und seinen Bruder Erasmus, die beide früh gestorben sind.

Lobgesänge auf das Reich Christi sind die *Geistlichen Lieder* (1799).

In dem Aufsatz *Die Christenheit oder Europa* aus dem Jahr 1799 prophezeit Novalis die Wiedergeburt eines einheitlichen, allumfassenden christlichen Glaubensbundes, der alle europäischen Völker umfassen wird.

Das Reich der Poesie schildert der Roman *Heinrich von Ofterdingen* (1798 bis 1801), der Fragment geblieben ist. Doch besitzen wir eine Inhaltsangabe des fehlenden Abschlusses, wie ihn Novalis geplant hat, von seinem Freund Ludwig Tieck[1].

„Heinrich von Ofterdingen“ ist ein im 13. Jahrhundert spielender Bildungsroman, der in bewußtem Gegensatz zum „Wilhelm Meister“ von Johann Wolfgang Goethe steht. Der tiefe Wesensunterschied zwischen Klassik und Romantik tut sich hier auf. Bei Goethe findet man Hingabe an das wirkliche Leben – bei Novalis siegt die Poesie über die praktische Einstellung zum Leben. Bewußt sprengt er die Grenzen zwischen der diesseitigen und der jenseitigen Welt, zwischen Traum und Wirklichkeit. Sein Roman besitzt eine sogenannte Fenstertechnik, d. h. überall sieht man aus der eigentlichen Geschichte und der wirklichen Welt durch „Fenster“ hinaus in ganz andere Bereiche, als sie die Erzählung selbst darstellt und als sie in der Wirklichkeit möglich sind. Es eröffnet sich eine unendliche Perspektive. Der Blick verliert sich in der Ferne einer jenseits der Wirklichkeit stehenden Phantasiewelt.

Novalis stellt den Höhepunkt der Frühromantik dar. Seine Dichtung übt einen nachhaltigen Einfluß auf die um die Wende des 20. Jahrhunderts auftauchende „Neue Romantik“ aus und ist nicht ohne Bedeutung für den heutigen christlichen Existentialismus eines Gabriel Marcel. In den letzten Jahrzehnten wurde er auch als Vorläufer der modernen Kunst und als „Klassiker des Surrealismus“[2] entdeckt.

[1] Der Österreicher Richard Kralik (1852 bis 1934) hat gleichfalls in seinem Roman „Heinrich von Ofterdings poetische Sendung“ das Werk des Novalis zu ergänzen versucht.

[2] Siehe III. Teil.

DIE HOCHROMANTIK (1804 BIS 1816)

I. Der Heidelberger Kreis

CLEMENS MARIA BRENTANO (1778 bis 1842)

Im Jahr 1778 wird Brentano in Ehrenbreitstein als Sohn eines Frankfurter Kaufmannes italienischer Abstammung und der Maximiliane von La Roche geboren, die eine Jugendfreundin Goethes und gemeinsam mit Charlotte Buff das Modell für die Heldin des Wertherromanes ist. Ihre Mutter ist die hochgebildete Romanschriftstellerin Sophie La Roche, eine geborene Gutermann, die Jugendgeliebte Martin Wielands. Clemens Brentano ist ein genial begabter Dichter, doch widerstrebt sein ungezügeltes, flackerndes Temperament jedem Maß und jeder Ordnung. Unstet und ruhelos, verbringt er einen Großteil seines Lebens ohne festen Beruf auf Reisen.

Erst im Jahr 1814 gewinnt er in Berlin in der frommen Luise Hensel eine mütterliche Erzieherin. Durch sie wird er katholisch und gläubig. Die Phänomene der Stigmatisation interessierten ihn so, daß er sechs Jahre lang (1819 bis 1824) die Visionen der stigmatisierten Nonne Anna Katharina *Emmerich* in 24 Bänden aufzeichnete. Nach dem Tod der Nonne führt er neuerlich ein unstetes Reiseleben in Frankreich und Deutschland. Im Jahr 1842 stirbt er in Aschaffenburg.

Gemeinsam mit Achim von Arnim gibt er eine Sammlung deutscher Volkslieder unter dem Titel *Des Knaben Wunderhorn* (1806 bis 1808) heraus, die von den Romantikern mit heller Begeisterung begrüßt wird. Die Ideen Herders in seinen „Stimmen der Völker" und Thomas Percys Sammlung altenglischer Balladen haben Brentano angeregt, das Werk zu schaffen, das Johann Wolfgang Goethe gewidmet ist und dessen Beifall findet. Es ist ein aus alten Quellen gearbeitetes Kunstwerk und die Herausgeber freuten sich, wenn ihre Zeitgenossen die am stärksten überarbeiteten Lieder oder gar die eigenen, unterschobenen Texte für echt gehalten haben. Aus dem „Wunderhorn" haben fast alle Lyriker des 19. Jahrhunderts bis auf unsere Tage geschöpft. Besonders Ludwig Uhland, Josef Eichendorff und Eduard Mörike übernehmen den schlichten, innigen, zum Herzen gehenden Volkston der Wunderhornlieder. Auch sonst bemüht sich Brentano um die Neubelebung altdeutscher Dichtung, indem er den „Goldfaden" von Jörg Wickram und die „Trutz-Nachtigall" von Friedrich von Spee in Neudrucken herausgibt.

Seine eigene Lyrik (*Geistliche* und *weltliche Gedichte*) zeigt, daß dem Dichter raffinierte Klangmalerei und Reimkünstelei ebenso zur Verfügung stehen wie der schlichte Volkston. Oftmals entstanden Gedichte als Beitrag zu den Liederspielen in den bürgerlichen Salons seiner Zeit.

Besonders wirksam ist „Die Lore Lay", jene Ballade, der keine Volkssage, sondern eine von Brentano selbst erfundene Sage zugrunde liegt. Berühmt wurde sie dann später durch die Umdichtung von Heinrich Heine.

Typisch romantische Dichtungen sind Brentanos **episch lyrische Mischromane** wie *Godwi*, in dem ein schrankenlos amoralischer Genuß (... Ehe ist das sicherste Hindernis der wahren Liebe...) gelehrt wird, und *Aus der Chronik eines fahrenden Schülers*, in dem Mutter- und Kindesliebe verherrlicht werden.

Das als Fragment hinterlassene **lyrische Epos** *Romanzen vom Rosenkranz* (1803 bis 1813) erzählt das Entstehen des Rosenkranzes. Dieser Zyklus von 20 Romanzen in epischem Zusammenhang gibt ein Spiegelbild der Menschheitsgeschichte und zugleich eine dichterische Selbstbiographie des Dichters. Schauplatz ist das mittelalterliche Bologna. Eine Erbschuld geht durch die Jahrhunderte von Geschlecht zu Geschlecht und wird durch den gnadenreichen Einfluß der Mutter Gottes und den Rosenkranz gelöst.

Brentanos reiche Phantasie und unvergleichliche Erzählergabe zeigen auch seine **Märchen** (1805 bis 1811), von denen *Gockel, Hinkel und Gackeleia* und das *Rheinmärchen* am

Abb. 32: Clemens Brentano „Gockel, Hinkel und Gackeleia".

bekanntesten sind. Zum Unterschied von den Grimmschen Märchen will er nicht auf die mündliche Urform des Märchens stoßen, sondern verfährt völlig frei mit dem poetischen Material. Oft finden wir auch eine eingefügte Satire auf das Bildungswesen seiner Zeit. Eine erste deutsche **Dorfgeschichte** voller Schicksal und tragischer Stimmung ist die *Geschichte vom braven Kasperl und dem schönen Annerl* (1817). Aus übertriebenem Ehrgefühl tötet sich der tüchtige Soldat Kaspar am Grab seiner Mutter, als er hört, daß sein Vater ein Dieb ist. Das von ihm geliebte Mädchen, das schöne Annerl, wird zur Kindesmörderin.

Seine Dramen sind Deklamationsstücke, auf die Augenblickswirkung des Wortwitzes angelegt und deshalb unspielbar. Das einzige je öffentlich aufgeführte Schauspiel „Valeria oder Vaterlist" – Stilvorbild für Georg Büchners Lustspiel „Leonce und Lena" – fiel bei seiner Erstaufführung 1814 in Wien durch. Das Drama *Die Gründung Prags*, das von Jakob Grimm hochgeschätzt wurde, behandelt wie Grillparzers „Libussa" die tschechische Volkssage von den drei mit übernatürlicher Weissagung begabten Töchtern des Krokus, die Erhebung des Stammvaters der böhmischen Könige Primislaus durch Libussa und die Gründung der Stadt Prag.

Zu seinen Lebzeiten hatte der Dichter ein zwischen Begeisterung und Ablehnung schwankenes Publikum. Als Lyriker hat er durch seine bildkräftige Formulierung die moderne Dichtersprache von Heinrich Heine bis Charles Baudelaire, bis zum Expressionismus und den französischen und deutschen Symbolismus beeinflußt.

Ludwig Achim von Arnim (1781 bis 1831)

Arnim, im Jahr 1781 in Berlin geboren, stammt aus altem preußischem Adelsgeschlecht. Er ist ernster und trockener als der übersprudelnde, witzige und ironische Brentano, mit dem er eng befreundet ist und dessen Schwester Bettina er heiratet. Als Landessturmhauptmann nimmt er an den Befreiungskriegen teil. Ab 1841 lebt er mit seiner Frau vorwiegend auf seinem Gut Wiepersdorf in der Mark, wo er im Jahr 1831 stirbt.

Er ist Mitarbeiter an der Volksliedersammlung „Des Knaben Wunderhorn“ und Herausgeber der *Zeitung für Einsiedler* (1808), die das Zentralorgan der Heidelberger Romantik ist.

Ludwig Achim von Arnim ist in erster Linie **Erzähler.**

Sein unvollendeter historischer **Roman** *Die Kronenwächter* (1817) verherrlicht in phantastischer Gestalt (geheimnisvolle Kronenwächter hüten die Hohenstaufenkrone für den zukünftigen Kaiser) das Kaisertum und fordert die Neugewinnung der alten Krone durch geistige Bildung. Aus der Fülle romantischer Züge hebt sich die kenntnisreiche und farbige Schilderung deutschen Lebens im 16. Jahrhundert zu ansehnlicher künstlerischer Höhe. Der Roman ist der poetische Ausdruck für die Sehnsucht der Romantiker nach dem Wiederaufsteigen der alten Stauferherrlichkeit im Hochmittelalter und ein erster historischer Roman.

Mit stärkerer Phantastik erfüllt sind die **Erzählungen** Arnims. In ruhig-sachlichem Stil werden die unglaublichsten, tollsten und unheimlichsten Ereignisse erzählt. Zigeunermädchen, Gespenster, Hypnotisierte, Wurzelmännchen, Alraunen, der zum Leben erweckte tote Bärenhäuter, Hexen, ein aus Lehm verfertigtes Golemmädchen treten neben wirkliche und geschichtliche Personen. Die bekanntesten Erzählungen sind *Isabella von Ägypten*, *Kaiser Karls V. erste Jugendliebe*, *Der tolle Invalide auf dem Fort Ratonneau* und *Die Majoratsherren.*

Bettina Brentano (1785 bis 1859)

Clemens Brentanos Schwester und Achim von Arnims Gattin **Bettina,** eine reichbegabte Frau, die für alle Künste tiefstes Verständnis besitzt, wird in ihrer Zeit als eine „Sibylle der Romantik“ allgemein verehrt. Nach dem Tod ihres Mannes (1831) bildet ihr Haus in Berlin einen Mittelpunkt für Dichter und Künstler. Auch sozialpolitischen Fragen gegenüber ist sie aufgeschlossen. Sie ist mit allen hervorragenden Männern und Frauen ihrer Zeit befreundet, führt mit ihnen einen regen Briefwechsel, den sie, poetisch verarbeitet („Goethes Briefwechsel mit einem Kinde“), veröffentlicht und zählt zu jenen Frauen zu Beginn des 19. Jahrhunderts, die die geistigen Voraussetzungen für die Gleichberechtigung mit dem Mann schufen.

Josef von Eichendorff (1788 bis 1857)

Als Sohn eines Landedelmannes wird Eichendorff im Jahr 1788 auf Schloß Lubowitz bei Ratibor in Oberschlesien, das inmitten eines großen Parks mit altem Baumbestand und einem weiten Panorama liegt, geboren. Die weißen Segel auf der Oder erwecken die Sehnsucht nach der Ferne. Nach dem Besuch des katholischen Gymnasiums in Breslau studiert er die Rechte in Halle und Heidelberg, ist von Joseph Görres tief beeindruckt und mit Achim von Arnim und Clemens Brentano befreundet. Den Stimmungszauber der Romantik zeigt beispielsweise seine Tagebucheintragung, als er den Schloßberg in Heidelberg besteigt: „*. . . so genoß ich doch die himmlischeste Aussicht ganz unten auf die ganze Stadt, vor mit auf eine unendliche schimmernde Ebene, die sich bis Frankreich hin erstreckt, in der sich die Türme von Mannheim erheben, und die vom Rhein wie von einem Silberfaden durchschnitten und rechts von den blauen Rheingebirgen begrenzt wird. Gen Abend die Wirtstöchter in dem Gärtchen unter unserem Fenster kokettierend zur Guitarre bekannte Lieder gesungen, die in mir alte Erinnerungen erweckten.*“ In Paris forscht er in der kaiserlichen Bibliothek nach alten deutschen Handschriften und Drucken für Görres und begibt sich über Heidelberg, Nürnberg und Regensburg nach Wien, wo er beabsichtigt, in den österreichischen Staatsdienst zu treten (er besteht hier 1810 die juristische Staatsprüfung mit Auszeichnung). Die Fahrt mit dem Schiff die Donau abwärts durch die Wachau macht einen solchen Eindruck auf ihn, daß er sie in seinen Erzählungen dreimal verwertet. Er wird im Haus Friedrich Schlegels in Wien aufgenommen und mit Theodor Körner, Josef Collin und Freiherrn von Gentz bekannt. 1813 nimmt er als Lützowscher Jäger an den Befreiungskriegen teil und kehrt dann nach Lubowitz zurück, um Luise von Larisch, seine Gutsnachbarin, zu heiraten. Wir finden ihn dann im preußischen Staatsdienst (bis 1831 in Königsberg), wobei er sich um die Wiederherstellung der Deutschordensburg Marienburg große Verdienste erwirbt. 1857 stirbt er in Neiße.

Eichendorff gehört zu den bedeutendsten und beliebtesten Lyrikern der deutschen Literatur. Seine 1837 erschienenen *Gedichte* umfassen **Wander- und Liebeslieder, Romanzen und geistliche Gedichte.** Sie stellen eine Stimmungslyrik dar, die in ihrer volksliedhaften, melodisch verträumten Haltung viele Anregungen aus „Des Knaben Wunderhorn" entnimmt und durch hohe Musikalität ausgezeichnet ist. Immer wieder kehren dieselben einfachen, anmutigen Motive wieder: Wandern, Studentenauszug, Mondnacht, verträumte Ruinen, Waldeseinsamkeit, liebliche Täler, Brunnenrauschen, Sehnsucht nach der Ferne, besonders nach Italien, Heimweh, Waldhorn, Geigenklang, Abendstille, Himmelssehnsucht und Liebesinnigkeit. Manche seiner von Felix Mendelssohn-Bartholdy vertonten Gedichte sind geradezu Volkslieder geworden wie: In einem kühlen Grunde...; Wem Gott will rechte Gunst erweisen...; Wer hat dich, du schöner Wald...; O Täler weit, o Höhen...

Viele Gedichte Eichendorffs leben vor allem als Kunstlieder weiter. Robert Schumann (Liederkreis op. 39), aber auch Felix Mendelssohn-Bartholdy, Johannes Brahms, Hugo Wolf, Max Reger, Hans Pfitzner („Von deutscher Seele" op. 28), Othmar Schoeck, Reinhard Schwartz-Schilling und Bruno Walter haben Eichendorff-Texte vertont.

Die Helden seiner Erzählungen sind meist ziel- und zwecklos herumvagabundierende, sangesfrohe Studenten, Komödianten, Musikanten oder Maler. Immer wieder vorkommende Motive sind: Verkleidungen, Verkennungen und Träume. Immer spielen die Erzählungen irgendwo in Deutschland oder in Italien, wobei eine Ideallandschaft geschildert wird. Alle seine Erzählungen sind ausgesprochene Stimmungsnovellen, in denen oft die Handlung in mehr oder weniger zusammenhängende Stimmungsbilder zerflattert.

Eine Perle deutscher Erzählkunst ist die **Novelle** *Aus dem Leben eines Taugenichts* (1826). Der Titel will nichts anderes besagen als: Aus dem Leben eines Menschen, der nach Ansicht der Philister ein Taugenichts ist, weil er nichts wissen will von „Sorgen, Last und Not um Brot".

Abb. 33: Joseph Freiherr von Eichendorff „Aus dem Leben eines Taugenichts".

Abb. 34: Joseph Freiherr von Eichendorff „Aus dem Leben eines Taugenichts".

Inhalt: *Da der Sohn eines Müllers immer nur träumen, auf den Vogelsang lauschen, singen und Geige spielen, aber nicht arbeiten will, schickt ihn der Vater an einem Vorfrühlingstag zornig in die Welt hinaus. Nur seine Geige begleitet ihn. Er kommt als Gärtner zu einem Grafen. Hier sieht er ein liebreizendes Mädchen, das er für die junge, für ihn viel zu hoch stehende Gräfin hält. Mit Tränen verläßt er den Dienst. Unterwegs gesellt er sich zu Malern, mit denen er nach Italien reist. Er muß infolge von Verkleidungen und Verkennungen die merkwürdigsten Abenteuer bestehen. Dabei gerät er wiederholt in gefährliche Versuchungen. Doch er bleibt stets standhaft und tugendhaft. Später kehrt er zu seinem früheren Dienstgeber zurück und erfährt, daß jenes bezaubernde Mädchen die Tochter des Schloßportiers ist. Nun wirbt er um sie und feiert seine Vermählung. Es geht also ähnlich wie im Märchen zu.*

In seinem nach dem Vorbild des „Wilhelm Meister“ geschriebenen Bildungsroman *Ahnung und Gegenwart* (1815) entwirft Eichendorff ein breites Gesellschaftsbild seiner Zeit.

II. Der Berliner Kreis

E. T. A. Hoffmann (1776 bis 1822)

Ernst Theodor Amadeus Hoffmann wird als Sohn eines höheren Justizbeamten im Jahr 1776 in Königsberg geboren und stirbt 1822 als Kammergerichtsrat in Berlin. Den dritten Vornamen (Amadeus) hat er aus Verehrung für Wolfgang Amadeus Mozart statt des eigentlichen Wilhelm angenommen. Er ist vielseitig begabt und hat Bedeutendes geleistet als: Musikkritiker, Komponist, Dirigent, Karikaturenzeichner, Maler, Jurist, vor allem aber als epischer Dichter.

Er besitzt eine wahrhaft dämonische Einbildungskraft, die ihn immer wieder dazu treibt, die Grenzen zwischen Wirklichkeit und Phantasiewelt zu verwischen, das Geheimnisvolle, Spukhafte und Grausige mit dem realen Leben zu verweben. Er ist mit allen geheimnisvollen Mächten vertraut, die in das menschliche Leben eingreifen können. Hinter aller Wirklichkeit erlebt er in voll lebendigen Gesichten die übersinnliche „dritte“ Welt. Alle „Nachtseiten“ des menschlichen Seelenlebens schildert er: Magnetismus, Spiritismus, Astralkörper, Spaltung des Ich, Hypnose und Schlafwandel. Er hört Teufelsstimmen in der Natur und sieht überall Doppelgänger. Das Ich spaltet sich in ein Doppelleben. Wir sehen in seinen Erzählungen die grausigsten Verwandlungen und Vorgänge: Doppelgänger stieren einander an; ein Student verliebt sich in ein Mädchen, das in Wirklichkeit eine Puppe mit eingesetzten Glasaugen ist; ein Räuber sucht ein Kind am Feuer zu braten; der Kater Murr und der Hund Berganza sprechen und denken; einem Menschen geht seine Identität verloren und er weiß nicht mehr, wer er ist; einem anderen wird von aller Welt zugerechnet, was in seiner Nähe geschieht; ein Türklopfer wird zu einem Apfelweib; ein Archivarius zu einem Stoßgeier. Dazwischen hört man unheimliche Geräusche, meisterhaftes Orgelspiel und riecht betäubende Düfte von wundersamen Blumen. Dabei geschehen diese phantastischen Wunder mitten in der alltäglichen Wirklichkeit. Der Dichter schildert wahrheitsgetreu das scharf beobachtete Leben auf Märkten und Straßen der Stadt. Aus dem alltäglichen Leben gelangt der Leser unvermerkt in die phantastische Welt und sieht am lichten Tag Gespenster. Die dargestellte Welt spukhafter Phantastik zeigt das Versponnensein des Menschen in Übernatürliches, eine Entgrenzung der vernünftigen und natürlichen Welt. Die Helden in den Erzählungen Hoffmanns werden oft von dunklen Trieben gegen ihren Willen zu grauenhaften Untaten gestoßen. So schildert er, um nur ein Beispiel zu nennen, in seiner geschichtlichen Novelle *Das Fräulein von Scudéry* eine Kriminalaffäre aus der Zeit Ludwigs XIV. Die eigentliche Hauptfigur ist nicht die freundliche alte Dame, nach der die Novelle benannt ist, sondern der furchtbare Goldschmied Cardillac. In diesem ist ein rätselhafter Gegensatz gezeichnet: den fleißigen, nüchternen, ehrlichen Arbeiter den unvergleichlichen Künstler zwingt ein unwiderstehliches Verlangen, zum Mörder und Räuber zu werden. Wohl wird dies mit der Annahme des „Versehens“ seiner Mutter während ihrer Schwangerschaft realistisch begründet; eigentlich ist es aber doch symbolisch aufzufassen. Jeder Mensch, meint Hoffmann, führt eigentlich ein solches Doppelleben: Hinter der Außenseite eines geregelten Alltagslebens verbergen sich oft schreckliche Leidenschaften, die den Menschen zu Verbrechen drängen.

E. T. A. Hoffmann gehört zu den größten Erzählern der Weltliteratur und wirkte weit über Deutschlands Grenzen hinaus, namentlich in Frankreich und Amerika (Edgar Allan Poe). Innerhalb der deutschen Literatur erlebt er eine Wiedergeburt in der sogenannten „Neuen Romantik" am Ende des 19. Jahrhunderts – besonders bei Hans Heinz Ewers und Gustav Meyrink[1].

Auch in verschiedenen Opern leben Hoffmann und sein Werk weiter. So läßt die Oper „Hoffmanns Erzählungen" von Jacques Offenbach (1881) den romantischen Dichter selbst inmitten eines Kreises zechender Studenten auftreten und drei seiner unheimlichen Geschichten erzählen, die dann nacheinander auf der Bühne gespielt werden.

Der Oper „Cardillac" von Paul Hindemith liegt die Erzählung „Das Fräulein von Scudéry" zugrunde.

Abb. 35: Zeichnung von E. T. A. Hoffmann. Kreisler (mit Zügen des Dichters) im Wahnsinn.

Die wichtigsten **Novellensammlungen** E. T. A. Hoffmanns sind:

Phantasiestücke in Callots Manier (4 Bände, 1814 bis 1815).

In dieser Sammlung stehen die Novellen: „Ritter Gluck", eine das Motiv des Astralkörpers behandelnde Erzählung; „Don Juan", eine der feinsinnigsten Interpretationen der Musik Mozarts; das Kunstmärchen „Der goldene Topf"; mehrere unter dem Titel „Kreisleriana" zusammengefaßte Musiknovellen, die dem Kapellmeister Kreisler als dem musikalischen Doppelgänger Hoffmanns in den Mund gelegt sind.

Nachtstücke (2 Teile, 1817).

[1] Siehe III. Teil.

Eine Sammlung von acht Gespenstergeschichten, von denen besonders „Das Majorat“ berühmt wurde.

Die Serapiensbrüder (4 Bände, 1819 bis 1821).

Eine kunstvolle Rahmenerzählung bindet die unter diesem Titel vereinten 29 Novellen und Märchen, unter denen besonders die reizende, im Nürnberg des 16. Jahrhunderts spielende Novelle „Meister Martin der Küfer und seine Gesellen“ hervorragt. In ihr lernen ein Ritter, ein Patrizier und ein Bürger der schönen Tochter des Meisters zuliebe das Faßbinderhandwerk, bis der letztgenannte die Nebenbuhler besiegt.

Auch zwei **Romane** schreibt Hoffmann. Der das Schaurige, das Doppelgängertum behandelnde phantastische Roman *Die Elixiere des Teufels* (1815 bis 1816) erzählt die Geschichte des Kapuzinermönches Medardus, der nach einem fluchbeladenen Leben durch Buße und Entsagung Erlösung vom ererbten Schicksal findet. Der die romantische Ironie zu ihrem Höhepunkt führende Roman *Die Lebensansichten des Katers Murr* (1820 bis 1822) schildert in künstlerischer Verflechtung die Lebensgeschichte eines gelehrten, selbstgefälligen, die Schwächen der Menschen überheblich kritisierenden Katers und die Autobiographie des schließlich im Wahnsinn endenden Kapellmeisters Kreisler, der vergeblich gegen die stumpfe Welt und ihre Tücken kämpft.

Das **musikalische Werk,** stilistisch zwischen Wolfgang Amadeus Mozart und Ludwig van Beethoven stehend, umfaßt Singspiele, Lieder, Chöre, Kammermusik, Symphonien und die nach dem damaligen Modedichter der breiten Masse Friedrich Baron de la Motte-Fouqués Novelle geschaffene Oper *Undine* (1816).

Zacharias Werner (1768 bis 1823)

Zacharias Werner, der zuletzt als katholischer Bußprediger in Wien wirkte, ist neben Friedrich Schiller („Die Braut von Messina“) der Hauptvertreter des deutschen **Schicksalsdramas.** Das einaktige Schauerstück *Der vierundzwanzigste Februar* (1809) wird das Vorbild vieler recht wertloser Schicksalsdramen, die die deutsche Bühne etwa von 1815 bis 1825 beherrschen.

Inhalt: *Ein unerkannt heimkehrender Sohn wird von seinen Eltern aus Habgier mit demselben Brotmesser ermordet, mit dem bereits früher, ebenfalls am 24. Februar, zwei Mordtaten in der Familie verübt worden sind.*

Adelbert von Chamisso (1781 bis 1838)

Als Sproß eines alten französischen Grafengeschlechts wird Chamisso im Jahr 1781 auf Schloß Boncourt in der Champagne geboren. 1796 kommt er mit seinen vor der Französischen Revolution flüchtenden Eltern nach Berlin, wo er eine neue Heimat findet, die deutsche Sprache erlernt und schließlich deutscher Dichter wird. Mit innerem Zwiespalt dient er in den Befreiungskriegen als preußischer Offizier gegen sein Vaterland. In den Jahre 1815 bis 1818 unternimmt er als Naturforscher eine Weltreise. Zurückgekehrt, wird er Mitglied der preußischen Akademie der Wissenschaften und Kustos des botanischen Gartens in Berlin, wo er im Jahr 1838 stirbt.

Als Dichter schließt er sich der Romantik an, mit der ihn seine Innigkeit, lyrische Gefühlshaltung, sein Naturgefühl und der Sinn für das Märchen sowie seine Begeisterung für altdeutsches Volksgut (Volksbücher, Sagen, Märchen) verbindet. Als Franzose besitzt er einen ausgeprägten Sinn für Formen und „bon sens“ (d. h. kritischen Menschenverstand), was ihn vor romantischen Übertreibungen bewahrt und dazu bringt, von der deutschen Klassik deren Streben nach sorgfältiger Form und ausgewogener Baukunst in der Dichtung zu übernehmen. Darüber hinaus findet er auch Anschluß an die politische Dichtung des um 1830 auftretenden

Jungen Deutschlands und an den heraufkommenden Frührealismus, indem er sich für die neue soziale und die exotische Dichtung begeistert.

So besitzt seine Dichtung romantische, klassische und auch schon frührealistische Merkmale.

Am erfolgreichsten in seiner Zeit sind Chamissos **Liederzyklen** über das deutsche Familienleben: *Frauenliebe und -leben* (von Schumann vertont), *Lebenslieder und -bilder.* Für seine epischen **Balladen** im Stil Ludwig Uhlands nimmt er den Stoff aus der deutschen Volkssage. Viele unter ihnen, wie das *Riesenspielzeug* und das *Burgfräulein von Waldeck* gehören zum dauernden Bestand der deutschen Volksballade.

In ferne Länder führen seine tragischen **Versnovellen** *Mateo Falcone, der Korse* und *Salas y Gomez.*

Von warmem sozialem Mitgefühl getragen sind seine **Gedichte** *Die alte Waschfrau* und *Der Bettler und sein Hund.*

Viele Gedichte entstehen aus persönlichem Erleben, so das ergreifende Heimwehgedicht *Das Schloß Boncourt*, das Lied der Sehnsucht nach dem verlorenen Jugendland, der weich-wehmütigen Betrachtung des harten Lebensschicksals des Dichters. Während der Befreiungskriege schreibt Chamisso die phantastische **Novelle** *Peter Schlemihls wundersame Geschichte* (1813), die Geschichte des Mannes, der dem Teufel gegen das Glückssäcklein des Fortunatus seinen Schatten verkauft.

Inhalt: *Wegen seiner Schattenlosigkeit wird* Peter Schlemihl *überall verhöhnt, gemieden und muß auch auf die Liebe verzichten. Als der Teufel ihm gegen die Verschreibung der Seele die Rückgabe des Schattens anbietet, lehnt dies Schlemihl ab, wirft das Reichtum schenkende Säckel fort, findet „Siebenmeilenstiefel", auf denen er rastlos die Welt durchquert, bis er schließlich in der Einsamkeit der Natur Ruhe findet und sich dem Studium der Natur widmet.*

Der Schatten steht gleichnishaft für Vaterland. Ohne dieses ist das Leben des Menschen unmöglich. Das hat der Dichter selbst erlebt. Aus seinem Vaterland gerissen, entwurzelt, in Deutschland vereinsamt, während der Befreiungskriege in widerspruchsvoller Lage, empfindet sich auch Chamisso als ein Gezeichneter und Ausgeschlossener.

III. Heinrich von Kleist (1777 bis 1811)

Heinrich von Kleist gehört jener preußischen Offiziersfamilie an, die dem deutschen Sprachraum schon früher einen Dichter geschenkt hat (Ewald von Kleist; vgl. I. Teil, Seite 183) und der 18 Generäle und zwei Feldmarschälle entstammten.

Er wurde am 18. Oktober 1777 in **Frankfurt a. d. Oder** geboren und trat nach dem frühen Tod seines Vaters im Alter von 15 Jahren mehr aus Familientradition denn aus Begeisterung für den Soldatenberuf in das Potsdamer Garderegiment ein, nahm an dem Feldzug gegen Frankreich 1793 teil und schied bereits 1799 als Leutnant aus der Armee aus, wozu ihn ethisch-religiöse Gründe bewogen haben dürften. Von da ab war sein Leben ein qualvolles, ruheloses Wandern, da ihm jedwede berufliche Eingliederung in die Gesellschaft mißlang. Schon in seiner frühen Jugend war er von dem Gedanken verfolgt, daß die Welt ein blindes Ungefähr, ein blindes Walten des Zufalls und der Mensch ein bloßer Spielball irrationaler Kräfte sei. Mit Hilfe der Wissenschaft jedoch, meinte er, müsse man einem Gesetz auf den Grund kommen können, nach dem die Welt organisiert sei. Auf Vorschlag der Familie studierte er in seiner Geburtsstadt Jura und Philosophie und verlobte sich mit der Generalstochter Wilhelmine von Zenge, die er mit seinem pedantischen Erziehungsversuchen quälte. Nachdem er vorübergehend in **Berlin** eine Stelle als diplomatischer Beamter bekleidet hatte und durch das Studium der Philosophie Immanuel Kants in tiefe Unruhe gestürzt worden war, unternahm er mit seiner Stiefschwester Ulrike, die ihm zeitlebens treu und mütterlich zur Seite stand, eine Reise nach **Paris,** um dort seine Studien fortzusetzen, und anschließend in die **Schweiz,** wo er – für Rousseau begeistert – ein kleines Bauerngut übernehmen wollte. Da sich jedoch seine Braut weigerte, Bäuerin zu werden und die Verlobung löste, scheiterte dieser Versuch. Allmählich setzte sich in ihm der Glaube an sein dichterisches Vermögen durch, obwohl er ursprünglich die Wissenschaft als seine Lebensaufgabe angesehen hatte. Er schrieb sein erstes Drama und versuchte, literarische Anerkennung zu finden, was ihm jedoch zunächst nicht gelang. Nach einem längeren Besuch bei Christoph Martin Wieland in **Weimar** (1803) und einem abermaligen Aufenthalt in **Paris** (1804) erhielt er 1805 in **Königsberg,** in der Stadt, in der sich die nationale Erneuerung Deutschlands vorzubereiten begann, eine bescheidene staatliche Anstellung als Hilfsbeamter. Sein Vorgesetzter war ein Freund Hamanns. Kleist konnte Vorlesungen an der Universität besuchen und verkehrte in den besten Familien der Stadt. 1807 geriet er unter dem Verdacht der Spionage in französische Gefangenschaft, wurde in Frankreich interniert und ließ sich nach seiner Freigabe in **Dresden** (1807 bis 1809) nieder. Nun wollte er es als Verlagsbuchhändler versuchen und gab gemeinsam mit dem Kulturphilosophen Adam Müller die Zeitschrift „Phöbus", als Fortsetzung der Schillerschen „Horen" gedacht, heraus. „Phöbus" brachte Fragmente aus Kleists Dramen und Novellen. Durch Adam Müller wurde er bewogen, auf das Leben der Nation handelnd einzuwirken. Die Unterdrückung des deutschen Volkes durch Napoleon löste in ihm leidenschaftlichen Protest aus. Als Österreich einen neuen Feldzug gegen den Franzosenkaiser vorbereitete, setzte der Dichter seine politische Hoffnung auf Wien, von wo man den Anstoß zur Befreiung Deutschlands erwartete. Sein Drama „Die Hermannsschlacht" war für eine Aufführung in Wien gedacht und sollte zu einer allgemeinen Erhebung gegen Napoleon die Gemüter aufrufen. Kleist knüpfte Beziehungen zu Wiener Schriftstellern an und trat mit dem Patriotenkreis um die Brüder Collin in Verbindung. Insgeheim erhoffte er sich eine Anstellung in einem Amt in **Wien,** wo er 1809 eintraf. Der Rückschlag nach der Schlacht von Wagram und die Besetzung Wiens durch die Franzosen machten eine Aufführung des patriotischen Stückes jedoch unmöglich. Verbittert über die Wendung im Kampf gegen Napoleon, floh er über Prag nach **Berlin,** wo er die „Berliner Abendblätter", eine politische Zeitschrift, herausgab, die jedoch nach drei Monaten einging. Er geriet hierauf in bittere wirtschaftliche Not. Die außerdem neu auftretenden körperlichen Leiden, die ihm auch schon früher wiederholt zu schaffen gemacht hatten, seine Enttäuschung über den Zusammenbruch Österreichs und die seiner Dichtung dauernd versagte Anerkennung trieben ihn schließlich zum Selbstmord. Gemeinsam mit Henriette Vogel, einer nervös überreizten und unheilbar kranken Frau, erschoß er sich am 21. November 1811 am Ufer des Wannsees bei Potsdam.

Heinrich von Kleist gehört zu den großen deutschen Dramatikern. Er bedeutet das Bindeglied zwischen Gotthold Ephraim Lessing, Friedrich Schiller und Johann Wolfgang Goethe einerseits und Franz Grillparzer, Friedrich Hebbel, Gerhart Hauptmann andererseits. Sein Leben und sein Werk sind vor allem durch sein Streben nach unbedingter Wahrheit, nach sicheren Grundlagen für ein sinnvolles Leben, durch seine glühende Vaterlandsliebe und seinen leidenschaftlichen dichterischen Ehrgeiz gekennzeichnet. Sophokles und Shakespeare wollte er zu einem die Klassik sprengenden und überbietenden neuen Drama zusammenzwingen. Trotz aller Berührung mit der Romantik ist er durch sein vor nichts zurückschreckendes Wahrheitsstreben, seinen psychologischen Realismus, der ähnlich der späteren Psychoanalyse eines Sigmund Freud[1] in die unterbewußten seelischen Gebiete vorstößt, ein Vorläufer der modernen Dramatik des 19. und 20. Jahrhunderts. Innerhalb der Romantik nimmt er auch dadurch eine Sonderstellung ein, daß er nicht wie diese von der Klassik, sondern von der in seiner Zeit im allgemeinen bereits überwundenen Aufklärung ausgeht. Später löst er sich von ihr, ohne sich mit dem Versuch der Klassik auseinanderzusetzen, Vernunft und Gefühl miteinander zu versöhnen. Er überspringt sozusagen die Zwischenstufen zwischen Aufklärung und Realismus und bricht zu einer Geisteshaltung durch, die erst für die sogenannte „Moderne" kennzeichnend ist. Dieser Übergang vollzieht sich im März 1801, als es durch die Begegnung mit Kants Philosophie, die er außerdem mißverstand, zum entscheidenden Durchbruch in seinem Leben kommt.

Kleist schrieb die folgenden **Dramen,** die alle in Versen abgefaßt sind:

Die Familie Schroffenstein. Ein Trauerspiel in 5 Aufzügen. (1802)

[1] Siehe III. Teil.

Gegenstand der Dichtung ist das lten des blinden Schicksals in der Abwandlung des Romeo und Julia-Motivs. Die Tragik erwächst aus täuschendem Schein, den die Helden für Wirklichkeit halten. Entstanden ist das Jugenddrama des Dichters aus der tiefen Erschütterung, die er durch sein Kanterlebnis erfuhr.

Robert Guiskard, Herzog der Normannen. (Ein Fragment, um 1802 entstanden, 1803 in Paris verbrannt und 1808 aus dem Gedächtnis wiederhergestellt.)

Inhalt: *Unmittelbar vor der Eroberung von Byzanz durch den Normannenherzog* Guiskard (*1085*) *wird dieser und sein Heer von der Pest befallen, wodurch der edle und tatkräftige Herrscher knapp vor seinem höchsten Triumph an einem furchtbaren, letzten Endes sinnlosen Zufall scheitert.*

Auch dieses Dramenfragment erwuchs aus der Verzweiflung des Dichters darüber, daß der Mensch dem Zufall, Schein und Irrtum preisgegeben ist. Robert Guiskard erscheint den Seinen gesund und voll Kraft. Der Schein trügt jedoch, da er in Wirklichkeit bereits den Todeskeim in sich trägt.

Amphitryon. Ein Lustspiel nach Molière. (1805)

Den griechischen Mythos vom Besuch des Zeus bei Alkmene in der Gestalt ihres Gatten Amphitryon und der Zeugung des Herakles hatte schon vor Kleist Plautus in ein Lustspiel und dann Molière in eine geistreich-galante Gesellschaftskomödie der Zeit Ludwigs XIV. dichterisch abgewandelt.

Die Verkennung der Wirklichkeit führt zwar Amphitryon und Alkmene irre und bringt sie an den Rand der Verzweiflung und des Scheiterns. Doch mit der unbeirrbaren Sicherheit ihres reinen Gefühls bleibt Alkmene, die eigentliche Heldin des Stücks, sich und ihrem Gatten treu. Auch Jupiter kann ihn nicht aus ihrer Seele drängen und muß sich bescheiden, sie nur als Amphitryon beglückt zu haben. Jupiter bleibt sie nur in religiöser Ehrfurcht, in Liebe jedoch allein ihrem Gatten zugetan.

In dieser unbedingten Hingabe an das Gefühl sah Kleist die einzige Möglichkeit der Erlösung des Menschen aus der Welt des Zufalls und der Täuschung.

Der zerbrochene Krug. Ein Lustspiel. (1806)

Das aus einem durch einen französischen Kupferstich angeregten Wettbewerb mit Freunden entstandene Stück gilt neben Gotthold Ephraim Lessings „Minna von Barnhelm" als das beste deutsche Lustspiel.

Inhalt: *Der niederländische Dorfrichter* Adam *stellt* Evchen, *einer Dorfschönen, nach. Er hat ihr vorgeschwindelt, daß ihr Bräutigam, der Bauer* Ruprecht, *zum Dienst in die Kolonien gepreßt werden würde, wenn er nicht seinen mächtigen Einfluß geltend mache. Er schleicht sich am Abend in das Schlafgemach des Mädchens, um angeblich die Befreiungsurkunde auszustellen. Dabei wird er von Ruprecht überrascht, rettet sich durch einen Sprung aus dem Fenster, wobei ein altes ehrwürdiges Hausstück, ein bemalter Krug, in Trümmer geht. Am nächsten Morgen sucht die erboste Mutter Evchens bei dem Verbrecher Gerechtigkeit. Da der Gerichtsrat* Walter *zur Inspektion erschienen ist, muß Adam die Untersuchung wohl oder übel führen. So sehr er sich auch Mühe gibt, den wahren Sachverhalt zu verschleiern, kann er nicht verhindern, daß die Wahrheit herauskommt.*

Dieses analytisch angelegte Enthüllungslustspiel bezeugt Kleists metaphysische dichterische Grundidee und die neue Wendung seines Schicksalsbegriffes. Was das Lustspiel gestaltet, ist die Idee vom gespaltenen Ich. Der Angeklagte und der Richter sind eine Person. Die Namen der Hauptfiguren haben symbolische Bedeutung (Adam, Eva, Walter =

Gerichtsver**walter**). Die Wendung des Schicksalsbegriffes zeigt sich darin, daß es kein tolles Chaos, keinen blinden Zufall im Drama gibt, sondern ein höheres Ordnungsprinzip (Walter). Schein und Wirklichkeit stimmen nicht überein. Das Thema des Lustspiels „Amphitryon" wird dabei variiert. Jupiter möchte aus seiner Identität mit Amphitryon heraustreten und um seiner selbst geliebt werden, doch kann er dies nicht. Adam muß umgekehrt zu verhindern suchen, daß seine Identität mit dem Täter aufgedeckt wird. Jupiter will aus dem Schein heraustreten, Adam im Schein verharren.

Abb. 36: Adolf von Menzel: Illustration zu Kleists Lustspiel „Der zerbrochene Krug".

Penthesilea. Ein Trauerspiel (1808)

In dieser Tragödie wird der Mensch Opfer eines tragischen Irrtums. Für Penthesilea ergibt sich so eine Tragödie des Mißtrauens, für Achill eine des zu großen Vertrauens. Beide verkennen die Wirklichkeit, die sich stärker erweist als ihr trügerisches Gefühl.

Das Käthchen von Heilbronn oder die Feuerprobe. Ein großes historisches Ritterschauspiel (1808)

Das Stück, das mit seinen mittelalterlich-märchenhaften Zügen der Romantik am nächsten kommt, stellt ein Gegenstück zur „Penthesilea" dar. Kleist selbst nannte es „die Kehrseite der Amazonenkönigin, ihren anderen Pol, ein Wesen, das ebenso mächtig ist durch Hingebung, als jene durch Handeln".

Inhalt. Käthchen, *eine Kaiserstochter, wird, ihrer Herkunft unbewußt, von einem Heilbronner Waffenschmied erzogen und für dessen Tochter gehalten. Sie verliebt sich in den* Grafen Wetter vom Strahl, *dem sie überallhin nachfolgt, der sie aber stets zurückweist, bis er von ihrer unerschütterlichen Hingebung tief gerührt wird und erkennt, daß der Himmel sie beide füreinander bestimmt hat. Nachdem der Kaiser Käthchen als seine leibliche Tochter anerkannt hat, steht der Hochzeit nichts im Wege.*

Ausnahmsweise siegt in diesem Drama nicht die Wirklichkeit, da ihre Gesetze wie in einem Märchen eingeschränkt sind. Das Gefühl erweist sich wahrer als die Wirklichkeit.

Der österreichische Komponist Waldemar **Bloch** hat seiner oratorischen Oper „Das Käthchen von Heilbronn", die in Graz anläßlich der Eröffnung der Festspiele am 21. Juni 1958 uraufgeführt wurde, Kleists Dichtung zugrunde gelegt.

Die Hermannsschlacht. Ein Drama. (1808)

Inhalt: Hermann, *der Cheruskerfürst, eint die germanischen Stämme. Er überläßt* Marbod, *dem Führer der südlichen Stämme, die Oberherrschaft, wodurch er ihn für den gemeinsamen Kampf gegen die Römer gewinnt. So kommt es im Jahr 9 n. Chr. in der Schlacht im Teutoburger Wald zum Sieg über die Römer, deren Feldherr* Varus *seine Pläne auf der vermuteten Zwietracht der Germanen aufgebaut hat.*

Das Werk ist ein Tendenzstück und Schlüsseldrama. Es zeigt den fanatischen Franzosen- und Napoleonhaß des Dichters und sollte politisch für ein Bündnis zwischen Preußen und Österreich werben, um Napoleon endgültig besiegen zu können.

Prinz Friedrich von Homburg. (1810)

Inhalt: *Der jugendliche Prinz* Friedrich von Homburg *wird von einem Kriegsgericht zum Tod verurteilt, weil er durch sein befehlswidriges und voreiliges Eingreifen in der Schlacht bei Fehrbellin (1675) zwar den Sieg über die Schweden herbeigeführt, aber dadurch die völlige Vernichtung des Feindes verhindert hat. Jäh aus dem Rausch von Sieg und Ruhm gerissen und vor die Gewißheit des Todes gestellt, wird er zunächst von einer alle Würde vergessenden Todesangst erfaßt. Da legt der* Kurfürst, *von den Großen des Reiches und* Natalie, *der Braut des Prinzen, bestürmt, die Entscheidung in dessen eigene Hand: er ist frei, wenn er sich selbst für unschuldig erklärt. Nun erwacht in Homburg die Erkenntnis, daß der Mensch ohne Unterordnung unter das Gesetz nicht menschenwürdig lebt. Zum Mann gereift, nimmt er das Urteil als gerecht an und geht dem Tod mutig und gefaßt entgegen, um seine Auflehnung gegen Einordnung in Gehorsam und Pflicht gegenüber der Gemeinschaft zu sühnen. Dadurch wird er zum wahren Helden, vom Kurfürsten begnadigt und mit seiner geliebten Natalie vereint.*

In diesem Drama ist das Gedankengut Adam Müllers wirksam: der ewige Gegensatz zwischen den Ansprüchen des Individuums und denen des Staates. Der Gegensatz zwischen Eigenwillen und Staatswillen wird, tragisch verstrickt und glücklich gelöst, dargestellt. Der tragische Konflikt zwischen Gefühl und Wirklichkeit wird hier zu einer glücklichen Lösung geführt, indem sich der Held des Stückes der harten Wirklichkeit unterwirft und diese vom Gefühl her bejaht und anerkennt.

Novellen

Über die Romantik hinaus weisen auch die **Erzählungen** von Kleist. Ganz im Gegensatz zu den an Phantastik reichen und subjektiv geformten Novellen der Romantik besitzen sie eine streng-objektive Erzählhaltung. Der Dichter tritt hinter dem mit unpersönlicher Sachlichkeit und gemessener Kürze berichteten Geschehen völlig zurück. Seine Novellen zeichnen sich durch Formstrenge, fast dramatische Komposition, knappe Ausdrucksweise, wirklichkeitsnahe Gegenständlichkeit und eine bis in die Tiefen des Unterbewußtseins eindringende seelische Beobachtungsgabe aus. Kleist wird dadurch zum Vorläufer des psychologischen Realismus.

Seine bedeutendste Novelle *Michael Kohlhaas* (1806) knüpft an eine wahre Begebenheit an.

Inhalt: *In der Luther-Zeit werden dem Pferdehändler* Michael Kohlhaas *zu Unrecht zwei Pferde von einem Adeligen beschlagnahmt. Empört führt er jahrelang erfolglose Prozesse und schreitet schließlich zur Selbsthilfe. Das Rechtsgefühl treibt den durchaus redlich und billig empfindenden, schlichten und frommen Mann zu einem Kampf gegen Staat und Gesellschaft. Er wird zum Räuberhauptmann und Mörder. Zuletzt findet er zwar sein Recht, muß aber für die inzwischen begangenen Untaten büßen und wird geköpft.*

Kleist behandelt hier dasselbe Problem wie in seinem Drama „Prinz Friedrich von Homburg“: den Zusammenstoß von persönlichem Rechtsgefühl mit dem objektiven Recht, den Zusammenstoß von Staat und Individuum. Die Novelle wurde von dem österreichischen Dichter Rudolf Holzer dramatisiert.

Die Novellen *Die Marquise von O...* und *Die Verlobung von St. Domingo* erzählen von fast unlösbaren Gefühlsverwirrungen. (Ferdinand Bruckner[1] hat den Novellenstoff „Die Marquise von O...“ 1933 dramatisiert.) Im Gegensatz dazu handelt die Novelle *Der Zweikampf* von untrüglicher Gefühlssicherheit auch gegen alle äußeren Tatbestände. Wie sehr der Mensch dem Zufall, Schein und Irrtum preisgegeben ist, schildern die Erzählungen *Das Erdbeben von Chili, Das Bettelweib von Locarno, Der Findling* und *Die heilige Cäcilie oder die Gewalt der Musik*. Ein Meisterstück von knappster Zuspitzung und Zusammendrängung des erzählenden Geschehens auf das Wesentliche und Tatsächliche ist die *Anekdote aus dem letzten preußischen Kriege*.

Seine Lebens- und Kunstanschauung – den Streit zwischen Instinkt und Bewußtsein, Gefühl und Wirklichkeit – beschreibt Kleists scharfsinnige Studie *Über das Marionettentheater* (1810). Nur wenn der Mensch seiner gefühlsmäßig in sich erfaßten Bestimmung folgt, vermag er selbst dort noch, wo er an seinem Schicksal und am Zufall scheitert, zugleich Geborgenheit und Erfüllung zu finden.

Heinrich von Kleist vereint in seinem Werk Realistisches und Romantisch-Märchenhaftes, Tragik und Humor, klassische Harmonie und maßlose Leidenschaftlichkeit, die mitunter an das Pathologische grenzt und ist ein Wegbereiter der erst nach seinem Tod heraufkommenden Neuen Zeit. Er hat keine Aufführung seiner Dramen erlebt. Nach langer Verkennung wurde er erst nach dem Ersten Weltkrieg als einer der genialsten Dramatiker der Weltliteratur und als der größte Dichter Preußens erkannt.

IV. Die Dichter der Befreiungskriege

Die Unterjochung Österreichs und Deutschlands durch Napoleon läßt um 1808 das Nationalgefühl auflodern.

In Österreich ruft 1809 der Wiener Heinrich Josef von Collin (siehe Seite 150), der in seiner Zeit auch ein gefeierter Theaterdichter ist, mit seinen *Wehrmannsliedern* zum Kampf gegen Napoleon auf. Des Wiener Hoftheaterdichters Ignaz Franz Castelli (1781 bis 1862) *Kriegslied für die österreichische Armee* (1809) ist damals in aller Mund und reizt in besonderer Weise den Zorn Napoleons (siehe Seite 151). Neben ihnen wirkt der Tiroler Geschichtsschreiber und Patriot, der enge Freund Erzherzog Johanns, Joseph Freiherr von Hormayr (siehe Seite 150).

Eingeleitet und begleitet wird die Volkserhebung des Jahres 1813 von den leidenschaftlich bewegten *Liedern für Deutsche* (1813) von Ernst Moritz Arndt (1769 bis 1860), der auch in Prosaschriften (*Geist der Zeit*) die Gegenwart einer scharfen Kritik unterzieht. Friedrich Ludwig Jahn (1778 bis 1852) empfiehlt in seinen Schriften *Deutsches Volkstum* und *Deutsche Turnkunst* körperliche Ertüchtigung.

Max von Schenkendorf (1783 bis 1817) ist ein romantischer Schwärmer für Rittertum, Frauendienst und alte Kaiserherrlichkeit. In seinen Freiheitsliedern will er für die Wiederaufrichtung des Kaisertums, für die Einigung von Nord- und Süddeutschland begeistern. Bekannt sind bis heute die Lieder: *Freiheit, die ich meine ...*; das Schwurlied *Wenn alle untreu*

[1] Siehe III. Teil.

werden . . .; der Sang von Andreas Hofer *Als der Sandwirt von Passeier* . . .; *Es klingt ein heller Klang* . . .

Theodor Körner (1791 bis 1813), als Sohn von Schillers Freund 1791 in Dresden geboren, hat früh mit seinen in der Nachfolge Schillers entstandenen Dramen Erfolg („Zriny" und besonders *Toni* – eine Dramatisierung von Kleists Novelle „Die Verlobung von San Domingo").

Wegen seiner großen Erfolge wird Körner Hoftheaterdichter in Wien, wo er sich mit der Schauspielerin Toni Adamberger verlobt. Beim Ausbruch des Krieges tritt er als Lützowscher Jäger ins Heer ein. Die Kriegslieder wurden von seinem Vater 1814 unter dem Titel *Leyer und Schwert* herausgegeben.

DIE SPÄTROMANTIK (1816 BIS 1830)

1. Die schwäbische Romantik

Ludwig Uhland (1787 bis 1862)

Er widmet sich nach absolviertem Jusstudium der Erforschung der deutschen und romanischen Sprachen, wird vorübergehend Professor für Germanistik an der Universität seiner Geburtsstadt Tübingen (1829–1833) und nimmt anschließend als Privatgelehrter an den politischen Kämpfen seiner Zeit Anteil.

1848 tritt er als Abgeordneter der Deutschen Nationalversammlung in Frankfurt als wortgewaltiger Vertreter der großdeutsch gesinnten Politiker für den Anschluß Österreichs und gegen ein Erbkaisertum in Erscheinung. Bald nach Auflösung der Nationalversammlung zieht er sich ins Privatleben zurück und stirbt als anerkannter Führer der schwäbischen Romantik und Meister der Ballade und des Liedes in Tübingen.

Lyrik

Uhland legt in schlichtem volksnahem Ton seine Gefühle meist einem anderen in den Mund (Rollenlyrik). So wurden einige seiner Gedichte, wie *Ich hatt' einen Kameraden*, *Der Wirtin Töchterlein* und *Schäfers Sonntagslied*, überaus volkstümlich. Viele seiner Gedichte wurden vertont.

Balladen

Sie erwachsen aus Uhlands Beschäftigung mit antiken, romanischen, englischen und dänischen Stoffen. Der Dichter gilt darum auch als Schöpfer der Geschichtsballade. Gegenüber dem Pathos der Schillerschen Ballade besitzen Uhlands Werke schlicht erzählenden Ton, Handlung und nicht moralisierende Tendenz. Zum bekannten Volksgut wurden daher *Des Sängers Fluch*, *Roland*, *Das Glück von Edenhall*, *Bertran de Born* und *Taillefer*.

Die Geschichtsdramen

Herzog Ernst von Schwaben und *Ludwig der Bayer* zeichnen sich zwar durch eine melodische Sprache aus, lassen aber weder scharf gezeichnete Charaktere noch dramatischen Aufbau erkennen und sind darum bühnenunwirksam.

Als Wissenschafter

verfaßt Uhland die Biographie *Walther von der Vogelweide* und die *Geschichte der altdeutschen Poesie*.

Mit der Herausgabe der Sammlung *Alte hoch- und niederdeutsche Volkslieder* setzt er die Bestrebungen Armins und Brentanos, Volksgut lebendig zu erhalten, fort.

Sein wissenschaftliches Hauptwerk sind die *Schriften zur Geschichte der Dichtung und Sage* (8 Bände).

Gustav Schwab (1792 bis 1850)

Der aus Stuttgart gebürtige Gymnasialprofessor und spätere Pfarrer Gustav Schwab nennt sich selbst einen Schuler Ludwig Uhlands, in dessen deutlicher Nachfolge seine Balladen (*Das Gewitter*, *Der Reiter und der Bodensee*) und vor allem seine Bemühungen um die altdeutsche Dichtung stehen. Durch seine Nacherzählungen der *Schönsten Sagen des klassi-*

schen Altertums und der *Deutschen Sagen* sowie der *Deutschen Volksbücher* schafft er Erziehungsbücher für die Jugend und trägt wesentlich dazu bei, daß Sage und Volksbuch allgemeines Volksgut geworden sind.

WILHELM HAUFF (1802 bis 1827)

Von den **Gedichten** des aus Stuttgart gebürtigen Dichters sind einige Soldatenlieder (*Morgenrot, Morgenrot, leuchtest mir zum frühen Tod..., Steh' ich in finstrer Mitternacht...*) Eigentum des Volkes geworden.

Bedeutenderes jedoch hat Hauff als Erzähler geschaffen. Im Bann der Romantik stehen seine durch Rahmenerzählungen zusammengefaßte **Märchen** morgenländischer und deutscher Stoffe. In der *Karawane* zieht der Leser im Geist durch die Wüste und lauscht den Märchen, mit denen sich Kaufleute die Rasttage kürzen. Hier finden wir die bekannten **Märchen** „Geschichte vom Kalif Storch" und „Der kleine Muck". Die Sammlung „Das Wirtshaus im Spessart" enthält das Märchen „Das kalte Herz".

Hauffs bedeutendstes Werk führt aber bereits aus der Romantik weg und steht im Bann der neu aufkommenden Wirklichkeitsdichtung.

Es ist dies sein historischer **Roman** *Lichtenstein* (1826), der die Fehde des Schwäbischen Bundes gegen den unglücklichen und leidenschaftlichen Herzog Ulrich von Württemberg im 16. Jahrhundert schildert. Mit diesem Roman begründet Hauff den geschichtlichen Roman in Deutschland. Nach dem Vorbild des Schotten Walter Scott („Waverley, Ivanhoe") wird die Geschichte in ihrer eigenen Realität zur Darstellung gebracht. Sie ist jetzt nicht mehr das verklärte Fernbild einer rückwärtsschauenden Prophetie, einer Sehnsucht nach goldenen Zeiten, sondern beglaubigt durch Tradition und Wissenschaft.

EDUARD MÖRIKE (1804 bis 1875)

1804 in Ludwigsburg in Schwaben geboren, wird Mörike nach seinen theologischen Studien im Tübinger Stift nach verschiedenen Vikariaten Pfarrer in Cleversulzbach. Nach seiner Versetzung in den Ruhestand (1844) übernimmt er eine Literaturlehrerstelle am Mädchenstift Katharineum in Stuttgart, wo er im Jahr 1875 stirbt.

Nach schweren inneren Kämpfen, in die ihn Krankheiten, schwere Schicksalsschläge, unglückliche Liebe und die in ihm schlummernden, seine Ruhe immer wieder zerbrechenden Dämonen stürzen, ringt sich Mörike zu einer wehmütig-resignierenden Ergebung in sein Schicksal und zu seelisch-geistiger Harmonie durch. Er gilt als einer der größten deutschen Lyriker im 19. Jahrhundert.

Seine **Gedichte** (1. Sammelausgabe 1838) besitzen neben romantischen Bauelementen wieder klassische, aber auch schon realistisch-impressionistische. Diese Übergangsstellung kennzeichnet die gesamte schwäbische Spätromantik. Volksliedhafte Schlichtheit und Innigkeit und romantische Allbeseelung verbinden sich in den Gedichten Mörikes mit Goethescher Gegenständlichkeit und antikem Maß- und Formgefühl. Persönlich Erlebtes weitet sich in ihnen zu sinnvoller Weltschau und zu überindividueller Menschendarstellung. Mörikes **Naturballaden** („Der Feuerreiter", „Die Geister am Mummelsee", „Elfenlied") sind eine Mythologisierung der Natur. Viele Lieder Mörikes werden später von Hugo Wolf kongenial vertont, wobei er zum Unterschied von Franz Schubert dem Wort des Dichters den Vorzug gibt.

Mörikes großer **Künstlerroman** *Maler Nolten* (1832) folgt einesteils Johann Wolfgang Goethes „Wilhelm Meister", besitzt aber eine wirre, ins Reich der Phantasie eindringende

Romantik und schon eine fast moderne, realistische Psychologie einer problematischen Künstlernatur.

Seine zum ewigen Schatz deutscher Meistererzählungen gehörige **Novelle** *Mozart auf der Reise nach Prag* (1855) ist eine Charakternovelle, die an Hand eines erfundenen Reiseerlebnisses bei einem mährischen Landedelmann während der Fahrt Mozarts nach Prag zur Uraufführung des „Don Juan" eine feinsinnige Charakteristik des von Mörike besonders verehrten und ihm wahlverwandten Komponisten gibt. Die Novelle schildert die bezaubernde Anmut und Heiterkeit, aber auch das wehmütig geahnte Wissen um einen frühen Tod, das die Mozartsche Musik kennzeichnet.

Abb. 37: Eduard Mörike, Photographie.

Inhalt: Mozart *reist mit seiner Gattin nach Prag, um dort die halbfertige Oper „Don Juan" aufführen zu lassen. Unterwegs gerät er während einer Rast an einem sonnendurchglühten Sommertag in einen Schloßgarten. In seiner Zerstreutheit pflückt er eine Orange und wird darob vom Gärtner beim Gutsherrn verklagt. Mozart will sich entschuldigen, wird jedoch von der kunstsinnigen Familie samt seiner Frau freundlichst aufgenommen und zu einer Verlobungsfeier festgehalten. Hier berichtet er von seiner Jugend, seine Gattin* Konstanze *erzählt vom Leben und Schaffen des Meisters in Wien. Abends erreicht die Feier ihren Höhepunkt, als Mozart das Don-Juan-Finale vorträgt. Mit einem wehmütigen Ausklang, Mozarts frühen Tod andeutend, schließt die Erzählung.*

Spielende Grazie und Phantasie herrscht in Mörikes **Märchendichtung** („Das Stuttgarter Hutzelmännlein" mit der darin eingefügten, humorvollen „Historie von der schönen Lau", zu der Moritz von Schwind berühmte Zeichnungen schuf) sowie in der von ihm erneuerten epischen **Idylle** ("Idylle vom Bodensee").

Als ein Meister deutscher **Übersetzungskunst** erweist sich Mörike in seinen Übertragungen griechischer und römischer Lyrik, besonders der von Anakreon, Theokrit und Catull.

II. Einzelne Spätromantiker

Friedrich Rückert (1788 bis 1866)

Rückert, Professor für orientalische Philologie in Erlangen, ist ein großes Sprach- und Formgenie von virtuoser Reimkunst.

Weniger durch seine die Form über den poetischen Gehalt stellenden Gedichte als durch seine meisterhaften Übersetzungen orientalischer Dichtung gewinnt er Bedeutung für die Entwicklung der deutschen Literatur. Er hilft wesentlich mit, die Bemühungen der Romantiker, Gottfried Herders Idee der Weltliteratur zu verwirklichen und zum Erfolg zu führen. Rückert bietet Übersetzungen aus dem Arabischen, Persischen, Indischen und Chinesischen („Östliche Rosen" 1822, „Weisheit der Brahmanen" 1836).

Zahlreiche Texte Rückerts wurden vertont, so etwa von Franz Schubert, Carl Loewe, Robert Schumann, Johannes Brahms, Gustav Mahler („Kindertotenlieder") und Hermann Reutter.

August Graf von Platen — Hallermünde (1796 bis 1835)

Dem aus alter Adelsfamilie stammenden, 1796 zu Ansbach geborenen Dichter ermöglicht eine Pension Ludwigs I. ein Leben in Italien, wo er 1835 in Syrakus stirbt.

Noch stärker als die „Schwäbische Schule" strebt Platen nach einer Rückkehr zur Klassik. Er wird der Führer einer gegen die Romantik gerichteten klassizistischen Dichtung und huldigt einem formstrengen Schönheitskult der Sprache, die sich in antiken und orientalischen Versmaßen Ausdruck schafft. Platen ist ein Meister des Ghasels, des Sonetts, der Ode und der Hymne.

Seine Lyrik ist ausgesprochene **Gedankenlyrik.** Sie offenbart nicht Gefühlszustände, erwächst nicht aus dem Gemüt, aus äußeren Erlebnissen oder Natureindrücken, sondern spricht Gedanken aus.

Von seinen durch die knappe Form und die packende Gegenüberstellung scharfer Kontraste wirksamen **Balladen** sind heute noch „Das Grab im Busento" und der „Pilgrim vor St. Just" lebendig.

Wilhelm Müller, genannt „Griechen-Müller" (1794 bis 1824)

Müllers *Lieder der Griechen* (1821) sind der Ausdruck des Philhellenismus anläßlich der griechischen Freiheitskämpfe gegen die Türken (1821 bis 1831). Die Griechenlieder waren damals eine Modegattung und fanden viele Nachfolger. Bekannt wurde der Dessauer Gymnasiallehrer Müller durch seine volksliedmäßigen Müller-, Jäger- und Wanderlieder. Die beiden novellistisch reihenden Liedfolgen *Die schöne Müllerin* (Das Wandern ist des Müllers Lust . . ., Ich hört' ein Bächlein rauschen . . ., Ich schnitt' es gern in alle Rinden ein . . .) und *Die Winterreise* sind durch die geniale Vertonung Franz Schuberts lebendig geblieben. Von den übrigen Liedern sind die meistgesungenen: *Am Brunnen vor dem Tore — Im Kruge zum grünen Kranze — Die Fenster auf, die Herzen auf* — und — *Wenn wir durch die Straßen ziehen.*

Zusammenfassende Übersicht: Siehe Seite 200.

Anregungen zum Üben und Vertiefen

Außerliterarische Bereiche

1. Welche politischen Zeitverhältnisse beeinflussen und formen das Leben zur Zeit der Romantik?

2. Welche geistigen Kräfte verwendet die Romantik zum Aufbau ihres Weltbildes?

3. Welches Gefühl halten Sie für das wesentlichste der Romantik? – In welchen künstlerischen Werken finden Sie es am treffendsten dargestellt?

4. Woran erkennen Sie ein romantisches Bildwerk? – Begründen Sie Ihre Aussage an Hand von Beispielen!

5. Warum kann man die Musik als die führende Kunstgattung der Romantik bezeichnen?

6. Welche Oper ist für Sie die charakteristischste der Romantik? – Leiten Sie von diesem Werk Merkmale der Romantik ab!

7. Welche Hauptform der romantischen Musik steht als solche neben der Oper? – Wer gilt als Schöpfer dieser romantischen Musikform?

8. In welchen Werken ist Ludwig van Beethoven Romantiker (Klassiker)?

9. Welche nichtdeutsche und nichtösterreichische Musik ist noch heute lebendes Kulturgut?

10. Welche philosophischen Ideen werden zu geistigen Grundlagen der Romantik?

11. Welchen bedeutenden Zweig der Wissenschaft begründeten die Gebrüder Grimm? – Worin liegt ihre große Bedeutung?

Literarische Bereiche

1. Woran erkennen Sie die einzelnen Entwicklungsstufen der romantischen Literatur? – Erläutern Sie Ihre Aussage an Hand von Beispielen!

2. Vergleichen Sie die Wesenszüge der Klassik mit jenen der Romantik!

3. Warum kann die Romantik als eine europäische Geistesbewegung bezeichnet werden?

4. Worin besteht das Wesen der „School of the Lake"? – Erläutern Sie Ihre Meinung an Hand von Beispielen!

5. Wer gilt als Begründer des modernen historischen Romans? Wen beeinflußte er mit seiner Neuschöpfung? – Untermauern Sie Ihre Aussage mit Hilfe von Beispielen!

6. Welche literarische Leistung erbrachte Italien (Frankreich, Dänemark, Rußland, Polen, Nordamerika) zur Zeit der Romantik?

7. Wer schuf den Begriff „Reich der blauen Blume"? – Warum wird dieses Reich der blauen Blume zu einem Symbol der Romantik?

8. Welche Ideen fanden in der Volkslieder-Sammlung „Des Knaben Wunderhorn" ihren Niederschlag?

9. In welchen Werken der Romantik wurde das Geheimnisvolle, Spukhafte und Grausige mit realem Leben eng verwoben? – Erläutern Sie dies an Hand von Beispielen!

10. Worin unterscheidet sich Kleists Lustspiel „Der zerbrochene Krug" von zeitgenossischen Schicksalsdramen? – Worin liegt der Lustspielcharakter dieses Werkes?

11. Vergleichen Sie die Persönlichkeit Karl Moors aus Schillers Schauspiel „Die Räuber" mit jener von Michael Kohlhaas aus der gleichnamigen Novelle Kleists!

12. In welchen Werken der Romantik wird der nationale Freiheitswille zum tragenden Element der Dichtung?

13. Welche Dramenform kann als typisch für die Romantik bezeichnet werden? – Erläutern Sie Ihre Aussage an Hand von Beispielen!

ZWISCHEN ROMANTIK UND REALISMUS

(Biedermeier)

1830 bis 1848

Geschichtliche Voraussetzungen

1815 bis 1848: Aus der Erhebung gegen Napoleon erwächst die Selbstbesinnung der europäischen Nationen auf ihre individuellen Eigenwerte. Der **nationale Gedanke** drängt nach nationaler Einigung und Unabhängigkeit. Gleichzeitig beginnen die drei großen Zeitmächte der dritten Epoche des Abendlandes zu entstehen: die Naturwissenschaft, die Technik und die Industrialisierung. Sie führen zum Aufstieg des bisher politisch rechtlosen Bürgertums und zur Bildung eines neuen Standes: des Arbeiterstandes. Der Bürger beginnt gegen seine Bevormundung durch den Adel und der Arbeiter gegen seine Ausbeutung durch den Bürger zu kämpfen. So werden ab 1830 **Liberalismus, Sozialismus** und die **demokratische Idee** zu Hauptfaktoren der politischen Entwicklung Europas. Sie bedrohen die zunächst nach dem Sturz Napoleons herrschende Restauration und führen zur Revolution im Jahr 1848.

1848 bis 1849: Aufstand in Oberitalien gegen Österreich. Sieg Radetzkys bei Custozza und Novara[1].

Die neue Situation

Im 19. Jahrhundert steigt eine neue Welt herauf. Die mit Hilfe der modernen Naturwissenschaften und Technik einsetzende Industrialisierung führt zu einer starken Veränderung der Außenwelt und zu einer Umschichtung der Gesellschaft. Altes stürzt, Neues wächst empor. Alles überragt der technische Fortschritt, die Aufrichtung eines Daseinsfürsorgeapparates von bisher ungeahntem Ausmaß. Tempo ist das Schlagwort der Zeit, der es an Ausgeglichenheit fehlt und die von einer ewigen Unruhe und Unsicherheit erfaßt erscheint. Am Beginn der neuen Periode steht die französische Julirevolution (1830), am Ende die Märzrevolution (1848), die ganz Europa erfaßt.

Von den vielen Zeitkämpfen drängen sich zunächst einige in den alles Interesse der Zeitgenossen fordernden und alles beherrschenden Vordergrund:

Ab 1815 wirkt vor allem die nationale Einigungsidee. In Deutschland bleibt allerdings die föderalistische Grundstruktur erhalten. Das erwachte Nationalbewußtsein fordert den Zusammenschluß aller Deutschen in einem einheitlichen, mächtigen Reich. Dieses Streben führt zu einer Rivalität zwischen Österreich und Preußen, die zu einem innerpolitischen Streit zwischen den Anhängern einer großdeutschen Lösung der Frage und denen einer kleindeutschen führt. Der aus der Unterdrückung durch Napoleon und aus den Gedankengängen der Spätromantik – sie empfand den Zerfall der Menschheit in einzelne Völker als gottgewollt – erwachende Nationalismus wird nahezu die beherrschende Idee der Zeit. Die Italiener und kleineren Völker Europas (Griechen, Polen, Südslawen, Tschechen, Ungarn, Bulgaren) besinnen sich auf sich selbst.

[1] Siehe Abb. 38, Seite 126.

Ab 1830 erhebt die liberale, **demokratische Idee** ihre Forderungen. Die Entfaltung der Technik und der Aufstieg der modernen Zivilisation führen zum Aufstieg des Bürgertums neben einem Absinken und Verarmen des Adels. Zunächst ist das Bürgertum jedoch noch ohne politische und gesellschaftliche Rechte, was zur **Emanzipation** des **Bürgers,** d. h. zu seinem Streben nach politischer und wirtschaftlicher Freiheit, nach einer demokratischen Verfassung und nach Beseitigung der immer noch vorhandenen Standesvorurteile führt. Der Bürger fordert Anteilnahme an der Regierung, entweder in der gemäßigten Form einer konstitutionellen Monarchie oder in der radikalen Form einer Republik.

Abb. 38: August Pettenkofen: Josef Graf von Radetzky. Reiterbild in Gruppe als Sieger von Novara.

Die Zeit von 1830 bis 1880 ist ausgesprochen bürgerlich, durch das kulturelle, ökonomische und politische Emporstreben des dritten Standes gekennzeichnet, während der vierte, der im wachsenden Industrialismus immer stärker wird, nur teilweise und verhüllt dahinter sichtbar wird. Erst um 1870 nimmt die **soziale Frage** revolutionäre Formen an, wo sie dann infolge der blinden Fortschrittsgläubigkeit des Bürgers und seiner hartnäckigen Gleichgültigkeit gegenüber dem ins Unerträgliche wachsenden Proletarierelend explosionsartig eine Lösung fordert. Dieses gleichgültige Vorbeisehen des Bürgers an den Nöten des von ihm geschaffenen vierten Standes bedingt es, daß Bourgeois (französisches Wort für Bürger) zu einem Schimpfwort wird.

Eine dritte Forderung, die in der Zeit von 1830 bis 1848 stürmisch erhoben wird, ist die nach **Emanzipation** der **Frau,** d. h. nach Gleichberechtigung mit dem Mann, nach Selbständigkeit, nach Anteilnahme am öffentlichen Leben, an der geistigen Ausbildungsmöglichkeit und wirtschaftlichen Tätigkeit des Mannes.

Auch ein vierter Ruf nach Befreiung aus bisheriger Rechtlosigkeit ertönt, nämlich der nach **Emanzipation der Juden.** Als neues, erregendes, bewegendes, auf Aktualität und Tagesbetrieb gerichtetes Element tritt um 1830 das Judentum in die Zeit ein und aktiviert die Literatur. Nach ihrer erkämpften Gleichberechtigung wird der Anteil der Juden besonders an der deutschen Literatur bedeutend.

Alle diese Befreiungsversuche münden schließlich in den Ruf nach **Emanzipation des Menschen** schlechthin, indem sich der moderne Mensch immer mehr aus den überlieferten Formen der überindividuellen Mächte der Kirche, des Staates und der Familie loslöst. Man kämpft gegen den „Klerikalismus" der Kirche, d. h. gegen deren Einflußnahme auf die Politik, was schließlich zu einer Los-von-Rom-Bewegung führt, die die Loslösung vom überlieferten Glauben verlangt. Man fordert völlige Freiheit des Subjektes von aller Tradition.

Diese Emanzipationsbestrebungen erfüllen die Zeit mit Unruhe und münden in eine innere Zerrissenheit, in einen **Weltschmerz.** Man weiß noch um die großen Ideale der versinkenden Zeit und hat doch den Glauben an sie verloren. Man ist auch nicht imstande, sie durch neue zu ersetzen. Man fordert Freiheit von allen alten Bindungen, ohne sich klar zu werden, wozu man in Freiheit vorstoßen will. Nach dem größten Weltschmerzdichter der Zeit, dem Engländer Lord Byron, nennt man die pessimistische Weltschmerzstimmung zwischen 1830 und 1848 **Byronismus.**

Auch die Dichtung steht in der Zeit von 1830 bis 1848 im Bann der großen geistigen und wirtschaftlichen Umwälzungen. Wir finden die Menschen nun so geschildert, wie sie in der alltäglichen Wirklichkeit zu finden sind, nicht mehr wie sie sein sollten. Dichterischen Idealismus nennt man jene Stilhaltung, die das Leben zu idealisieren trachtet. Im Gegensatz dazu sucht der Realismus das Leben ohne heroische Überhöhung und Verschönerung in seiner Bindung an das Gute, Böse, an das Häßliche und Schöne darzustellen. Nicht Ausnahmemenschen will er schildern, sondern einfache Menschen des Alltags. Die gesamte Dichtung von 1830 bis 1880 strebt nach immer weitergehendem Realismus.

Herkunft des Namens Biedermeier

Nach einer Parodie des treuherzigen Spießbürgers, die Ludwig Eichrodt gemeinsam mit A. Kußmaul in den „Fliegenden Blättern" unter dem Titel „Gedichte des schwäbischen Schullehrers Gottlieb Biedermaier und seines Freundes Horatius Treuherz" veröffentlichte, bezeichnen wir die Zeit (1815 bzw.) 1830 bis 1848 auch **Biedermeierzeit,** nachdem man zunächst den Namen Biedermeier auf die bürgerliche Wohnkultur[1], dann auf die beschauliche Genremalerei (Carl Spitzweg[2]) jener Zeit übertragen hat.

Das weitaus an Glanz und Leistung das übrige Europa überragende Kulturzentrum der Biedermeierzeit ist Österreich.

Die philosophischen Grundlagen

Den Übergang vom Zeitalter der Romantik zu dem des Realismus bildet auf dem Gebiet der Philosophie Hegel, in dem die romantisch-idealistische Philosophie gipfelt, und der gleichzeitig den Weg zur Überwindung der abstrakt-spekulativen Philosophie öffnet. Hegel bedeutet ein Ende und einen Neubeginn.

Georg Wilhelm Friedrich Hegel (1770 bis 1831) nimmt in seinen beiden großen Werken *Phänomenologie des Geistes* und *Enzyklopädie der philosophischen Wissenschaften* als oberstes Prinzip die absolute Weltvernunft an, aus der die gesamte Wirklichkeit hervorgehe. „Das Absolute ist Geist und ist dialektischer Art, das heißt in beständiger Entwicklung begriffen." Dieser absolute Geist verwirklicht sich stufenweise im Aufstieg vom Pflanzlichen über das Tierische zum Menschlichen, in dem er in dreifacher Weise in Erscheinung tritt. Als subjektiver Geist bestimmt er das Leben des einzelnen Menschen, als objektiver Geist schafft er die

[1] Siehe Abb. 51, Seite 159.
[2] Siehe Abb. 25, Seite 87.

überindividuellen Formen des Rechts, der Moral, der Gemeinschaft, der Gesellschaft und des Staates. Die Gegensätze zwischen den subjektiven und objektiven Erscheinungsformen des Weltgeistes versöhnen sich in den Schöpfungen des absoluten Geistes: in Kunst, Religion und Philosophie.

Die Weltentwicklung wird als ein logischer Prozeß aufgefaßt. Hegel meint, daß sich die Entwicklung der Wirklichkeit durch die drei Stufen der Setzung (Position), der Entgegensetzung (Negation) und der Versöhnung des Widerstrebenden (Negation der Negation)

Abb. 39: Friedrich Hegel.

vollzieht; mit anderen Worten: jeder Begriff (Thesis) schlägt schließlich in sein Gegenteil um (Antithesis); so entspringt ein neuer Begriff, aus dessen Verbindung mit dem ersten sodann eine höhere Einheit (Synthesis) entsteht und so fort in infinitum. Diese im Dreitakt verlaufende Bewegung des Weltgeistes nennt Hegel nach einem platonischen Wort die **dialektische Methode.** So befruchtend auch die Philosophie Hegels wirkte, so erwächst aus ihr bald ein skeptischer Relativismus, da sie letzten Endes den vergänglichen Charakter von allem und in allem enthüllt. Sowohl die Männer der Restauration als auch die der revolutionären Opposition holen sich gleichermaßen die Rechtfertigung ihres Wirkens aus der dialektischen Methode Hegels. Die Konservativen wollen die Gegenwart als eine Periode der Synthesis verstanden wissen und fordern daher weitgehendes Rückgreifen auf die Tradition, eine Restauration. Die jungen Revolutionäre empfinden die Gegenwart jedoch als eine Antithesis-Stufe und leiten daraus das Recht zur Verneinung des Bisherigen ab.

Im Anschluß an Hegel vertreten junge Forscher, die wir heute die Jung-Hegelianer nennen, in Staatswissenschaft, Religions- und Geschichtsphilosophie höchst revolutionäre Ideen. Aus ihrem Lager stammen David Friedrich Strauß, Bruno Bauer, Ludwig Feuerbach, Karl Marx und Friedrich Engels.

David Friedrich Strauss (1808 bis 1874) in seinem *Leben Jesu* (1835) und Bruno Bauer (1809 bis 1882) treten mit einer an die Aufklärung erinnernden Kritik an die Überlieferung der Evangelien heran und lehnen den dogmatischen Gottes- und Jenseitsbegriff ab. Sie erklären die christlichen Wunder als Mythenbildung, als bloße Erfindung der menschlichen Phantasie.

Ludwig Feuerbach (1804 bis 1872) verwirft in seinen vor der Heidelberger Studentenschaft gehaltenen *Vorlesungen über das Wesen der Religion* (1845) die Religion als eine Selbsttäuschung des Menschen. An die Stelle der Gottesliebe sollen die Menschen die Menschenliebe setzen, an die Stelle des Gottesglaubens den Glauben des Menschen an sich selbst. „Der Mensch ist das höchste Wesen, also ist das höchste Gesetz des Menschen nicht die Gottes-, sondern die Menschenliebe."

Karl Marx (1818 bis 1883) und Friedrich Engels (1820 bis 1895) wenden die dialektische Methode und den Entwicklungsgedanken Hegels auf die wirtschaftlichen Verhältnisse an. Sie versuchen zu beweisen, daß die wirtschaftliche Entwicklung mit Naturnotwendigkeit zu einer sozialistischen Staats- und Gesellschaftsordnung führen werde. In ihrem *Kommunistischen Manifest* (1847) fordern sie den Zusammenschluß aller Proletarier, die Übernahme der Staatsgewalt durch das Proletariat, Verstaatlichung der Betriebe und Produktionsmittel und eine soziale Gesetzgebung des Staates. Der Kampf um bessere soziale Verhältnisse müßte jedoch nicht nur im wirtschaftlichen, sondern auch auf geistigem und politischem Bereich geführt werden.

Marx baute in seinen Gedankengängen den historischen Materialismus zum „dialektischen Materialismus" weiter, nach dem nicht „Ideen" die Welt bewegen und die neue Zeit gestalten, sondern die mit- und gegeneinander (dialektisch) wirkenden materiellen Quantitäten, die sich „im Kopf des Menschen" als Ideen festsetzen und die Welt verändern. Er trat für die „Emanzipation der Kunst von den Fesseln der Religion" ein und sah Wirklichkeitstreue als künstlerisches Ideal an. Die beiden Theoretiker des Sozialismus legten eine Sammlung von Volksliedern sozialkritischen Inhalts an, da sie sich zu dem einfachen volkstümlichen Wort hingezogen fühlten.

Mit seinem Hauptwerk *Das Kapital* (1867) begründet Karl Marx den wissenschaftlichen Sozialismus. Der Gang seiner Beweisführung ist in Kürze folgender: Der Klassenunterschied und die damit verbundene Ausbeutung des Arbeiters beruhen darauf, daß der Arbeiter nicht den gesamten Gegenwert für seine Verarbeitung eines Rohstoffes erhält („Mehrwerttheorie"). Der steigende Profit häuft immer mehr Kapital in einzelnen Händen an, wobei die Überschüsse automatisch zur immer weiteren Vergrößerung des Betriebes und damit zur Steigerung der kapitalistischen Macht verwendet werden („Akkumulationstheorie"). Die kleineren und mittleren Betriebe eines Industriezweiges unterliegen den Großbetrieben und werden von ihnen aufgesaugt („Konzentrationstheorie"). Die dadurch ermöglichte bessere Technisierung des Betriebes macht Arbeiter überflüssig und drückt auf den Lohn der andern („Verelendungstheorie"). Die Arbeiter empören sich und treiben zum Zusammenbruch des kapitalistischen Systems („Katastrophentheorie"). Schließlich erhebt sich die Arbeiterklasse geschlossen, errichtet die „Diktatur des Proletariats" und enteignet die Unternehmer. Die Produktionsmittel werden gesellschaftliches Eigentum, das Erbrecht wird abgeschafft, der allgemeine Arbeitszwang eingeführt („Sozialisierungstheorie").

In seiner Ablehnung des Kapitalismus deckt sich der Marxismus mit der katholischen

Soziallehre von Vogelsang über Leo XIII. („Rerum Novarum"), Pius XI. („Quadragesimo Anno") bis Johannes XXIII. („Mater et Magistra", „Pacem in Terris"), doch zieht diese andere Folgerungen aus ihrer Ablehnung.

Der gewaltige **Aufschwung der Naturwissenschaften** führt zu einem philosophischen Materialismus. 1828 stellt der Chemiker Friedrich Wöhler (1800 bis 1882) aus anorganischen Stoffen einen organischen Stoff, nämlich künstlichen Harnstoff her, wodurch der Unterschied zwischen toter und lebender Natur aufgehoben erscheint. 1839 erkennt der Naturforscher Theodor Schwann (1810 bis 1882) die Zelle als das Elementarorgan des pflanzlichen und tierischen Organismus.

Im Jahr 1844 erschließen Justus Liebigs (1803 bis 1873) *Chemische Briefe* die chemischen Grundlagen des Pflanzen- und Tierlebens. 1845 verkündet der schwäbische Arzt und Naturforscher Robert Mayer (1814 bis 1878) das Gesetz von der Erhaltung der Kraft.

Diese glänzenden Errungenschaften geben das Signal zur **Erneuerung des philosophischen Materialismus.** Hauptvertreter dieser Richtung sind Jakob Moleschott (1822 bis 1893) und Ludwig Büchner (1824 bis 1899), der Bruder des Dichters Georg Büchner. Beide Philosophen lehnen den christlichen Glauben ab und leugnen die Existenz eines Geistes. Was wir Geist nennen, sei nichts anderes als Kraft, die wieder nichts anderes sei als der Bewegungszustand des Stoffes, der Materie, die allein alles aufbaue. Alle geistigen Erscheinungen seien nichts anderes als die Ergebnisse chemischer und physikalischer Kräfte. Der Kampf ums Dasein bestimme die Moral. Der Sinn des Lebens liege im Streben nach irdischer Glückseligkeit, nach möglichst großem Lustgewinn.

Die Revolution des Jahres 1848 beruft sich auch auf diese Lehren.

Vornehmlich in den beiden ersten Jahrzehnten des 19. Jahrhunderts beeinflußt aber auch noch das große Ideal der Goethezeit, die reine und harmonische Charakterbildung, das Denken des gebildeten Bürgertums. In dem von Wilhelm von Humboldt (siehe Seite 12) organisierten neuhumanistischen Gymnasium und im Universitätswesen findet dieses Streben seinen Ausdruck. Später ergänzte die Realschule, in der die naturwissenschaftlich-mathematischen Disziplinen gepflegt wurden, das Bildungssystem.

Die Weltliteratur in der Zeit 1830 bis 1848

Frankreich

Ab 1830 gewann **Frankreich** immer mehr und mehr seine Vormachtstellung innerhalb der europäischen Literatur wieder zurück. Besonders Paris wurde seit der Julirevolution 1830 zum Mekka der modernen Kultur und der politischen Freiheitsideen. Schon die nach deutschem Vorbild zunächst entstandene französische Romantik war wirklichkeitsnäher und fortschrittlicher als die deutsche. Daher gelang auch die Weiterentwicklung zu einer wirklichkeitsgetreuen Dichtung, zum Realismus, schneller als in den übrigen Ländern Europas. Der erste Schritt in dieser Richtung erfolgte innerhalb der Trivialliteratur.

Eugène Sue (1804 bis 1857),
der Erfinder des in Fortsetzungen erscheinenden Zeitungsromans, schreckt in seinen großen Zeitromanen (*Die Geheimnisse von Paris*, 1843) auch vor der krassen Schilderung der untersten Schichten der Gesellschaft nicht zurück, wodurch er bereits an den Naturalismus gemahnt.

Der Schöpfer des modernen Romans, der sich die wahrheitsgemäße Erfassung des Wirklichen zur Aufgabe macht, ist

Henri Stendhal,
eigentlich Henri Beyle (er verehrte Johann Joachim Winckelmann, nach dessen Geburtsort Stendal er sich so nannte), 1783 bis 1842, der viele Jahre in Italien verbrachte und zuletzt Konsul im Kirchenstaat war. Er verneint den freien Willen des Menschen und sieht ihn als Produkt seiner körperlichen Anlagen und seines Milieus. Dadurch legt er die Grundlagen zum Realismus und Naturalismus. In dem Roman *Le Rouge et le Noir* (Rot und Schwarz, 1830) erklärt er: „Der Roman ist Spiegel, Medium also, durch das die vorliegende Wirklichkeit dem Leser vermittelt wird, und zwar genau in ihrer ursprünglichen Zusammensetzung von Schmutz und Schönheit, Gesundheit und Krankheit." Stendhal schrieb auch kunstkritische Abhandlungen über Joseph Haydn, Wolfgang Amadeus Mozart und Gioacchino Rossini. In der Schrift „Racine und Shakespeare" bezeichnet er als „Romantiker" jeden Dichter, in dessen Werk sich der Zeitgeist deutlich kundtut. Er verwendet somit den Begriff der Romantik nicht mehr als Bezeichnung für eine Kunstrichtung.

Abb. 40: Hans Fronius: Honoré de Balzac.

Honoré de Balzac (1799 bis 1850)
schrieb zuerst unter verschiedenen Pseudonymen Kolportageromane. In seinem ersten Roman *Peau de Chagrin* (Das Chagrinleder) ist Raphael, ein junger Wüstling, der Held, der ein Stück Eselshaut von einem spukhaften Trödler empfangen hat, das einen Talisman für die Gewährung jedes Wunsches darstellt. Europäische Wirkung erzielt der 90 Bände umfassende Romanzyklus *La comédie humaine* (Die menschliche Komödie), der im Gegensatz zu Dantes „Divina commedia" eine „Summa" der menschlichen Welt bieten will. Balzacs Romanreihe ist eine Art Enzyklopädie der menschlichen Gesellschaft seiner Zeit. Er versucht deren bunte Vielheit, alle ihre sozialen Schichten, Lebensverhältnisse und Altersstufen wahrheitsgetreu zu

schildern. Eine Provinzstudie ist der Roman *Eugénie Grandet*. *Vater Goriot* zeigt uns die tragische Gestalt des alten Goriot, der als Nudelhändler ein Vermögen erworben hat und nun von seinen herzlosen Töchtern zertreten wird. Weitere Romane: *Oberst Chabert*, *Die Frau von 30 Jahren* usw.

George Sand (1804 bis 1876)
war zu ihrer Zeit eine der berühmtesten und umstrittesten Schriftstellerinnen Frankreichs und Deutschlands, als „Emanzipierte" verworfen, „als das Mannweib mit der Männerkleidung, mit der Reitpeitsche in der Hand, dem Dolch im Gürtel, der Zigarette im Mund." Sie war mit Alfred de Musset und dem Pianisten und Komponisten Frédéric Chopin befreundet und nahm 1848 an der Revolution in Paris teil. Ihr eigentlicher Name war Aurore Dupin. In ihren Tendenzromanen trat sie für die Emanzipation der Frau, für saint-simonistische Gedanken ein und träumte von einem goldenen Zeitalter, in dem Gleichheit und Brüderlichkeit herrschen. Romane: *Indiana*, *Valtenine*, *Lélia* u. a. m. Sie gehört auch zu den Begründern der folkloristischen Dorfgeschichte (Prosa: *La mare au diable*).

England

Charles Dickens (1812 bis 1870)
zählt zu den populärsten Romandichtern Englands im 19. Jahrhundert. Mit den *Pickwick Papers* begründete er seinen Ruhm. Hier werden drollige Szenen aneinandergereiht, und es wird ein starkes soziales Pathos angeschlagen. Weitere Romane: *Oliver Twist* (1838), *Nikolas Nickleby* (1839), *Martin Chuzzlewit* (1843). Immer werden bürgerliche Heuchelei, soziale Mißstände und gesellschaftliche Ungleichheit angeprangert. In seinem Hauptwerk *David Copperfield* (1850) erzählt Dickens sein eigenes Leben.

Nordamerika

James Fenimore Cooper (1789 bis 1851)
war Seeoffizier und kann mit Walter Scott verglichen werden. In seinem epischen Werk steht im Mittelpunkt der Handlung der Zusammenstoß zwischen Weißen und Indianern. In den Jahren 1823 bis 1841 erschienen seine fünf *Leather-Stocking Tales* (Lederstrumpf-Romane): Die Pioniere, Der Letzte Mohikaner, Die Prärie, Der Pfadfinder, Der Wildtöter. Cooper wird so zum Mitbegründer des exotischen Romans.

In *The Spy* und *Lionel Lincoln* sind die amerikanischen Befreiungskämpfe Gegenstand der Erzählungen.

Bildende Künste: 1830 bis 1848

In dieser Zeit finden wir Künstler, die über die Romantik hinaus zu realistischen Genrebildern aus dem Leben bürgerlicher Behaglichkeit, zu einer wirklichkeitsgetreuen Porträt-, Historien- und Landschaftsmalerei vorstoßen. Gar mancher von den schon genannten Spätromantikern (siehe Seite 88) zeigt realistische Züge. Dies gilt vor allem für Alfred Rethel[1], in dessen Totentanzbildern die revolutionäre Stimmung der dreißiger und vierziger Jahre zum Ausdruck kommt. Die Historienmaler Wilhelm Kaulbach und Karl Friedrich Lessing gemahnen durch ihre geschichtliche Wirklichkeitstreue an die Geschichtsromane des Willibald Alexis. Adolf Menzel[2], der mit seinen Hauptwerken bereits in die

[1] Siehe Abb. 20, Seite 88.
[2] Siehe Abb. 36, Seite 115.

fünfziger Jahre gehört, wäre besonders hervorzuheben. Die Zentren der neuen Malweise sind: München, Berlin, Dresden und Düsseldorf.

Auch die Malerei außerhalb Deutschlands steht deutlich im Zeichen der nun einsetzenden Eroberung der Wirklichkeit.

Deutschland

Wilhelm von Kobell (1766 bis 1853)
Seine Schlachtenbilder (Die Belagerung von Kosel) sind reich an realistischen Details.

Karl Blechen (1798 bis 1840)
steht zunächst unter dem Einfluß des Romantikers Caspar David Friedrich. Werke: Mönch im Mondschein, Romantischer Kreuzgang. Das Bild „Eisenwalzwerk bei Eberswalde“ zeigt jedoch bereits die neue Malweise.

England

John Constable (1776 bis 1837)
ist einer der bedeutendsten Landschaftsmaler Englands. Er setzte seine Bilder aus einzelnen Farbtönen zusammen und ist so ein Mitbegründer des Impressionismus. Er beeinflußte Eugène Delacroix und die Malerschule von Barbizon. Gemälde: Die Heuernte, Die Farm, Hampstead Heide.

William Turner (1775 bis 1851)
Seine Landschaftsbilder haben etwas Mystisch-Phantastisches, Visionäres: Schneesturm, Der Untergang der „Téméraire“, Venedig, Abendstimmung auf den Lagunen.

Besonders reich an begabten und liebenswerten Vertretern ist die **österreichische** Biedermeiermalerei. (Siehe Seite 155f.)

Die Musik: 1830 bis 1848

Ähnliches wie für die Malerei gilt auch für die frührealistische Musik, zu der bereits die Spätromantiker (siehe Seite 89 bis 94) mit ihren letzten Werken gehören. Dies gilt besonders von Giacomo Meyerbeer und Guiseppe Verdi[1] („Der Troubadour“, „La Traviata“, „Ein Maskenball“, „Aida“, „Othello“, „Falstaff“). Die Grenzen zwischen Romantik und Frührealismus verschwimmen. Beide Richtungen laufen um 1830 ineinander, wobei die Romantik erst nach 1848 abklingt und der Realismus sich erst da zur Gänze durchsetzt. Zu den bereits erwähnten Komponisten treten noch: der italienische Geigenvirtuose Nicolo Paganini (1782 bis 1840), der mit seinen „Hexentänzen“, den 24 Capricen und seinen Violinkonzerten eine Musik von bis dahin ungekannter Klangwirkung schuf, und der norwegische Geiger von internationalem Ruf Ole Bull (1810 bis 1880), der ein Schüler von Spohr und Paganini war und dem man in Bergen sein berühmtes Denkmal gesetzt hat. In Frankreich gehören zum Frührealismus François Adrien Boieldieu (1775 bis 1834. „Die weiße Dame“), Adolphe Adam (1803 bis 1856. „Der Postillon von Lonjumeau“, „Die Nürnberger Puppe“) und Jacques F. E. Halévy (1799 bis 1862. „Die Jüdin“, „Der Blitz“).

Einen glänzenden Aufschwung erlebte in der Biedermeierzeit die Unterhaltungsmusik in Wien. (Siehe Seite 154.)

1 Siehe auch Seite 94.

Die politische Tendenzdichtung

I. Das junge Deutschland

Unter dem Namen das „Junge Deutschland" versteht man eine nach der Julirevolution aufkommende Gruppe liberalrevolutionärer Schriftsteller, die, ohne engeren persönlichen Kontakt oder Schulzusammenhang, von den sie bekämpfenden staatlichen Mächten infolge ihrer gleichen Tendenzen zu einer literarischen Partei zusammengefaßt wurden. Der Name wurde durch **Ludolf Wienbarg** eingeführt, der 1834 seine gegen die Romantik kämpfende, die Anteilnahme der Dichter an den politischen Tageskämpfen fordernde Kampfschrift „Ästhetische Feldzüge" dem „jungen, nicht dem alten Deutschland" widmete. Dieser Name erinnerte an politische Verschwörerbünde, wie sie in Europa damals bestanden, an Garibaldis „Giovine Italia" (Junges Italien), an „Jeune France" (Junges Frankreich), an Giuseppe Mazzinis „Junges Europa" und an den in der Schweiz von Flüchtlingen und wandernden Handwerkern gegründeten Bund, der sich gleichfalls „Das junge Deutschland" nannte und die Revolution predigte. Es war daher kein Wunder, daß Metternichs Polizei hinter der Widmung Wienbargs eine politische Verschwörung vermutete und daß schließlich die Schriften des „Jungen Deutschlands" durch den Bundestagsbeschluß vom 11. Dezember 1835 verboten wurden. Dabei wurden sozusagen amtlich Karl Gutzkow, Heinrich Laube, Ludolf Wienbarg, Theodor Mundt und Heinrich Heine neben ihnen verwandten Schriftstellern unter dem Namen „Das Junge Deutschland" zusammengefaßt. Was ihnen vorgeworfen wurde, lautete mit den Worten der Verfügung, daß ihre „Bemühungen unverhohlen dahin gehen, die christliche Religion auf die frechste Weise anzugreifen, die bestehenden sozialen Verhältnisse herabzuwürdigen und alle Zucht und Sittlichkeit zu zerstören".

Soweit die „jungdeutschen" Dichter nicht nach Paris oder England flüchteten, wurden sie festgenommen und zur Festungshaft verurteilt. Sie wollten die Literatur von einer wirklichkeitsabgewandten ästhetischen Scheinexistenz wieder zu einem wirksamen Organ des gesellschaftlichen Lebens und Fortschrittes machen, das vor allem der drängenden, ethischen, politischen und sozialen Erneuerung zu dienen habe.

Sie kämpften gegen Konvention, Feudalismus, Orthodoxie und Absolutismus für die Freiheit des Wortes und Geistes, für die Emanzipation des Individuums, der Frau, der Juden, für eine demokratische Verfassung. Sie waren bewußte Gegner der lebensabgewandten Romantik und der politischen Restauratian. Sie schufen eine Tendenz- und Zeitdichtung, d. h. eine Dichtung, die sich mit den Zeitproblemen auseinandersetzt und für bestimmte politische Ideen begeistern und überreden will. Zum Großteil waren sie keine Künstler, sondern Schriftsteller, die für den Tag über den Tag schrieben. Sie suchten eine Wirkung auf die Mitwelt, nicht eine auf die Nachwelt auszuüben. Sie bevorzugten die Formen der Skizze, der Plauderei, des Feuilletons, der Aphorrmen und der Diskussionsnovellen, in denen geistreiche Gespräche die Handlung und Erzählung überwiegen. Bedeutsame Anregungen kamen aus dem Ausland: von den Franzosen François Reâ Chateaubriand, Alphonse de Lamartine, Pierre Jean de Béranger, Victor Hugo, George Sand; vor allem aber vom englischen Weltschmerzdichter Lord Byron. Die wichtigsten Vertreter des Jungen Deutschlands sind Heinrich Heine, Ludwig Börne, Karl Gutzkow und Heinrich Laube.

Heinrich Heine (1797 bis 1856)

Heine, 1797 in Düsseldorf geboren, kommt zunächst zu seinem reichen Onkel, dem Bankier Salomon Heine, als Lehrling nach Hamburg, gibt aber den Kaufmannsberuf bald auf und studiert an den Universitäten in Bonn, Göttingen und Berlin die Rechte, wobei er sich aber mehr für Literatur interessiert und engen Anschluß an die Berliner Romantik sucht. Aus äußeren Erwägungen tritt er vom jüdischen Glauben zum Protestantismus über und geht nach seinen vergeblichen Versuchen, irgendeine staatliche Anstellung zu erhalten, nach Paris, wo er sich für immer niederläßt und für deutsche und französische Zeitungen schreibt. Für längere Zeit erhält er auch eine Ehrenpension der französischen Regierung. Deutschland sieht er nur auf zwei flüchtigen Besuchen wieder. Seit 1848 fesselt ihn ein unheilbares Rückenmarkleiden an ein qualvolles Krankenlager, das er spöttisch „Matratzengruft" nennt. Dem Hilflosen und Vereinsamenden steht seine letzte Liebe, die kleine Mouche (Elise Krinitz, geb. 1830), bis zu seinem Tod im Jahr 1856 zur Seite. Er liegt auf dem Montmartre-Friedhof in Paris begraben.

Abb. 41: Heinrich Heine.

Wie wohl kein anderer Dichter der Weltliteratur wurde Heinrich Heine bis in die jüngste Vergangenheit leidenschaftlich umstritten. Eduard Mörike bezeichnete ihn als „Dichter ganz und gar", sprach aber auch von der „Lüge seines ganzen Wesens", Gottfried Keller nannte ihn den „großen Herzensverleugner", Wilhelm Raabe und Otto von Bismarck wie auch Kaiserin Elisabeth verehrten ihn, bei Engländern und Franzosen gilt er auch heute als großer deutscher Lyriker nach Johann Wolfgang Goethe. Auffälligstes Merkmal von Heines menschlicher und dichterischer Persönlichkeit ist seine innere Zerrissenheit, die ihn als Produkt seiner Zeit erkennen läßt. Hin- und hergerissen zwischen dem Angriff auf die Werte eines philiströsen Bürgertums und seiner Bindung an sie, zwischen der Bejahung seines Judentums und der Anpassung an die christliche kulturbestimmende Gesellschaft, den Anschauungen von Klassik und Romantik verpflichtet, ebenso aber seinem eigenen Anspruch als traditionsfeindlicher **Feuilletonist,** kann er seiner Umwelt wie auch sich selbst endlich nur mehr mit Ironie begegnen. In seinen Feuilletons, jenen für den Tag bestimmten Plaudereien, die politische, religiöse, geistige und gesellschaftliche Zustände der Gegenwart kritisieren, findet seine sarkastische Verbitterung ihren vollen Ausdruck.

Heines Skizzen, Reisefeuilletons und Essays sind in einem brillanten, bewegungs- und nuancenreichen, mitreißenden Stil geschrieben, in einer Sprache, die Scherz und Ernst, Erhabenes und Alltägliches, Witz und Spott, Grauen und Humor, Schwärmerei und Satire gleich meisterhaft wiederzugeben versteht. Sprunghaft plaudernd, wechselt dabei Prosa mit lyrischen Einschüben. Diese ursprünglich für die verschiedensten französischen und deutschen Zeitungen und Zeitschriften bestimmten Berichte und Aufsätze erscheinen später gesammelt unter den Titeln: *Reisebilder* (1831, *Französische Zustände* (1833), *Zur Geschichte der neueren schönen Literatur in Deutschland* (1833) und *Der Salon* (1840).

Heines **Lyrik** liegt vor allem in zwei großen Sammlungen vor: in dem *Buch der Lieder* (1827) und im *Romancero* (1851). Sie geht von der Romantik, besonders von „Des Knaben Wunderhorn", von Josef Eichendorff, Wilhelm Müller und Ludwig Uhland aus. Sie verbindet den Zauber und Empfindungsreichtum der spätromantischen Poesie mit der Skepsis der eigenen Natur und der byronistisch-zerrissenen vormärzlichen Geistigkeit, umfaßt Natur- und Liebeslieder, politische Zeitgedichte, die körperlichen Genüsse des Lebens preisende Gedichte, persönliche Beichten und Balladen. Immer stehen neben Gedichten, in denen die zu Beginn angeschlagene Stimmung bis ans Ende durchgehalten wird, solche, die am Ende mit einer überraschend eingestellten Wendung die erzeugte Illusion zerstören, indem sie als bloßer Irrtum aufgedeckt und mit beißendem Spott übergossen wird. Heine führt die romantische Ironie in die Lyrik ein und verzerrt sie zu einem jedwede Illusion zerstörenden Zynismus. Dies ergibt den häufigen, teils schrill-zynischen, teils melancholisch-dissonierenden Stimmungsbruch in seinen Gedichten. Manche seiner nur scheinbar improvisierend-leichten, in Wahrheit mit viel Fleiß künstlich geformten und gefeilten Lieder und Balladen sind – zumal in der Vertonung durch Franz Schubert („Schwanengesang") und Robert Schumann (Liederkreis op. 24 und 48, „Dichterliebe"), Felix Mendelssohn-Bartholdy, Franz Liszt, Hugo Wolf, Richard Strauss – wesentlicher Bestandteil des deutschen Kunstliedes geworden. Zu diesen gehören das 126mal vertonte Lied „Du bist wie eine Blume", das 80mal vertonte Frühlingslied „Leise zieht durch mein Gemüt", das Liebeslied „Im wunderschönen Monat Mai", die im Anschluß an Clemens Brentano gedichtete Ballade „Lorelei", die an Ludwig Uhland geschulten Balladen „Die Grenadiere", „Belsazar" und „Die Wallfahrt nach Kevlaar". Doch selbst in den besten Gedichten ist vieles recht geklügelt und gekünstelt, wie z. B. der genau berechnete Dreiklang „so hold und schön und rein" mit der verstimmenden Umkehrung in der letzten Zeile „so rein und schön und hold" in dem Lied „Du bist wie eine Blume". Auch in seinem berühmten, in freien, musikalisch gebauten Rhythmen abgefaßten, die Gewalt des Meeres feiernden „Nordseezyklus" wird die Stimmung nicht immer erhalten und oft durch einen am Schluß auftauchenden grotesken Witz gestört. Die meisten seiner Lieder sind Liebesklagen, die aber häufig nicht echte Empfindung, sondern bloß frivoles Spiel bieten. Am ergreifendsten und ehrlichsten sind seine letzten Gedichte, die er in seiner „Matratzengruft" geschrieben hat.

Heine schrieb auch satirische **Versepen,** wie „Deutschland. Ein Wintermärchen" (1844) und „Atta Troll. Ein Sommernachtstraum" (1847), in denen er die politische, intellektuelle und künstlerische Entwicklung seines Vaterlandes anprangert.

Ludwig Börne (eigentlicher Name Löw Baruch, 1786 bis 1837)

Ludwig Börne ist in erster Linie politischer Schriftsteller im Dienst der Tageskämpfe seiner Zeit. Er ist Journalist und Herausgeber von Zeitschriften. Von Paris aus, wohin er emigriert, schreibt er in ehrlichem und leidenschaftlichem Zorn geistreiche, aber oft ungerechte Zeitungsartikel gegen deutsche Zustände und Persönlichkeiten, wobei er die größere Freiheit der französischen Demokratie als leuchtendes Vorbild hinstellt.

Ein erstes soziales Drama im naturalistischen Stil ist das ebenfalls in der Form von lose miteinander verknüpften Einzelszenen geschriebene Trauerspiel *Woyzeck*.

Inhalt: *Es stellt das klägliche Schicksal eines aus der Menge herausgegriffenen Proletariers auf die Bühne. Der von allen verhöhnte, verachtete und herumgestoßene Soldat* Woyzeck *ersticht aus Eifersucht und Verzweiflung seine Geliebte, die der einzige Halt und Lichtblick in seinem dumpfen Leben ist, sich jedoch aus leichtsinniger Vergnügungssucht einem Wachtmeister hingegeben hat. Er selbst sucht den Tod im Wasser.*

Dieses ganz ohne sentenzhafte Belehrung, in schmuckloser, schlichter Alltagssprache geschriebene Stück stellt die Geburt eines ganz neuen Dramentyps dar, von dem starke Impulse ausgehen, die heute noch zu spüren sind. So hat Alban Berg das Büchnersche Drama als Textbuch seiner atonalen Oper „Wozzek" zugrunde gelegt, die im Jahr 1925 in Berlin uraufgeführt wurde.

Büchners Novelle *Lenz* ist eine pathologische Studie über den Ausbruch der geistigen Umnachtung des Dichters Reinhold Lenz, des Jugendfreundes Goethes.

Georg Büchner findet erst bei den Dramatikern des Naturalismus und Expressionismus, auf die er eine starke Wirkung ausgeübt hat, seine verdiente Würdigung. Auf dem Entwicklungsweg des deutschsprachigen Dramas vom Sturm und Drang über Heinrich Kleist und Franz Grillparzer zu Friedrich Hebbel und Gerhart Hauptmann bedeuten Grabbe und Büchner eine markante Stufe. In ihnen findet das um 1830 einsetzende und sich dann mächtig entfaltende Streben der europäischen Dichtung nach einer Eroberung der Wirklichkeit seinen ersten sichtbaren Ausdruck.

Der Roman: 1830 bis 1848

Um 1830 ist wieder Frankreich führend im europäischen Roman. Madame de Staël, François René de Chateaubriand, Alfred de Musset, Alphonse de Lamartine, Victor Hugo, Eugène Scribe, Eugène Sue, Alexander Dumas, besonders aber George Sand und Honoré de Balzac sind wie Lord Byron (England) und Walter Scott (Schottland) die großen Vorbilder für die neuen Romantypen. Für die größere Wirklichkeitsnähe dieser Epik wurde aber auch die Novellendichtung der ausgehenden Romantik (Heinrich von Kleist, Ludwig Achim von Arnim, Ludwig Tieck) ein wichtiger Wegbereiter.

Gesellschafts-, Sitten- und Zeitromane

Der Gesellschaftsroman stellt die Gesellschaft oder eine ihrer Schichten dar. Darüber hinaus will der Zeitroman nicht nur gesellschaftlich, sondern auch geistig ein in allen Zügen echtes Gemälde der Gegenwart geben. Seine Sonderform, der Sittenroman, schildert oder karikiert die zeitgenössischen Moralzustände, meist in sogenannten Sittenbildern, d. h. in Szenen aus dem Alltagsleben. Die ausschließliche Beschäftigung mit den Fragen der Gegenwart führt zu großer Wirklichkeitsnähe und zu einem realistischen Stil. Häufig verfolgen diese drei eng miteinander verwandten und oft ineinander übergehenden Romanformen bestimmte soziale und politische Absichten und werden so zu einer Tendenzdichtung. Nur selten erheben sie sich zu wirklich künstlerischer Größe, zu echt dichterischen Verkörperungen des Ewig-Menschlichen und Zeitlos-Bleibenden. Sie steigen in den Alltag hinab, bleiben in der Darstellung des Aktuellen stecken, ohne hinter den zeitgebundenen Gegenwartsbildern die ewiggültigen Gesetze menschlichen Zusammenlebens aufleuchten zu lassen. Sie sprechen daher gewöhnlich nur die Zeitgenossen an, von denen sie maßlos überschätzt werden. Ihr Wert sinkt ebenso schnell, wie die Ereignisse in Vergessenheit geraten, die sie behandeln.

Diese drei Romantypen sind Schöpfungen des 19. Jahrhunderts. Der Begründer des deutschen Zeitromans ist Karl Immermann mit seinen „Epigonen“ (1836). An ihn schließen sich Karl Gutzkow („Wally“, „Die Ritter vom Geiste“, „Der Zauberer von Rom“) und Heinrich Laube („Das junge Europa“) an. Weitere große Beispiele finden sich dann erst wieder in der Zeit des Hoch- und Spätrealismus bei Gustav Freytag. Gottfried Keller, Friedrich Spielhagen und Theodor Fontane.

Auch die Trivialliteratur, d. h. das bloße Unterhaltungsschrifttum, greift diese Romanformen auf. Sie werden zu einer Lieblingsform des bloß talentierten, aber nicht mit echter Dichterkraft ausgezeichneten Schriftstellers.

Der historische Roman

Der geschichtliche Roman beginnt mit dem Durchbruch des Geschichtsbewußtseins seit Gottfried Herder und Johann Wolfgang Goethe in der Zeit der Romantik und erreicht seine erste künstlerische Höhe in dem Werk des Engländers **Walter Scott.** Eine Scott ebenbürtige Leistung ist jedoch nur das Werk des Breslauers WILLIBALD ALEXIS (1798 bis 1871; eigentlicher Name Wilhelm Häring). Seine Romane entwerfen große Kulturbilder aus der brandenburgisch-preußischen Geschichte auf Grund genauer Studien von Zeitdokumenten. Sein Meisterwerk ist der im frühen 16. Jahrhundert spielende, gleichzeitig auch zu den wenigen deutschen humoristischen Dichtungen zählende Roman *Die Hosen des Herrn von Bredow* (1846).

Landschaftsdichtung

Als Reaktion gegen die im Zug der fortschreitenden Industrialisierung einsetzende Verstädterung des Lebens ertönte bald nach 1830 in Europa neuerlich wieder der seinerzeitige Ruf Jean Jacques Rousseaus „Zurück zur Natur“. Es entstand eine heimatliche Landschaftsdichtung, deren bekanntesten Vertreter der Schweizer JEREMIAS GOTTHELF (siehe Seite 145f.) und der Österreicher ADALBERT STIFTER (siehe Seite 189). Neben diesen errangen großen Erfolg bloß die sentimental-idealisierten Dorfgeschichten des schwäbischen Dichters BERTHOLD AUERBACH (1812 bis 1882). Seine *Schwarzwälder Dorfgeschichten* (1843 ff.) geben eine idyllisch-schönfärberische, empfindsame Schilderung des Bauerntums. Der Gegensatz zwischen Stadt und Land erscheint immer betont, wobei die rührend-schlichten Naturkinder immer auch sittlich höher stehen als die durch die zersetzenden Einflüsse des Gesellschaftslebens haltlos gewordenen Städter. Die vielgelesene Dorfgeschichte *Barfüßele* behandelt in süßlicher und sentimentaler Weise einen ähnlichen Stoff wie Johann Wolfgang Goethe in seinem Epos „Hermann und Dorothea“.

Außer den angeführten Romantypen begründete innerhalb des deutschen Sprachraumes der Österreicher Karl Postl nach amerikanischem Vorbild den sogenannten *exotischen Roman* (siehe Seite 195f.).

Die Lyrik: 1830 bis 1848

Im Vordergrund steht die politische Tendenzlyrik der Jungdeutschen und ihrer Mitstreiter. Auf einen kleineren Kreis beschränkt sich zunächst die Anteilnahme an der tendenzfreien Lyrik der Zeit zwischen Romantik und Realismus. Sie erringt ihre volle Anerkennung und Würdigung erst bei der Nachwelt. Ihre genialen Hauptvertreter sind der Österreicher Nikolaus Lenau und die Norddeutsche Annette Droste-Hülshoff.

Annette von Droste-Hülshoff (1797 bis 1848)

Am 10. Jänner 1797 wird Droste-Hülshoff auf dem Familienerbgut Hülshoff, südwestlich von Münster in Westfalen, als Sproß eines uralten Adelsgeschlechtes geboren. Auf diesem Schloß, dann auf einem kleinen Gut bei Münster und in der alten fränkischen Burg Meersburg am Bodensee, die ihrem Schwager gehört, verläuft ihr Leben in stiller Abgeschiedenheit, in innigster Berührung mit der Natur. Am 24. Mai 1848 stirbt sie unvermählt in Meersburg.

Ihr dichterisches Werk umfaßt Epen, Verserzählungen, die Prosanovelle „Die Judenbuche“, die zu den großen Schöpfungen deutscher Erzählkunst gehört, Balladen, Naturlyrik und religiöse Gedichte.

Abb. 42: Arbeitszimmer von Annette Droste-Hülshoff.

Was Annette von Droste-Hülshoff ist, verdankt sie ihrem Genie, den Natureindrücken ihrer westfälischen Heide, der ihre ganze Liebe gehört, und dann dem in allen Kämpfen der Zeit treu bewahrten katholischen Glauben ihrer Väter. Ihr Dichterdasein ist hineingestellt in eine Zeit des Überganges, in der allenthalben in Europa eine nüchtern-realistische, positivistische Weltauffassung den Menschen von Gott entfernt. Die zeitgenössische Dichtung bietet nüchterne, geistentbehrende Wirklichkeitsdarstellung. Auch Droste wird von diesem Drang nach genauer Wirklichkeitsschilderung erfaßt. Ja, vielfach wirkt sie da, besonders auf dem Gebiet der modernen impressionistischen Lyrik, bahnbrechend. Sie versenkt sich tief in das äußere Erscheinungsbild der Natur. Hiebei kommt ihr eine scharfe, von klein auf geübte Beobachtungsgabe zugute. Unerreicht ist sie, wenn sie mit einem beinahe nüchternen Wirklichkeitssinn Landschaftsbilder aus Heide und Moor malt. Ihr Auge kennt die heimlichsten Züge des westfälischen Bodens, noch mehr ihr Ohr seine lauten und leisesten Geräusche. Besondere Vorliebe hat sie dabei für das Kleine und Unscheinbare. Das Kleine ist ihr wie Adalbert Stifter das wahrhaft Große, weil es das Dauernde, das Ewige ist, und weil alles, was in der Welt prahlerisch „Größe“ vertritt, vergänglich ist.

Zu den bereits klassischen deutschen Novellen gehört *Die Judenbuche* (1842), in der die Dichterin einen Menschen ihrer Heimat schildert, der sich immer noch an die menschlichen Ewigkeitswerte, an ein Jenseits gebunden erweist. Nicht durch den Spruch der weltlichen Gerichte wird da alte, schwere Schuld gesühnt, sondern durch die Macht des Gewissens. In dieser westfälischen Dorfgeschichte um einen historischen Kriminalfall zeigt Droste im bewußten Gegensatz zu ihrer Zeit, daß der Mensch keine Maschine, sondern daß er ein Wesen ist, in dem göttliche Kräfte wirken, die ihm den rechten Weg durch das Leben weisen.

Ihre Gedichtsammlung *Das geistliche Jahr* (1852), religiöse Betrachtungen, die an die Evangelien der einzelnen Sonn- und Festtage des Kirchenjahrs knüpfen, zeigen ein Ringen um Gott, das fast schon pathologische Züge zeigt.

Schweizer Dichtung (1830 bis 1848)

in deutscher Sprache

In der Schweiz war durch das Eingreifen Napoleons ein neues Staats- und Volksbewußtsein entstanden. Der französische Kaiser hatte aus dem lose gefügten Schweizer Bund einen zentralistischen Staat – die „Helvetische Republik“ – gemacht, die trotz ihres kurzen Bestandes (1798 bis 1803) im Schweizer Denken tiefe Spuren hinterließ. Für die Schweizer war Napoleon kein Feind und „Usurpator“; sie empfanden den französischen Kaiser als ihren Wohltäter.

Nach dem Ende der Napoleonischen Herrschaft erlangte die Schweiz 1815 auf dem Wiener Kongreß trotz heftigen Widerstands verschiedener Kreise (beispielsweise wollten der preußische General Knesebeck und Freiherr vom Stein sie mit Deutschland vereinigen) die „ewige Neutralität“. Es zeigte sich bereits hier, daß der schweizerische Nationalgedanke mit dem der Romantiker in Widerspruch stand und sich der westeuropäischen Auffassung näherte.

Von dem neuen Vaterlandsbewußtsein getragen erscheinen auch die Werke von Jeremias Gotthelf (1797 bis 1854, Dichtername für Albert Bitzius).

Er war protestantischer Pfarrer in Lützelflüh im Emmental, verfolgte mit seinen heimatgebundenen Schriften volkserzieherische Ziele, geht auf moralische Erschütterung aus und bleibt auch als Schriftsteller Prediger. Er will die ländliche Bevölkerung erziehen und bessern, das Besuchen des Wirtshauses, die Trunksucht, die Kurpfuscherei, die Prozeßwut, den unsozialen Egoismus der Großbauern, den bäuerlichen Geiz, die durch den modernen Liberalismus drohende Vernachlässigung des Religiösen und ähnliche Schäden des Bauernstandes bekämpfen. Durch Gegenüberstellung der guten altschweizerischen Zustände und der verdorbenen der Gegenwart sucht er die Bauern auf ein arbeitsames und tüchtiges Leben hinzuführen. Trotz dieser pädagogischen Absichten ist aber die dichterische Begabung Gotthelfs so groß, daß seine Bauernromane und Dorfgeschichten ohne sein Zutun, ja fast gegen seinen Willen, zu gewaltigen prosaepischen Kunstwerken werden. Die Romane geben ein Bild der gesamten bäuerlichen Welt. Seine Darstellungen beruhen auf genauester Sachkenntnis, nichts wird verfälscht oder verschönert. Gotthelfs unerschöpfliche Erfindungsgabe, seine reiche Kraft der Menschengestaltung, seine anschauliche, bilder- und gleichnisreiche Erzählweise, seine naive Ehrlichkeit und rücksichtslose Wahrheitsliebe, die tiefe Innigkeit und lebensfrohe Heiterkeit machen ihn zu einem der größten Dichter der Schweiz.

Sein Hauptwerk ist der bäuerliche Erziehungs- und **Entwicklungsroman** *Uli der Knecht* (1841) und seine Fortsetzung *Uli der Pächter* (1842). Die Handlung der beiden Romane ist denkbar einfach.

Inhalt: Uli, *ein armer, liederlich gewordener Bauernknecht, kommt unter Anleitung eines wackeren „Meisters“ (Großbauern) auf bessere Wege, entgeht glücklich den Verführungen des in ihm erwachten Erwerbssinns und eines verzogenen reichen Mädchens und gewinnt zugleich mit der Pacht eines schönen Hofes eine arme, aber tüchtige Frau, während die Familie des Hofbesitzers durch Großtuerei und Schwindelei dem Untergang entgegengeht.*

Das Glanzstück unter Gotthelfs sozialpädagogischen **Dorfgeschichten** ist *Elsi, die seltsame Magd* (1843).

Inhalt: *Der Dichter erzählt hier die tragische Geschichte von der verarmten Müllerstochter* Elsi, *die in einem entlegenen Alpental unerkannt als Magd dient, die Werbung des tüchtigen* Christen *aus Stolz und Ehrgefühl standhaft zurückweist und den verzweifelnden Geliebten in den Kampf gegen das französische Revolutionsheer (1798) ziehen läßt. Von Reue, Schmerz und Liebe überwältigt, folgt sie Christen auf das Schlachtfeld und stirbt, mit ihm vereinigt.*

Die kleine Erzählung erhebt sich aus bäuerlicher Enge zu allgemein menschlicher Bedeutung und steht ebenbürtig neben den großen Novellen der Weltliteratur.

Die **Rahmenerzählung** *Die schwarze Spinne* gilt als ein Meisterstück deutscher Prosa und zeigt den Einbruch des Dämonisch-Bösen in die Welt der Menschen.

Inhalt: *Bauern sichern dem Teufel als Lohn für seine Hilfe beim Frondienst ein ungetauftes Kind zu. Der um seinen Lohn Betrogene schickt eine Spinnenplage, der Mensch und Tier zum Opfer fallen, bis die mutige Tat einer Mutter Befreiung bringt. Jahrhunderte später bricht die Spinnenplage durch die Gottlosigkeit der Menschen noch einmal aus.*

Stimmungsmäßiger Gegensatz herrscht zwischen Haupt- und Rahmenhandlung, die durch das Motiv der Kindtaufe verbunden sind. (Nach H. A. Frenzel.)

Anregungen zum Üben und Vertiefen

Außerliterarische Bereiche

1. Welche Ideen wurden zu Hauptfaktoren der politischen Entwicklung Europas in der Zeit zwischen Romantik und Realismus?
2. Was bewirkte den Aufstieg des bisher rechtlosen Bürgertums und die Bildung des Arbeiterstandes?
3. Welche Emanzipationsbestrebungen werden in der Zeit zwischen Romantik und Realismus wachgerufen?
4. Welche philosophischen Ideen Hegels beeinflussen Karl Marx und Friedrich Engels?
5. Auf welche Verhältnisse wenden Marx und Engels die Methoden und das Gedankengut Hegels an?
6. Welche Wege zu einer Neuordnung der wirtschaftlichen, sozialen und staatlichen Verhältnisse weisen Marx und Engels?
7. Woran erkennen Sie das Werk eines Biedermeier-Malers? Erläutern Sie die Kennzeichen eines Biedermeier-Bildwerkes an Hand eines Beispiels!
8. Welche Musikart beginnt Österreich und Europa zu erobern? – Nennen Sie einige Beispiele hiezu!

Literarischer Bereich

1. Wogegen richtete sich die politische Tendenzdichtung in der Zeit zwischen Romantik und Realismus? – Untermauern Sie Ihre Aussage mit Hilfe verschiedener Beispiele!
2. Wen kann man als Vorläufer bzw. Begründer der Proletarierlyrik bezeichnen? – Zeigen Sie dies an Hand von Beispielen auf!
3. Welche Romantypen wurden zur Zeit zwischen Romantik und Realismus führend? – Welche Wegbereiter der neuen Romantypen kennen Sie?
4. Warum können wir Annette von Droste-Hülshoffs Novelle „Die Judenbuche" zu den bedeutungsvollen Schöpfungen deutscher Erzählkunst zählen?
5. Welche Themen und Stoffe verarbeitete Annette von Droste-Hülshoff in ihren Balladen?

6. Wodurch wird Annette von Droste-Hülshoff zur „Heimatdichterin"?

7. Welche Ziele verfolgt Jeremias Gotthelf? – Zeigen Sie dies an Hand von Beispielen auf!

8. Worin liegt die Bedeutung des deutschen (nicht österreichischen) Dramas in der Zeit zwischen Romantik und Realismus? – Erläutern Sie dies an Hand von Beispielen!

9. Warum ist Heinrich Heines Wert als Dichter umstritten?

Österreichische Dichtung (1815 bis 1848)

(Das Biedermeier: die österreichische Klassik)

Historische Voraussetzungen

Der österreichische Staatskanzler Metternich hatte auf dem Wiener Kongreß den österreichischen Staat auf einem geschlossenen Gebietskörper aufgebaut, er hatte Österreich die Vormachtstellung in Deutschland und Italien gesichert und ihm in der „Heiligen Allianz" (= Bündnis zwischen Österreich, Rußland und Preußen) sowie in der Pentarchie (= Bündnis der „Heiligen Allianz" unter Zuziehung von Großbritannien und Frankreich) die maßgebende Rolle zuerkennen lassen. Der Blick des Österreichers ist seit Beginn der Neuzeit dem Donauraum zugewandt. Die Beziehungen zwischen den österreichischen Alpen-, den böhmischen Sudeten- und den ungarisch-siebenbürgischen Karpatenländern stammen schon aus dem Mittelalter. Die siebenbürgische Kanzlei verwendet bereits seit 1415 die österreichische Mundart als Schriftsprache. Österreicher werden Bürger ungarischer Städte, ebenso ist der Zustrom von Einwanderern aus dem Karpatengebiet in den österreichischen Städten nicht unerheblich (Familiennamen wie „Ungar" oder „Unger" erinnern noch daran). Der österreichische, ungarische und böhmische Adel beginnt sich zu verschwägern. Für das 18. Jahrhundert „war Wien seit der Regierungszeit Maria Theresias das politische und geistige Zentrum der Donauländer. Die prunkvolle Kaiserstadt zog die besten geistigen Kräfte des vielsprachigen Reiches an; sie strahlte aber auch die neuen Ideen der westlichen Kultur nach allen Himmelsrichtungen aus und erweckte damit die schlummernden Kräfte der einzelnen Nationen der Donaumonarchie; sowohl die Ungarn und Tschechen als auch die der Slowaken und Serben. Von Wien ging die Erneuerung der ungarischen Literatur zur Zeit Maria Theresias aus, und hier eignete sich auch der Führer der ungarischen Romantik, Karl Kisfaludy, seine literarische Bildung an[1]." Im übrigen waren damals Wien und Budapest durch die soziale Schichtung der Gesellschaft, durch den Lebensstil und andere Gemeinsamkeiten so eng miteinander verbunden, daß sie dem Fremden fast wie eine einzige Doppelstadt am gleichen Strom und im gleichen Reich erschienen. Seit 1790 fand auch das Neugriechentum in Wien seine literarische Heimat; 1791 wurde in der österreichischen Hauptstadt die erste neugriechische Druckerei gegründet, und um die neugriechische, in Wien erscheinende Zeitschrift „Gelehrter Hermes" (1811 bis 1821) sammeln sich die führenden Köpfe der neugriechischen Literatur. Seit 1791 erscheint in Wien eine serbische Zeitung, 1797 tritt das slowenische Blatt „Lublanske Novize" („Laibacher Neuigkeiten") ins Leben. Schon 1794 kommen auch rumänische Zeitungen heraus.

In der ersten Hälfte des 19. Jahrhunderts sind eine Reihe weiterer Verbindungslinien zwischen den Literaturen des Donauraumes festzustellen, die oft nur deshalb nicht sichtbar zu sein scheinen, weil die Kenntnis westslawischer Sprachen und des Magyarischen nicht sehr verbreitet ist. So sind Mißverständnisse und Fehlurteile über bedeutende Dichter der Weltliteratur zustande gekommen. Beispielsweise ist das lyrische Werk ALEXANDER PETÖFIS (1823 bis 1849) nicht so bekannt, wie es seiner Bedeutung entspräche. Wenn dann etwa der ungarische Dramatiker JOSEF KATONA (1792 bis 1830) in seinem „Bánk Bán" den gleichen Stoff

[1] Julius von Farkas „Der ungarische Vormärz" (Berlin 1943).

wie Franz Grillparzer in seinem Trauerspiel „Ein treuer Diener seines Herrn" behandelt, so zeugt dies ebenso für den Gleichklang der Gedanken, wie wenn in den Märchendramen des tschechischen Dichters Josef Týl (1808 bis 1856) Ferdinand Raimund wieder auferstanden zu sein scheint. Hier ist sogar das unmittelbare Einwirken des österreichischen Vorgängers festzustellen. In seinem „Widerspenstigen Weib" (1849) greift Týl Raimunds „Alpenkönig und Menschenfeind" auf. Wie sehr die schlichte und volkstümliche Art Týls das ganze tschechische Volk erfaßte, beweist nicht mehr als die Tatsache, daß ein Lied aus einem seiner Schauspiele zur tschechischen Nationalhymne wurde (Kde domov můj?). Noch Rainer Maria Rilke steht in seiner Jugend unter dem Eindruck der Verse von Josef Týl. In ähnlicher Weise hat Franz Kafkas Roman „Das Schloß" Motive aus dem Hauptwerk der tschechischen Dichterin Božena Němcova (1820 bis 1862), „Großmutter" (Babička, 1855 erschienen) übernommen. Der Roman mit stark autobiographischen Zügen aus dem Leben der Dichterin, die in Wien geboren wurde, führt uns in ein kleines böhmisches Dorf und läßt ein Familienidyll vor unseren Augen erstehen. Die Großmutter ist der Mittelpunkt eines kleinen Lebenskreises, dessen Freud und Leid sie teilt. Ähnlich wie in Karl Heinrich Waggerls „Jahr des Herrn" werden auch die frommen Bräuche des Jahres (Wallfahrten, Ostern, Weihnachten) liebevoll geschildert.

Die Romantik in Österreich

Von einer Romantik in Österreich im Sinne eines Programmes, wie bei der Jenaer oder Heidelberger Romantik, zu sprechen, wäre unrichtig. Während die Aufklärung in Österreich, obwohl von auswärts beeinflußt, von bodenständigen Dichtern getragen wurde, ist dies bei der Romantik nicht der Fall. Die Romantiker, wie August Wilhelm und Friedrich Schlegel, Clemens Brentano, Joseph von Eichendorff, Ludwig Tieck lenkten ihre Schritte nach Österreich, um voll Spannung seinen Kampf gegen Napoleon zu verfolgen, bringen der österreichischen Kultur aber eigentlich keine neuen Anregungen. Die Ideale, für die die Romantiker eintreten, waren hier niemals völlig verlorengegangen, sondern auch trotz des Josephinismus erhalten geblieben, so etwa Gläubigkeit oder Hochschätzung volkstümlicher Dichtung (man denke nur an das Wiener Volkstheater); dazu kommen die Abneigung gegen die Französische Revolution und die Begeisterung für das Kaisertum.

Die ersten Regungen der von Jena aus beeinflußten Romantik in Wien lassen sich auf die Vorlesungen August Wilhelm Schlegels im Frühjahr 1808 zurückführen. Im Sommer des gleichen Jahres übersiedelte Friedrich Schlegel nach Wien. 1809 erhielt er die Stelle eines kaiserlichen Hofsekretärs und war dem Generalintendanten der kaiserlichen Armeen Graf Friedrich von Stadion zugeteilt. Im April 1809 bekam er die kaiserliche Erlaubnis, „historische Vorlesungen über die letzten drei Jahrhunderte in dem hiesigen Universitätsgebäude gegen ein Honorarium von 30 Gulden für 35 bis 40 Vorträge abzuhalten". In dem Bericht der Landesregierung an die Studienhofkommission hieß es ausdrücklich, „daß es auf jeden Fall dem literarischen Publikum erwünscht sein müsse, sich einem Mann zu nähern, dessen Name in ganz Europa bekannt und dessen Talent auch von seinen Gegnern nicht widersprochen werden könne". Den Vorlesungen „Über alte und neue Literatur", die die erste deutsche Darstellung der Weltliteratur im knappen Überblick bieten, wohnten „162 Subskribenten" bei, „darunter meist Personen der höheren Stände und des weiblichen Geschlechts". Für Friedrich Schlegel hatten diese Vorlesungen noch insofern einen Vorteil, als sie ihm den Unterricht in „Universalgeschichte" bei den Kindern des Hauses Liechtenstein im Jahr 1812 eintrugen.

Im Jahr 1809 begleitete Friedrich Schlegel das Hauptquartier des Erzherzogs Carl, verfaßte die Proklamationen und war Mitarbeiter der Armeezeitung. Auch später trat er publizistisch hervor. So war er unter anderem der Herausgeber der Zeitschrift „Concordia", die das konservative Staatsideal der Romantik den Lesern nahebrachte. Sein Haus stand allen Persönlichkeiten aus der Gelehrten- und Künstlerwelt offen.

Die Romantiker, die sich in Österreich dauernd niederließen, scharten sich um den Redemptoristenpater Clemens Maria Hofbauer, der Ende des Jahres 1808 nach Wien kam und durch eine katholische Jugenderziehung, durch eine Reform der Homiletik (= die Lehre vom richtigen Predigen) und die Begründung einer katholischen Literatur den Kampf gegen die Aufklärung aufnahm. Zu diesem Kreis gehörte Zacharias Werner, der 1810 zur katholischen Kirche übertrat, ein bekannter Kanzelprediger in Wien. Clemens Maria Hofbauer nannte ihn die „Posaune des Gerichtes". In der Literatur ist er als Verfasser des Schicksalsdramas „Der 24. Februar" bekannt (siehe Seite 111). Weiters ist der Staatswissenschafter Adam Heinrich Müller zu nennen, dessen staatswissenschaftliche, politische, ästhetische und poetische Werke zu den Hauptleistungen der Wiener Romantik gehören. Wie Schlegel sieht er „im Christentum die Verwirklichung der romantischen Lehre von der Einheit aller Künste, der Wissenschaften, der Religion, der Poesie, der Politik, des Lebens" (Castle).

Die österreichisch-patriotische Dichtung

Während der napoleonischen Epoche erreichte die patriotische Dichtung in Österreich einen Höhepunkt. Der josephinische Staatsgedanke und die romantische Bewegung wirkten auf sie ein, ebenso die dichterische Überlieferung Österreichs aus der Zeit des Barocks. In dem von Kaiser Joseph II. eigenhändig niedergeschriebenen Regierungsprogramm heißt es: „Alle Kräfte des Volkes sollen auf ein Ziel, Österreichs Macht, gerichtet sein." Der Verherrlichung des josephinischen Staatsgedankens diente der Roman *Dya-Na-Sore* (1787) des Hauptmannes Friedrich Wilhelm von Meyern (1762 bis 1829).

Der Verfasser forderte allgemeine Volksbewaffnung, ein Volksheer, staatsbürgerliche Erziehung. „Ohne Teilnehmung am Staate", schreibt er, „sind Tugend, Ehre und Charakter Luftgestalten."

In diesem Sinn verfaßte auch Heinrich Joseph Collin (1771 bis 1811) sein Römerdrama *Regulus* (1801) und seine *Wehrmachtslieder* (siehe Seite 117) in die Schranken.

Zu nennen wäre auch der Sieger von Aspern, Erzherzog Carl von Österreich (1771 bis 1847). Sein Hauptwerk sind die *Grundsätze der Strategie* (1813), die nach dem Urteil der Jenaischen Allgemeinen Literaturzeitung, dem Goethe zustimmte, das Höchste in der militärischen Literatur seien, was seit Julius Cäsar erschienen sei. Erzherzog Carl erklärt, daß der Krieg keine Naturnotwendigkeit sei, sondern durch das sittliche Wollen der Menschheit überwunden werden müsse. Die Hauptaufgabe des Feldherrn sei es, den Krieg so rasch wie möglich zu beenden. Das Wort vom „geborenen Feldherrn" sei falsch, und Mißbrauch der Macht habe alle Stürme verursacht, die über Europa hinweggebraust seien.

Der aus Tirol stammende Joseph von Hormayr (1782 bis 1848) war bestrebt, in seinem *Archiv*, im *Taschenbuch für vaterländische Geschichte* und im *Österreichischen Plutarch* die österreichische Vergangenheit im Bewußtsein des österreichischen Volkes zu erwecken (siehe Seite 117).

Karoline Pichler (1769 bis 1843), die Gedichte, Romane, Dramen und Prosa-Aufsätze schrieb, wählte für die Ballade, das Drama und den Roman mit Vorliebe österreichische Stoffe (Ballade: Philippine Welserin; Romane: Die Belagerung Wiens 1683; Die Schweden vor Prag; Dramen: Rudolf von Habsburg, Ferdinand II. u. a. m.). Ihre *Denkwürdigkeiten* stellen eine wertvolle Quelle für die Kulturgeschichte und das geistige Leben dieser Zeit dar. Karoline Pichlers Haus bildete den Sammelpunkt eines literarischen Zirkels, eines Salons.

Ignaz Franz Castelli (1781 bis 1862) wurde mit seinem *Kriegslied für die österreichische Armee* bekannt (siehe Seite 117). Es trug ihm die öffentliche Achterklärung Napoleons ein. Seine *Memoiren* stellen ein Gegenstück zu Karoline Pichlers „Denkwürdigkeiten" dar. Nicht unerwähnt sei, daß Castelli auch ein *Wörterbuch der Mundart in Österreich unter der Enns* (1847) erscheinen ließ.

Abb. 43: Die Kassierin vom „Silbernen Kaffeehaus". Von links nach rechts: Graf Severin von Jaroszinsky, Johann Ludwig Deinhardstein, Ignaz Franz Castelli, Josef Lanner, Johann Strauß (Vater), Ferdinand Raimund und Ignaz Schuster.

Das Biedermeier — Die österreichische Klassik

Die Dichtung der österreichischen Klassik ist im wesentlichen dem Biedermeier zuzurechnen. Das Biedermeier ist — ebenso wie das Barock — eine jener literarischen Stilformen, die dem österreichischen Nationalcharakter besonders entsprechen. Freilich gab es auch außerhalb Österreichs Biedermeierdichtung — aber das Kernland dieser literarischen und kulturgeschichtlichen Erscheinung blieb dennoch das Reich der Habsburger.

Die Biedermeierzeit und -kultur erweist sich dem Betrachter als eine geschlossene Einheit. Sie ist die „letzte, einigermaßen einheitliche Kulturepoche" (Kluckhohn). Der Mensch dieser Zeit tritt äußerlich nicht durch Ungestüm und Maßlosigkeit in Erscheinung. Er scheint ruhig, gelassen, ausgesprochen „gemütlich" zu sein. Aber der äußere Anschein täuscht. Es ist nur das **äußere** Bild des Biedermeiers, das einen „Gleichklang von Ideal, Wirklichkeit und Resignation" (Wilhelm Bietak, „Das Lebensgefühl des Biedermeiers in der österreichischen Dichtung") zeigt. Wenn man sich auf diese Charakteristik beschränken wollte, so wäre man nicht imstande, die gesamte Lebensfülle und Kraft dieser Zeit zu begreifen. Denn dieselben

„Biedermeier"-Menschen, die scheinbar so still, ruhig und genügsam lebten, waren es, die 1848 auf die Barrikaden stiegen und Revolution machten. Das biedermeierliche Lebensgefühl ist daher in erster Linie aus den sozialen Bedingungen und Gegebenheiten der Zeit zwischen 1815 bis 1848 zu erklären. Herkunft und Landschaft sind dann in zweiter Linie daran beteiligt. Der Mensch dieser Zeit glaubt an Gott und das Jenseits, doch ist er weder dogmatisch noch konfessionell gebunden. Gegenüber der Politik zeigt er zunächst eine gewisse Indifferenz, was sich aus dem Metternichschen Regime erklären läßt. Er fühlt sich als „Bürger zweier Welten"; er lebt im Reich der Ideen und in einem Staat, wo er politisch entmündigt wird. Die Spannungen zwischen Ideal und Wirklichkeit ist daher verständlich.

Der Stil der Biedermeierdichtung liebt das Feine und Kleine. Wilhelm Müller (der „Griechenmüller") wird zum Neuschöpfer des „Rollenliedes" in der Lyrik (wie wir es auch bei Nikolaus Lenau, Alexander Petöfi, Josef Týl finden). Als Publikationen werden gern Almanache, Kalender, Jahrbücher verwendet. Der Mensch dieser Zeit liebt die Geschichte. So können die großen geschichtlichen Romane eines Walter Scott entstehen, die „Bestseller" der damaligen Zeit werden. Tagebücher, Briefe, Memoiren werden in beinahe beängstigender Fülle geschaffen. Stammbücher zählen zu den beliebtesten Gegenständen des kulturell bestimmten Hausrates in Stadt und Land. So finden wir viele Stammbuchverse in den Werken Franz Grillparzers, Friedrich Halms, Eduard Bauernfelds – um nur einige der bekannteren Namen zu nennen.

Gerade diese individualistische Note, diese Persönlichkeitsdichtung, bringt aber dem Biedermeier einen reichen Schatz neuer Motive und Anregungen.

Das große Kulturzentrum der Biedermeierzeit war Wien. Bereits zur Zeit des Wiener Kongresses stand es mit seiner gehobenen Geselligkeit, der gepflegten Lebensführung und den feinen Sitten sowie mit der großherzigen Aufgeschlossenheit für Europa, den Orient und die weite Welt im Mittelpunkt. Die rauschenden Feste und geselligen Veranstaltungen, das lebendige Theaterleben, die Anwesenheit berühmter Männer und schöner Frauen während des Kongresses erfüllen Wien mit strahlendem Glanz. Österreich verfügte in dieser Blütezeit nicht nur über dichterische und musikalische Genies, sondern auch über geniale Maler, Theaterfachleute, Techniker, militärische Persönlichkeiten und Politiker. Eine führende Stellung innerhalb ganz Mitteleuropas errang Wien besonders durch sein blühendes **Theaterleben.** Das Wiener **Burgtheater** unter den Direktoren Joseph Schreyvogel, Heinrich Laube und Friedrich Halm wurde damals zur führenden Schauspielbühne. Es war 1741 als „Theater nächst der Burg"[1] am Michaelerplatz von Maria Theresia begründet und 1776 von Joseph II. zum Deutschen Nationaltheater erhoben worden. Das neue Burgtheater wurde als Prachtbau in den Jahren 1880 bis 1886 erbaut. – Seit 1762 gab es daneben das Kärntnertor-Theater, das von 1810 an bis zur Eröffnung des neuen Hauses am Ring (1869) ausschließlich als **Hofoper** in Verwendung stand.

Eine besondere Pflege fand in Wien seit seinem Entstehen das **Volksstück** (Hanswurstiaden, Burlesken, Zauber-, Gespenster- und Besserungsstücke), für das in den Vorstädten mehrere Bühnen (Leopoldstädter- und Josefstädter-Theater) zur Verfügung standen.

Das Altwiener Volksstück entwickelte sich seit dem Ende des 17. Jahrhunderts aus dem Barocktheater. Diese Altwiener Volksbühne ist Trägerin einer Tradition, die sich über die Commedia dell'arte bis zum spätantiken Mimus zurückverfolgen läßt. Es ist eine lebendige, volkstümlich-klassische Dichtung, die im Gegensatz zu dem in gelehrten Kreisen herrschenden Neuhumanismus und Klassizismus steht.

---

[1] Siehe Abb. 44, Seite 153.

Abb. 44: Rudolf Alt: Das alte Burgtheater am Michaelerplatz in Wien.

Das Wiener Biedermeier hatte aber nicht nur dichterische, sondern auch **technische Größen,** wie Joseph *Ressel*, den Erfinder der Schiffsschraube, Josef *Madersperger*, den Erfinder der Nähmaschine, Karl Ritter v. *Ghega*, den Erbauer der Semmeringbahn, der ersten Gebirgsbahn Europas, und Alois *Negrelli*, den genialen Ingenieur, nach dessen Plänen der Suezkanal gebaut wurde. Von den großen militärischen Persönlichkeiten dieser Zeit seien Erzherzog Carl, der Sieger von Aspern, und Graf Feldmarschall Radetzky[1] genannt.

Abb. 45: Dommayers Kasino in Hietzing, wo Johann Strauß spielte.

Musik

Das Biedermeier umfaßt alle Lebensbereiche des Menschen. Musik und bildende Künste bilden einen Hauptbestandteil der biedermeierlichen Kultur. Neben den großen Meistern der Tonkunst (Ludwig van Beethoven [siehe Seite 92], Franz Schubert [siehe Seite 90], Johann Strauß, Josef Lanner), die in dieser Zeit wirkten, dürfen wir aber nicht auf jene „kleinen Klassiker“ in Österreich vergessen, die das Werk der großen Österreicher umrahmen.

Wie groß der Anteil dieser „kleinen Biedermeierklassiker“ ist, möge nur durch zwei Beispiele gezeigt werden: Wenzel Pichl (1741 bis 1805) hat 700 Kompositionen geschrieben, Wenzel Müller (1767 bis 1835) 200 Bühnenwerke[2].

Einen glänzenden Aufschwung erlebte in der Biedermeierzeit auch die **Unterhaltungsmusik** in Wien. *Josef Lanner* (1801 bis 1843), in Wien 1801 geboren und seit 1828 Musikdirektor der Wiener Redoutensäle, verdrängte das Menuett durch seinen aus dem Ländler entwickelten Walzer als Gesellschaftstanz.

Johann Strauß-Vater, in Wien 1804 geboren, seit 1835 Hofballmusikdirektor, gab dem Wiener Walzer Schwungkraft. Auf seinen Konzertreisen eroberte er ihm ganz Deutschland, bald auch Paris und London. Neben seinen Walzern wird heute noch sein „Radetzkymarsch“ gespielt, dem Melodien alter Soldatenlieder zugrunde liegen.

Zum eigentlichen Walzerkönig wurde sein Sohn *Johann Strauß* (1825 bis 1899) mit seinen

[1] Siehe Abb. 38, Seite 126.

[2] Georg Knepler, Musikgeschichte des 19. Jahrhunderts, 1961.

Kompositionen: G'schichten aus dem Wienerwald; Rosen aus dem Süden; Wein, Weib, Gesang; An der schönen blauen Donau, Kaiserwalzer. Über diese Walzermusik hinaus wurde er zum Vater der Wiener Operette mit seinen Verkörperungen der Wiener Lebenslust: „Die Fledermaus"; „Der Zigeunerbaron"; „Eine Nacht in Venedig"; „Wiener Blut". – Wahre Triumphe in ganz Europa und auch in Amerika feierte die Wiener Ballettänzerin Fanny *Elßler*.

Abb. 46: Josef Danhauser: Mutterliebe.

Bildende Künste

Besonders reich an begabten und liebenswerten Vertretern ist die österreichische **Biedermeiermalerei,** die in der Zeit der Spätromantik mit dem Werk des Wiener *Moritz von Schwind*[1] eingeleitet wurde. Schon bei ihm finden wir das frohe Auskosten der Schönheit der diesseitigen Welt. So fängt beim Betrachten seines Bildes „Auf der Wanderschaft" die hochgezogene Landschaft den Blick ein und versperrt den Blick ins Jenseits. Sieht das „Mädchen am Fenster" bei Caspar David Friedrich noch über die Mastspitzen der Schiffe vor ihr im Hafen hinweg in eine ferne Nebelwelt, so blickt es auf dem gleichnamigen Bild von Moritz von Schwind aus dem behaglichen Zimmer **in** die Landschaft.

In der Biedermeiermalerei spielt die gemütvolle bürgerliche Welt eine große Rolle.

JOSEF DANHAUSER (geb. 1805 in Wien, gest. 1845 ebenda) malte Historien- und Genrebilder mit sozialen und sittlichen Tendenzen und war der Schüler Peter Kraffts. Bekannte Gemälde: Sonntagsruhe, Mutterliebe.

PETER FENDI (geb. 1796 in Wien, gest. 1842 ebenda) malte duftige Aquarelle und Bilder aus dem Leben der Soldaten.

JOHANN ENDER (geb. 1793 in Wien, gest. 1854 ebenda) war Schüler Johann Baptist Lampis und Heinrich Fügers und malte Genreszenen und Porträts.

JOSEPH KRIEHUBER (geb. 1801 in Wien, gest. 1876 ebenda), ein Schüler Heinrich Fügers, schuf mehrere hundert lithographische Porträts.

FRIEDRICH AMERLING[2] (geb. 1803 in Wien, gest. 1887 ebenda) malte zahlreiche Familienbilder.

---

[1] Siehe Abb. 21 und 61, Seite 85 und 183.
[2] Siehe vierte Einbandseite.

Abb. 47: Peter Fendi: Pfändung.

Abb. 48: Ferdinand Georg Waldmüller: Motiv aus dem Wienerwald.

Bei ihm ließ sich die vornehme Welt porträtieren. Mit seinen männlichen Porträts ist er Waldmüller ebenbürtig.

Friedrich Gauermann (geb. 1807 in Miesenbach, N.Ö., gest. 1862 in Wien, begraben in Scheuchenstein, N.Ö.) studierte an der Akademie der Bildenden Künste in Wien, war auch ihr Mitglied und malte Landschaften, bäuerliche Genre- und Tierbilder.

Ferdinand Waldmüller (geb. 1793 in Wien, gest. 1865 ebenda) war Schüler Lampis und begann als Theatermaler. Die Beobachtung des Lichtes und der Luft war das Problem seines Lebens. Er malte das Vibrieren der Luft, das Sonnenlicht, das auf hellgrünen Wiesen und im Geäst junger Bäume spielt, und läßt die Farben der Gewänder in der

Sonne leuchten. Werke: Frühling im Wienerwald, Die Familie des Dr. Josef August Eltz in Ischl, Das Echerntal bei Hallstatt, Wienerwaldlandschaft, Die unterbrochene Wallfahrt, Praterlandschaft usw.

August von Pettenkofen[1] (geb. 1822 in Wien, gest. 1889 ebenda) war lange Zeit Kavallerieoffizier und berichtet in seinen Bildern von der Melancholie der Pußta, vom Leben der ungarischen Hirten und Zigeuner.

Abb. 49: Anton Romako: Admiral Wilhelm Tegetthoff als Sieger in der Seeschlacht bei Lissa (1866).

Rudolf von Alt[2] (geb. 1812 in Wien, gest. 1905 ebenda) unternahm zahlreiche Reisen durch Mittel-, Süd- und Osteuropa und war Schüler der Wiener Akademie. Er ist ein Meister des Aquarells: Blick auf Wien vom Leopoldsberg, Ansicht der Donau vom Nußberg aus, Allee in Schönbrunn, Der Traunsee, Blick in die Alservorstadt usw.

Anton Romako (geb. 1834 in Atzgersdorf, gest. 1889 in Wien) war Schüler von Ferdinand Waldmüller und Carl Rahl. „Seine Kunst ist vielfältig, oft den zeitlichen und örtlichen Rahmen sprengend und in ihrer morbiden Verfeinerung manchmal wie eine Art Vorläuferin der noch dekadenteren Kunst Gustav Klimts.“ (Emerich Schaffran)

---

[1] Siehe Abb. 38, Seite 126.

[2] Siehe Abb. 44, Seite 153.

Mode

Anknüpfend an die Modelinie vor der Revolution, suchte die Silhouette der **Biedermeierdame** wieder den Gegensatz von enger Taille (Wespentaille) und breiter Gesamtwirkung. Die Ärmel, anfangs kugelig, wurden durch Bauschen, Puffen, Plissees unförmig aufgebläht. Dazu kamen noch Schultervolants und großer, flacher Ausschnitt. Die in zarten Pastellfarben kleingeblümten, gestreiften oder karierten Röcke fielen in weitschwingende Glocken aus, die mit Bändern, Girlanden und Falbeln phantasiereich verziert waren. Man trug sie fußfrei. An Material bevorzugte man Batist, Musselin, Organdy. Statt Mäntel legte man Pelerinen, Kaschmirschals, Tüll-Mantillen oder Pelzboas um. Die Hüte: Schuten, Kapotten, Häubchen, Turbane waren aus Stroh, Seide, Plüsch, mit Federn, Blumen, Bändern und Rüschen überreich aufgeputzt.

Abb. 50: Biedermeier-Damenmode in Wien.

Die **Männer** trugen langes, schmales Beinkleid, Frack mit breiten Schößen, geblumte Westen, hohe Halskragen (Vatermörder), breite Halsbinden – alles in kräftigen Farben – als Kopfbedeckung den Zylinder[1].

Die **Wohnkultur** dieser Zeit offenbarte eine schlichte Behaglichkeit. Die Möbel hatten zweckmäßige, klare, leicht geschwungene Formen. Als Material verwendete man möglichst echte, oft helle Hölzer, wie Kirsche, Birke, Mahagoni, deren natürliche Schönheit, nur sparsam von Schmuckwerk unterstützt, zur Geltung kam.

[1] Dr. Pia Polcar, Bundeslehranstalt für Bekleidungsgewerbe, Wien.

Abb. 51: Biedermeier-Salon.

Franz Grillparzer (1791 bis 1872)

Als ältester Sohn eines nicht sehr wohlhabenden Rechtsanwaltes wird Franz Grillparzer am 15. Jänner 1791 in Wien geboren.

Sein **Vater,** Dr. Wenzel Grillparzer, entstammt einer in der Nähe von Wels in Oberösterreich beheimateten Weinbauernfamilie, die ab 1750 in Wien ansässig wird. Er ist ein schweigsamer, vergrämter und verschlossener Mann und vaterländisch-josephinisch gesinnt. Er versteht es nicht, zwischen sich und seinen Kindern ein inniges Verhältnis herzustellen. Von ihm erbt der Dichter seinen eigenbrötlerischen Ernst und scharfen Verstand.

Seine **Mutter** Anna Maria ist eine geborene Sonnleithner. Sie stammt aus einer alteingesessenen Wiener Bürgerfamilie, die in der Musikgeschichte Wiens eine bedeutende Rolle spielt. So schrieb ihr Bruder Joseph das Textbuch der Beethoven-Oper „Fidelio". Die Mutter ist musikalisch hochbegabt, doch reizbar, selbstquälerisch und plan- und ratlos im praktischen Leben. Innere Ruhe findet sie nur im Klavierspiel. In einem Augenblick geistiger Umnachtung begeht sie 1819 Selbstmord. Von ihr erbt der Dichter seine musikalische Begabung, aber auch hochgradige Reizbarkeit und Empfindlichkeit.

Die drei jüngeren Brüder Grillparzers scheitern alle am Leben, obwohl auch sie dichterisch und musikalisch begabt sind.

Seine **Kindheit und Jugendzeit** (1791 bis 1816) verbringt der Dichter in der finsteren Wohnung am Bauernmarkt, von Gespensterfurcht gepeinigt und fast ausschließlich den Dienstboten überlassen. Er genießt zunächst einen ungeordneten Unterricht bei schlechten Privatlehrern, besucht dann das Anna-Gymnasium und ab 1807 die Wiener Universität, um die Rechte zu studieren. Früh zeigt sich sein Interesse für das Theaterspiel und die Dichtung. Seine ersten dichterischen Versuche sind Satiren auf seine Lehrer und Zeitereignisse. Seine erste Tragödie, „Blanka von Kastilien"[1] ist eine unselbständige genaue Nachahmung von Friedrich Schillers „Don Carlos". Grillparzer nimmt an dem Zeitgeschehen lebhaften Anteil. So finden wir ihn im Jahr 1809 unter den Verteidigern Wiens. Der Tod seines Vaters (1809) versetzt die Familie in große Not, da die spärliche Witwenpension der juridischen Fakultät für den Lebensunterhalt nicht ausreicht.

---

[1] 1961 im Wiener Volkstheater uraufgeführt.

Der Dichter muß für den Unterhalt der Familie sorgen; er bricht seine Universitätsstudien ab und gibt zunächst Privatstunden aus den juridischen Fächern. Vorübergehend ist er dann *Hofmeister* beim Grafen von Seilern, dessen Sohn er unterrichtet. Eine Zeitlang lebt er mit dieser Familie auf deren düsterem Landschloß in Mähren, das später Modell für den Schauplatz seiner „Ahnfrau" ist. Nachdem er kurze Zeit unbesoldeter *Praktikant* an der Hofbibliothek gewesen ist, erhält er eine bezahlte Anstellung bei der Zollverwaltung. In dieser Zeit begeistert sich Grillparzer für das Seelendrama Johann Wolfgang Goethes, für William Shakespeares große Charaktertragödien, Calderon de la Barca und Lope de Vega. Er erlernt eigens die spanische Sprache, um die Dramen der Spanier in der Ursprache lesen zu können. Eine Calderonübersetzung ist es auch, die den damaligen Dramaturgen des Burgtheaters und Direktor des Theaters an der Wien, Josef Schreyvogel, auf Grillparzer aufmerksam macht.

Abb. 52: Franz Grillparzer.

In die Jahre 1817 bis 1821 fällt die **erste Periode reger öffentlicher dramatischer Tätigkeit.** Unter Anleitung Schreyvogels arbeitet er seine bereits über dem Einfluß des spanischen Theaters, aber auch unter dem des romantischen Schicksalsdramas stehende „Ahnfrau" um, deren Aufführung im Theater an der Wien (1817) reichen Beifall bringt. Der Engländer Lord Byron, der das Stück zufällig kennenlernt, spürt dahinter einen wirklichen Dichter. Der Name Grillparzer sei zwar teuflisch schwer auszusprechen, aber man werde ihn sich trotzdem merken müssen. Die heimische Kritik jedoch sieht in Grillparzer nur einen Schicksalsdramatiker wie Zacharias Werner und Adolf Müllner. Darüber verärgert, schreibt Grillparzer in 25 Tagen seine „Sappho", eine Künstlertragödie ähnlich Goethes „Torquato Tasso". Auch die Aufführung der „Sappho" im Burgtheater ist ein voller Erfolg. Sein drittes, 1821 ebenfalls im Burgtheater aufgeführtes Stück, die gewaltige Trilogie „Das goldene Vlies", findet nicht das verdiente Verständnis des Wiener Theaterpublikums, was Grillparzer zutiefst kränkt und entmutigt. Im Finanzminister Graf Philipp Stadion, der Grillparzers Vater gekannt und geschätzt hat, gewinnt er einen wertvollen Gönner. Ihm verdankt er seine Berufung in die mit der Verwaltung der beiden Hoftheater betraute Abteilung der kaiserlichen Hofkammer (Finanzministerium) wie auch seine Ernennung zum *Hoftheaterdichter*.

1818 erkrankt Grillparzer an einem nervösen Nervenfieber und leidet unter schweren seelischen Depressionen. Heilung bringen Kuraufenthalte in Baden und Gastein und vor allem der freundschaftliche Verkehr mit Ladislaus Pyrker, dem damaligen Abt von Lilienfeld und späteren Patriarchen von Aquileja. In einem Gedicht nimmt der wieder geheilte Dichter „Abschied von Gastein".

Bald aber trifft ihn ein neuer Schlag: Die Mutter nimmt sich Anfang 1819 in einem Anfall von Wahnsinn das Leben, nachdem zwei Jahre vorher der Bruder Adolph durch Selbstmord geendet hat. Vereinsamt und mutlos sehnt sich der Dichter nach dem Tod. Da bringt eine Reise nach Italien Rettung aus dieser Erschütterung. Besonderen Eindruck machen auf ihn Venedig, „diese versteinerte Geschichte", die Überreste antiker Kunst in Rom und das italienische Theater.

In die Jahre 1821 bis 1826 fällt Grillparzers **zweite Periode öffentlicher dramatischer Tätigkeit** und gleichzeitig deren Höhepunkt. „König Ottokars Glück und Ende" (1823) wird erst nach zweijährigem Widerstand der Zensurbehörde dank der persönlichen Fürsprache der Kaiserin Karolina Augusta bei ihrem Gemahl zur Aufführung freigegeben. In dieser Zeit (1821) scheint es, als ob der Einsame doch sein Familienglück finden sollte. Er lernt die vier verwaisten Schwestern Fröhlich kennen, die wegen ihrer zeichnerischen, musikalischen und schauspielerischen Begabung in den Wiener Salons sehr angesehen sind und bei denen auch Ludwig van Beethoven, Carl Maria von Weber, Franz Schubert, Moritz von Schwind

Abb. 53: Kathi Fröhlich von Moritz Michael Daffinger.

und andere bedeutende Künstler verkehren. Das gemeinsame Interesse für Musik und Theater bindet Grillparzer bald fest an diese vier Mädchen. Mit einer von ihnen, mit der anmutigen und warmherzigen Katharina (Kathi), verlobt er sich schließlich. Doch beide sind zu ausgeprägte und eigenwillige Persönlichkeiten, um einander wirklich ergänzen zu können. Kathi Fröhlich bleibt Grillparzers „ewige Braut" und wird nach dem Tod des Dichters Erbin und Verwalterin seines Nachlasses. Fast 30 Jahre später, als die Verlobung nach vielen Stürmen längst gelöst ist, zieht er als Zimmerherr zu den unvermählt gebliebenen Schwestern und wird von ihnen bis an sein Lebensende umsorgt und betreut.

Um 1825 gerät Grillparzer neuerlich in eine schwere seelische Depression. Sein Gönner Graf Stadion stirbt, wodurch er seine bevorzugte Stellung im Finanzministerium verliert. Er erfährt nun eine unwürdige Behandlung durch seine Vorgesetzten und muß ganz einfache Arbeiten verrichten.

Wohl verursacht er dies zum Teil selbst. Er verärgert oft seine Vorgesetzten, die den Beamten und nicht den Dichter zu beurteilen hatten. So hat er den ihm 1819 gewährten Urlaub nach Italien überschritten und ist erst reichlich verspätet zurückgekehrt. Auch in seinem Dienst, der ihn durchaus nicht innerlich erfüllt, erlaubt er sich verschiedene Freiheiten und Unregelmäßigkeiten.

In dieser Zeit treten Schwierigkeiten mit der Polizei auf, die damals im Zug der vormärzlichen Revolutionsriecherei die sogenannte „Ludlamshöhle“, deren Mitglied Grillparzer ist, auflöst. Es ist dies ein geselliger Kreis von Künstlern, Dichtern und Geschäftsleuten, der sich im Haidvogelschen Gasthaus zu oft ausgelassener Lustigkeit zu versammeln pflegt. Der Name „Ludlamshöhle“ geht auf den gleichnamigen Titel eines Dramas des dänischen Dichters *Adam Oehlenschläger* zurück, das vom Verfasser zuerst im Salon der Karoline Pichler im Beisein Grillparzers vorgelesen und dann am Theater an der Wien uraufgeführt worden ist.

Die vielen Ärgernisse und das Scheitern einer dauernden Verbindung mit Kathi Fröhlich vergällen dem Dichter jegliche Schaffenslust, so daß er sich im Jahr 1826 zu einer Reise nach Deutschland entschließt. Sie führt ihn über Prag und Dresden, wo er Ludwig Tieck kennenlernt, zunächst nach Berlin, wo er mit Friedrich de la Motte-Fouqué und Adelbert von Chamisso verkehrt. Dann geht es nach Weimar, um Johann Wolfgang Goethe aufzusuchen. Der erste Eindruck enttäuscht Grillparzer, da ihn Goethe zunächst, schwarz gekleidet, den Ordensstern auf der Brust, in beinahe steifer Haltung wie ein Audienz gebender Monarch empfängt. Aber schon am nächsten Tag wird Grillparzer zum Mittagessen eingeladen. Als ihn da Goethe, der ihm als die „Verkörperung der deutschen Poesie und als eine mythische Persönlichkeit“ erscheint, freundlich zu Tisch führt, übermannt ihn so seine Rührung, daß er in Tränen ausbricht. Aus Scham über diese seine Rührung, aus Scheu und Angst, mit Goethe allein zu sein, nimmt er schrullenhaft die neuerliche Einladung Goethes, mit ihm einen Abend allein zu verbringen, nicht an, verläßt fluchtartig Weimar und fährt über München nach Wien zurück.

In den nun folgenden Jahren 1827 bis 1838 vollzieht sich Grillparzers **dritte und letzte Periode öffentlicher dramatischer Tätigkeit.** Von seiner Reise trotz allem erfrischt, schreibt er zunächst drei weitere Theaterstücke: „Ein treuer Diener seines Herrn“ (1828), das aus politischen Gründen weder den Beifall des adligen, noch den des bürgerlich-liberalen Publikums findet und rasch vom Spielplan abgesetzt wird – das mit großer Hingabe geschaffene Trauerspiel „Des Meeres und der Liebe Wellen“ (1831), das aber nur kühle Aufnahme findet – und schließlich das Drama „Der Traum ein Leben“ (1834), das allein wieder einen vollen Erfolg erringt. Nach diesem neuerlichen Erfolg als großer österreichischer Dichter kann die Behörde nicht mehr gut auf ihrem mißtrauischen und ablehnenden Standpunkt verharren. 1832 ernennt man ihn zum *Direktor des Hofkammer-Archivs*, was ein weiteres Aufsteigen in seiner Beamtenlaufbahn ausschließt. Sein Ansuchen um die Stelle eines Direktors der Wiener Hofbibliothek wird abgewiesen, was den Dichter tief enttäuscht, da er sich von einer solchen Stelle neuen dichterischen Aufschwung erhofft hat.

Von einer Reise nach Frankreich, England und Deutschland erhofft er sich neue Kraft. Im Jahr 1836 reist er über Straßburg nach Paris, wo ihn häufige Theaterbesuche für die romanische Schauspielkunst begeistern, und wo er auch mit Heinrich Heine zusammenkommt. In London beeindruckt ihn tief der großartige technische Aufschwung dieser Weltstadt. Auf der Heimreise bewundert er in Antwerpen niederländische Kunstschätze, in Köln den Dom, erlebt die liebliche Romantik einer Rheinfahrt und lernt in Stuttgart Ludwig Uhland kennen.

Die erfrischende Wirkung seiner Reise erweist sich so mächtig, daß er wieder neue Schaffenslust gewinnt und sogar ein Lustspiel schreibt: „Weh dem, der lügt“ (1838). Es wird bei der Aufführung ausgepfiffen. Den Adel verletzt es, daß sich im Drama ein Küchenjunge tüchtiger als die auftretenden Aristokraten erweist, und das bürgerliche Publikum, das an derbere Kost gewöhnt ist, hat für den in einem Lustspiel ungewohnt aufklingenden Ernst kein Verständnis. Tief verletzt, zieht sich Grillparzer nunmehr in seine Einsamkeit zurück und beschließt, keine Dichtung mehr zu veröffentlichen. Es bleiben dann auch tatsächlich die letzten Stücke des Dichters im Schreibtisch verborgen und werden zu seinen Lebzeiten weder aufgeführt, noch gedruckt. So verbringt Grillparzer seinen **Lebensabend** (1838 bis 1872) in tiefster Zurückgezogenheit. Um aus seiner schweren seelischen Depression wieder herauszufinden, unternimmt er im Jahr 1843 eine größere Reise, die ihn nach Konstantinopel, an die westliche Küste Kleinasiens und nach Griechenland führt.

In den Stürmen des Jahres 1848 tritt er mit dem Gedicht „An Radetzky“ hervor und erntet den Dank des Kaisers und der Armee, aber auch Haß und Spott bei den Anhängern der Revolution, die er ablehnt, obwohl er ein Gegner des Metternichschen Systems ist. Die Erhaltung des österreichischen Vielvölkerstaates, den er in seinem ganzen Wert anerkennt, erscheint ihm wichtiger als die Erfüllung seiner eigenen Wünsche nach erhöhter persönlicher Freiheit. Als er die Gefahren erkennt, die dem Völkerverband dadurch drohen, daß sich die Revolutionsideen mit nationalen Unabhängigkeitsbestrebungen in Ungarn und Italien verbinden, wendet er sich von der Revolution ab. Es entstehen noch die erst nach seinem Tod erschienenen Dramen: „Libussa“, „Die Jüdin von Toledo“ und „Ein Bruderzwist in Habsburg“.

Im Jahr 1856 tritt Grillparzer nach 43jähriger Dienstzeit mit dem Titel eines Hofrates in den **Ruhestand.**

Erst der alternde Grillparzer wird mit **Ehren und Auszeichnungen** überhäuft. Unter Heinrich Laube kommt es ab 1851 zur Wiederaufführung der veröffentlichten Dramen Grillparzers auf dem Burgtheater. Der Dichter wird zum *Herrenhausmitglied*, zum *Ehrendoktor* der Universität Leipzig, zum Mitglied der Kaiserlichen Akademie der Wissenschaften, zum *Ehrenbürger* von Wien und Baden ernannt und erhält von Kaiser Maximilian von Mexiko einen Orden. Im Jahr 1871 wird sein 80. Geburtstag gefeiert, wobei ihm der Kaiser das *Großkreuz* des Franz-Joseph-Ordens und einen persönlichen Brief sendet. Für alle diese Ehrungen hat Grillparzer nur die bitteren Worte: „*Es ist viel zu spät*. Der 100. Teil von dem, was sie mir jetzt wohlwollend antun, hätte mich in meinen jüngeren Jahren vollauf erquickt und mich zu dichterischer Arbeit aufgemuntert, die mir zur Ehre, dem österreichischen Volke zur Freude gereicht hätte."

Am 21. Jänner 1872 stirbt er. **Das Staatsbegräbnis,** das ihm zuteil wird, ist eines der großartigsten, das Wien je gesehen hat. Heute ruht der Dichter auf dem Hietzinger Friedhof. Im Volksgarten steht sein Denkmal.

Abb. 54: Franz Grillparzer in seinem Arbeitszimmer in der Spiegelgasse in Wien.

Grillparzers dramatisches Weltbild

Das mütterliche Erbe, selbstquälerische Reizbarkeit und nervöse Schwermut, die beständige Furcht, der Mutter oder den Brüdern gleich im Wahnsinn zu enden oder am Leben zu scheitern, dazu das Verlangen nach einem hohen Maß an persönlicher Freiheit im Konflikt mit der Enge des Metternichschen Regimes lassen Grillparzer sein Dasein als ein beständiges Spannungsfeld erleben. Hin- und hergerissen zwischen der Furcht vor Vereinsamung und dem Abscheu vor der Masse, dem Verlangen nach bürgerlicher Ordnung und der Unfähigkeit, sich irgendwelchen Normen zu beugen, überträgt Grillparzer alle seine Spannungen auf sein dichterisches Werk: Der Gegensatz zwischen dem Willen des einzelnen und den Forderungen, die die Gemeinschaft an ihn stellt, sowie die Diskrepanz zwischen menschlichem und göttlichem Ordnungsprinzip bedeutet die Grundthematik seines Schaffens. Im ewigen Kampf zwischen individuellem Anspruch und Weltengesetz muß das Ich unterliegen, damit die Rettung jener Prinzipien möglich wird, die das Leben der Gemeinschaft ermöglichen. Aber auch diese Ordnungsprinzipien stellen nur einen bereits getrübten Abglanz der göttlichen Weltordnung dar, die in jenem Augenblick, da sie in den Bereich der Menschen gerät, notwendigerweise verzerrt wird. Zwei Urtypen menschlichen Verhaltens lassen sich dabei beobachten: Aktivität und Passivität. In einer ‚vita activa' den Ansprüchen des täglichen Lebens gerecht zu werden ist Pflicht jedes einzelnen, obwohl er sich gerade in der Tat leicht in Schuld verstricken, die Forderungen seiner Mitmenschen verletzen kann. Auch die ‚vita passiva' kann Schuld bedeuten, wenn sie zu Gleichgültigkeit den Problemen anderer gegenüber führt. Überall also herrschen ausweglose Spannungen, die Ausweglosigkeit kann geradezu als Kennzeichen der Grillparzerschen Dramatik angesprochen werden.

Dramenkunst

Das Drama, so fordert Grillparzer, soll ein Bild darstellen, Gestalten und Handlungen, nicht aber eine Idee. In der Verbildlichung sieht er die eigentliche Aufgabe des Dramatikers. Dieser Anspruch zeigt sich primär an jenem Zug zum Schaubaren, der in allen Dramen Grillparzers deutlich hervortritt. Den Bühnenbildern kommt hier große Bedeutung zu, ebenso Gebärden und symbolischen Gegenständen.

Innerhalb der Entwicklung von Grillparzers Dramenkunst lassen sich vier Stufen beobachten:

1. Das Ringen um die eigene dramatische Form in der Auseinandersetzung mit
dem Wiener Volksstück: *Ahnfrau*
der Weimarer Klassik: *Sappho*
dem Barockdrama: *Das Goldene Vlies*

2. Die Auseinandersetzung mit der Geschichte:
König Ottokars Glück und Ende
Ein treuer Diener seines Herrn

3. Dramen von bereits deutlich entwickelter dramatischer Eigenart:
Des Meeres und der Liebe Wellen
Der Traum ein Leben
Weh dem, der lügt

4. Die zu Lebzeiten Grillparzers nicht mehr veröffentlichten Alterswerke:
Libussa
Die Jüdin von Toledo
Ein Bruderzwist in Habsburg

(nach Herbert Seidler)

Die Ahnfrau, Trauerspiel in fünf Aufzügen.

Geschrieben: 1816, Erstaufführung: 31. Jänner 1817 am Theater an der Wien. Versmaß: vierhebige Trochäen.

Den Stoff zu seinem ersten bedeutenden Drama entnimmt Grillparzer dem obskuren französischen Räuberroman „Louis Mandrin" und der weitverbreiteten Gespenstergeschichte „Die blutende Gestalt mit Dolch und Lampe". Dazu treten literarische Anregungen, die der Dichter den Ritter-, Märchen- und Verwandlungsstücken der Wiener Vorstadtbühnen und den Schicksalstragödien der Romantik verdankt.

Inhalt: *Die Ahnfrau des Hauses Borotin, einst von ihrem Gemahl bei einer Untreue ertappt, ist von ihm mit dem Dolch ermordet worden, der noch jetzt an einem Pfeiler des Burgsaales hängt. Zu ihrer Buße muß sie bis zum Ende der ihrer Sünde entsprossenen Nachkommen ruhelos wandeln. Nun leben nur noch der alte Graf Zdenko von Borotin, seine Tochter* Berta, *die bis auf einen wallenden Schleier ganz der namensgleichen*

Ahnfrau gleicht, und ein Sohn, Jaromir, *von dem der Vater glaubt, daß er als dreijähriges Kind im Schloßweiher ertrunken sei, während er in Wirklichkeit vom Räuber* Boleslav *entführt worden und Räuberhauptmann geworden ist, ohne von seiner Abstammung zu wissen. Er liebt Berta, die er einst den Händen seiner Räuber entrissen hat. Er wird von ihr wiedergeliebt, ohne daß sie seinen Stand ahnt, da er sich ihr gegenüber als ein verarmter Rheingraf Jaromir von Eschen ausgegeben hat.*

An einem düsteren Winterabend erscheint die Ahnfrau dem alten Borotin. Mit zerbrochenem Degen und verstört stürzt um Mitternacht plötzlich Jaromir in den Schloßsaal. Er erklärt, von Räubern verfolgt worden zu sein, und bittet um Aufnahme für eine Nacht, die der Graf gewährt, als er hört, daß er Bertas Erwählter sei. Die Ahnfrau erscheint neuerlich, worauf der Graf die beiden Liebenden miteinander verlobt. Bald darauf tritt ein Hauptmann ein, der mit Soldaten gerade Räubern nachjagt und diese in die Umgebung des Schlosses gedrängt hat. Jaromir hat sich vorher schon in seine Kammer zurückgezogen. Der Graf aber eilt selbst mit hinaus, die Räuber festzunehmen. Als ein Schuß fällt, stürzt die ängstliche Berta zu Jaromir, findet aber sein Gemach leer. Er ist seinen Genossen durch das Fenster zu Hilfe geeilt. Nach einer Weile kehrt er zurück und findet Berta mit einem Stück seiner von ihr bei der Verlobung überreichten Schärpe, das sie soeben von einem Soldaten als Beutezeichen erhalten hat. Da gesteht Jaromir, daß er Räuberhauptmann sei. Er bestürmt Berta, mit ihm zu fliehen, und verspricht ihr, sein ihm längst verhaßtes Räuberhandwerk aufzugeben. Im Widerstreit der Gefühle verspricht Berta schließlich, ihn in der Grabkapelle am Sarg der Ahnfrau zu erwarten. Jaromir ergreift bei seinem Abgang jenen Dolch, mit dem einst die Ahnfrau ermordet worden ist. Neuerlich im Kampf bedrängt, stößt Jaromir mit Borotin zusammen und sticht ihn mit dem verhängnisvollen Dolch nieder. Der tödlich verwundete Graf erfährt von dem mittlerweile gefangengenommenen Räuber Boleslav, daß sein eigener Sohn der Mörder ist. Berta aber verfällt aus Entsetzen darüber, daß sie ihren Bruder als Braut geliebt und dieser den Vater getötet hat, in Wahnsinn und stirbt an gebrochenem Herzen.

Nun entdeckt der in der allgemeinen Verwirrung entsprungene Boleslav auch Jaromir das Geheimnis seiner Abkunft.

Trotzdem will Jaromir nicht von Berta lassen. Er steigt in das Grabgewölbe, wo ihm die Ahnfrau entgegentritt und die tote Berta im Sarg zeigt. In den Armen der Ahnfrau findet auch er den Tod. Da der Fluch nun erfüllt und ihr Stamm erloschen ist, gewinnt auch die Ahnfrau ewige Ruhe.

Grillparzers „Ahnfrau" besitzt zwar alle wesentlichen Motive der romantischen Schicksalstragödie, wie Schwesterliebe, Vatermord, ererbte Geschlechtsschuld und Fluch, düstere, effektvolle Nebenumstände der Handlung, ein tragisches Requisit in dem verhängnisvollen Schicksalsdolch und die späte Enthüllung der Vorgeschichte. Trotzdem erscheint die sittliche Willensfreiheit nicht völlig aufgehoben, so daß die Personen nicht frei von Schuld und keine bloß passiven Opfer eines bösen Schicksals sind. Mangelnde Selbstbeherrschung und hemmungslose Begierde machen Jaromir und Berta zu Sklaven ihrer Triebe. Jaromir will von Berta nicht lassen, obwohl er weiß, daß er als Räuber das Mädchen mit ihrer passiv-weichen Hingabefähigkeit in schwerste Konflikte stoßen wird, und selbst dann nicht, als er erfährt, daß sie seine Schwester ist. Auch in Berta triumphiert schließlich die lockende Sünde über Satzung und Pflicht, indem sie sich entschließt, dem Räuber Jaromir zu folgen und so dem Vater sein Alles zu rauben und sein Leben zu gefährden. Beide Hauptpersonen werden dabei weitgehend abhängig von ihren von der triebverfallenen Ahnfrau übernommenen Erbanlagen geschildert. Jaromir erscheint darüber hinaus auch als ein Opfer seines Milieus, in das ihn das Schicksal gestürp hat. In dieser Darstellung der Abhängigkeit des Menschen von Vererbung und Milieu liegen bereits die Keime zur Weiterentwicklung des modernen Dramas, indem das spätere naturalistische Drama den Menschen als ein bloßes Produkt von Rasse, Vererbung und Milieu darstellt. Grillparzer glaubt aber noch an die sittliche Willensfreiheit und an die Erhebung zu sittlicher Humanität. Bei ihm erscheint der Mensch noch schuldig und nicht als bloßes Opfer von Naturgesetzen. Auch an Stimmungskunst und sprachlicher Darstellungskraft überragt Grillparzers „Ahnfrau" alle Schicksalstragödien seiner Vorgänger.

Gerade seine Affinität zum romantischen Schicksalsdrama läßt die heimische Kritik –

im Gegensatz zum Publikum – das Drama stark abwerten. Die Tatsache, daß Grillparzer hier gelingt, den alten Stoff von der schuldbeladenen und verfluchten Familie aufgrund seiner eigenen familiären Situation einen neuen, beklemmend persönlichen Zug zu verleihen, wird dabei übersehen. Über die ablehnende Kritik verärgert, verblüfft Grillparzer kurz darauf sein Publikum mit einem gänzlich andersartigen Drama.

Sappho, Trauerspiel in fünf Aufzügen.

Am 21. April 1818 bejubelte Erstaufführung im Burgtheater.

Als Stoff liegt der Tragödie die Sappho-Phaon-Sage zugrunde, nach der die berühmte griechische, um 612 v. Chr. zu Mytilene auf der Insel Lesbos geborene Dichterin **Sappho**[1] sich aus Verzweiflung über ihre verschmähte Liebe zu dem schönen Jüngling Phaon vom leukadischen Felsen ins Meer stürzt. Das Drama wahrt die Einheit von Ort und Zeit, entwickelt die einfache, hauptsächlich ins Innere der Person verlegte Handlung in geschlossenem und wohl ausgewogenem, symmetrischem Aufbau. Der sprachliche Ausdruck ist durch Wohlklang und schönes Maß charakterisiert, das schon die Wahl des ruhig dahinfließenden Blankverses bestimmt hat. Dem Inhalt nach handelt es sich um eine klassische Künstlertragödie und zugleich um eine moderne Eifersuchts- und Liebestragödie.

Inhalt: *Die* Handlung *des Dramas spielt auf der Insel Lesbos um 600 v. Chr. Ruhmbekränzt kehrt* Sappho *aus Olympia zurück, wo sie über die großen Sänger Alkäos und Anakreon gesiegt hat. Sie bringt den noch ganz jungen, schönen Jüngling* Phaon *mit, an den sie, zu plötzlicher Leidenschaft entflammt, ihr Herz verloren hat und dem zuliebe sie „den Lorbeer mit der Myrte" vertauschen will. Phaon ist berauscht und von Stolz erfüllt, daß die berühmte, schon lange verehrte Dichterin ihn zu sich emporgezogen hat. Er verwechselt Bewunderung mit Liebe und glaubt die nicht mehr junge Frau wirklich zu lieben. Gar bald wird er sich seines Irrtums bewußt. Die völlig in der Liebe noch unerfahrene, in naiver Unschuld zur Frau eben erst erwachende* Melitta, *eine junge, anmutige Sklavin Sapphos, erweckt in seinem Herzen die wahre Liebe. Sie überzeugt ihn, daß „stiller Sinn des Weibes schönster Schmuck und daß der Unschuld heitrer Blumenkranz mehr wert ist als des Ruhmes Lorbeerkronen". Auch Melittas Herz fliegt ihm rasch zu. Als Sappho die beiden schließlich bei einem Kuß überrascht, muß sie alle Stufen quälender Eifersucht durchleiden und erkennen, daß ihr reifes Frauentum und die Größe ihres Ruhmes nichts gegen die liebliche Jugend Melittas vermögen. Von ihrer leidenschaftlichen Aufwallung fortgerissen, bedroht Sappho im eifersüchtigen Zorn getäuschter Liebe Melitta mit dem Dolch. Die Angst um das Mädchen bringt Phaons Liebe nun erst recht zum Auflodern. Er entreißt der zürnenden Dichterin die Waffe und sagt sich von ihr los. Nochmals durch ihre Leidenschaft verführt, sucht Sappho Melitta gewaltsam zu entfernen. Doch Phaon entdeckt ihre Absicht und vereitelt den Plan, indem er mit Melitta über das Meer zu entfliehen sucht. Sappho läßt sie verfolgen. Die Geflüchteten werden ergriffen und müssen mit strenger Bestrafung rechnen. Vor Sappho gebracht, erklärt Phaon, er habe das Gefühl der Ehrfurcht für Liebe gehalten. Die Liebenden bitten, sie zu verstehen. Sappho entsagt nach kurzem innerem Kampf, gibt die Liebenden frei und segnet sie. Sie erkennt, daß sie als hochstehende Künstlerin für den eng begrenzten Kreis eines einfachen Frauenlebens nicht geschaffen ist und stürzt sich aus Reue und Scham über ihre Selbsterniedrigung vom leukadischen Felsen ins Meer. Ihr freiwilliger Tod ist für sie Sühne für die Schuld gegenüber den Göttern, deren Dienst sie leichtfertig verlassen hat.*

Auch hier gestaltet Grillparzer seine Quelle persönlich um. Sappho wird ihm zur Repräsentantin des Dichters schlechthin, der, von den Göttern mit außerordentlichen Gaben beschenkt, als Entgelt dafür auf persönliches Glück verzichten muß. In jenem Augenblick, da sie versucht, aus der ihr von den Göttern aufgezwungenen Vereinsamung auszubrechen, wird sie nicht nur an ihren Mitmenschen, sondern auch an ihrem Dichtertum schuldig. Einzig in ihrem Opfertod kann sie die alte Ordnung wiederherstellen, die Achtung ihrer Umwelt zurückgewinnen und die Götter versöhnen.

Neben klassischen und romantischen Elementen sind bereits auch realistische am Aufbau des Dramas beteiligt. Die heroische Überhöhung der **Charaktere** ist nämlich weitgehend

[1] Siehe Seite 116, I. Teil.

vermieden. Sappho ist keine Iphigenie oder Jungfrau von Orleans mehr, kein Mensch, wie er sein soll, sondern wie er im gewöhnlichen Alltag häufig anzutreffen ist. Deutlich spürt man unter dem antiken Gewand das Wienerische an vielen Stellen hindurchschimmern. So besitzt Sappho die Heftigkeit einer „reschen" Wienerin und deren Neigung zum Spott. Die gerade erst heranreifende Melitta mit ihrer träumerischen Sinnlichkeit erinnert an das sogenannte „süße Wienermädl", das dann später zu einer beliebten Gestalt in Dramen, Operetten und Kinostücken wird.

Sapphos Dichtertum hat etwas „Geliehenes" an sich. Ihre innere Größe ist etwas äußerlich Aufgeheftetes, Programmatisches (nach Gerhart Baumann). Es ist nicht das Griechentum der Antike oder das des Neuhumanismus, das wir antreffen, sondern das Rokoko-Griechentum Wielands. Die „Sappho" ist ein Wiener Volksstück im antiken Gewand. Ihr Abstand von der Ahnfrau ist viel geringer, als es den Anschein hat. Sappho ist die alternde Frau, die Tragödie entrinnt dem Bann einer banalen Liebesgeschichte nur dadurch, daß es sich eben um Sappho handelt. Phaon erscheint aber als der Vertreter jenes Publikums, das die Poesie mit natürlichem Trieb verwechselt (nach Martin Greiner).

Das Goldene Vlies, Dramatisches Gedicht in drei Abteilungen.

I. *Der Gastfreund.* Trauerspiel in einem Aufzug.
II. *Die Argonauten.* Trauerspiel in vier Aufzügen.
III. *Medea.* Trauerspiel in fünf Aufzügen.

Zwischen 1818 und 1820 entstanden; 1821 im Burgtheater zum ersten Male aufgeführt.

Die drei zu einer großen Trilogie zusammengefaßten Dramen entnehmen ihren Stoff der griechischen Heldensage. Vor Grillparzer haben die Argonautensage schon Euripides, Seneca, Pierre Corneille und Maximilian Klinger dramatisch dargestellt. Eine moderne Version des Medea-Stoffs lieferten in unseren Tagen Jean Anouilh und Theodor Csokor.

Inhalt: *DER GASTFREUND bringt das Vorspiel. Dem verfolgten Phryxus ist im delphischen Tempel ein Gott erschienen, der ihm mit den Worten „Nimm Sieg und Rache" das goldene Vlies von seiner Schulter gereicht hat. Phryxus bringt es nach Kolchis, findet dort im Bild des Kolchergottes Perono das Bildnis seines delphischen Schützers wieder und weiht ihm das Kleinod. Aber der habsüchtige König* Aietes *erschlägt den Gastfreund um des Vlieses willen.*

Sogleich rächt sich die Tat; Entsetzen befällt den Mörder. Seine zauberkundige Tochter Medea *sieht voraus, wie die Rachegötter das Kolchergeschlecht verderben werden. Sie zieht sich in die Wildnis zurück und lebt als Zauberin ein freudloses, einsames Dasein.*

In den ARGONAUTEN sehen wir, wie Jason *nach Kolchis kommt, um Phryxus zu rächen und um das goldene Vlies zurückzugewinnen. Er trifft mit Medea zusammen und wirbt um sie, die ihn zunächst zurückweist, weil sie Unheil für sich, ihr Haus und ihr Volk voraussieht. Aber vor Jasons stürmischer Leidenschaft beugt sich ihr Wille endlich doch. Sie verhilft ihm zur Gewinnung des Vlieses und verläßt mit ihm Kolchis, belastet mit der Schuld des Verrates an Vater und Bruder, die beide bei der Verfolgung der Flüchtenden den Tod finden.*

MEDEA bringt die eigentliche Katastrophe. Jason ist mit Medea, die ihm zwei Knaben geboren hat, nach langer Irrfahrt in Griechenland gelandet. Er lebt bei seinem Oheim Pelias, *dem König von Iolkos. Unter den Barbaren die schönste, erscheint Medea ihm in Griechenland plump, düster und unhold. Sein Herz wendet sich bald von ihr ab, die ihm zuliebe Heimat und Verwandte verlassen und in der Fremde nur ihn hat. Das Volk hält sie jedes Frevels fähig und bezeichnet sie fälschlich als Mörderin des Königs Pelias, als dieser plötzlich stirbt. Da sie sich vom Verdacht nicht reinigen kann und will, trifft sie und Jason der Bann. Mit den Kindern ziehen sie nach Korinth, wo sie König* Kreon *über Fürbitte seiner Tochter* Kreusa, *einer Jugendgespielin Jasons, aufnimmt. Vergeblich bemüht sich Medea, griechische Lebensformen und Sitte anzunehmen. Sie muß die tragische Enttäuschung ihrer Liebe erleben. Das Idealbild, das sie sich vom Geliebten gemacht hat, zerbricht; der Gatte enthüllt sich ihr in seiner Selbstsucht und Kleinheit. Er verkennt die rührenden Versuche Medeas, ihn sich als Gatten zu erhalten. Er wendet sein Herz Kreusa zu, deren Verbindung es in Aussicht stellt, daß er vom Bann erlöst werde und als Eroberer des Vlieses hohe Ehren und Ruhm gewinne. Als Kreon eine Ehe seiner sanften Tochter mit Jason unter der Bedingung zustimmt, daß dieser Medea verstößt, willigt Jason in deren Verbannung ein. Er fühlt sich plötzlich von den rauhen Zügen des fremden, barbarischen Wesens in Medea abgestoßen, erblickt in Kreusa sein ihm entsprechendes Frauenideal und sagt sich von der Frau, die ihm alles geopfert hat, los. Medea hat nur noch die Hoffnung auf ihre beiden Kinder, denen es freigestellt wird, ob sie bei der Mutter bleiben wollen oder nicht. Als jene, von deren rauher Heftigkeit zurückgeschreckt, zur lieblich-sanften Kreusa fliehen, wandelt sich Medeas Liebe in Haß. In der Verlassenen bricht nun die angeborene dämonische Wildheit mit voller Gewalt durch. Sie sendet Kreusa ein Kleid und einen Zauberbecher, aus dem beim Öffnen Flammen schlagen, die den königlichen Palast in Brand setzen. Kreusa verbrennt. Da Medea in den vor ihr geflohenen Kindern das Ebenbild des verhaßten Jasons zu erkennen glaubt,*

Abb. 55: Federzeichnung Grillparzers zur Schlußszene seiner „Argonauten".

überträgt sie den Haß gegen den Undankbaren auf diese und tötet sie mit eigener Hand. Verstoßen und verbannt, mahnt sie den gebrochenen Gatten zu büßen und zu tragen.

Sie selbst geht nach Delphi, um das unheilvolle Vlies den Göttern zurückzugeben; in der Hut der Himmlischen wird es sicher ruhen; der Fluch, der an seinen Besitz geknüpft ist, wird im Tempel weichen. Sie selbst erwartet Gericht und Urteil von den Priestern.

Das **goldene Vlies,** das dem Drama den Namen gegeben hat, wurde von Grillparzer selbst mit dem Nibelungenhort verglichen; es ist ein Symbol für alles, was das Begehren des Menschen reizt, für Sieg (Phryxus), für Besitz (Aietes), für Ruhm (Jason) und für Glück (Medea). Keine der Personen ist von Anfang an schlecht oder will Schlechtes, aber alle streben über die ihnen gesetzten Schranken und verstricken sich so in Schuld.

Der erste kaum beachtete Schritt führte dem Abgrund zu. Medea und Jason sind am Schluß das Gegenteil dessen, was sie ursprünglich waren. Trotz ihrer hohen Geistesgaben und Herzenseigenschaften, der Klarheit des Denkens, der Energie des Wollens, der hingebenden Liebe und Treue, geht Medea an der ungleichen Verbindung mit Jason zugrunde, weil sie Liebesglück außerhalb ihres Lebenskreises gesucht hat und weil sie durch den damit verbundenen Verrat an Vater, Bruder und Volk den Fluch des Bösen auf sich gezogen hat. Jasons glänzende Eigenschaften: Kühnheit, froher Jugendmut, waghalsige Tapferkeit, schwinden dahin, als er seine Schranken überschreitet und die Hand nach dem verhängnisvollen Vlies, nach dem lauten Ruhm ehrgeizig ausstreckt. Er ist durchaus nicht der Held, der er sein will. Das zeigt sich, als er statt Ruhm nur Widerwärtigkeiten und Verfolgung findet. Zu spät kommt die Erkenntnis, Unmögliches gewollt zu haben. Im Menschen ruht der Trieb nach Macht, Reichtum und ungewöhnlichem Liebesglück. Dieser treibt ihn zu einer von leidenschaftlicher Liebe diktierten Tat, der er seine Unschuld und Seelenreinheit opfert, und die ihn in Schuld verstrickt und zur Selbstvernichtung stößt. Als Endergebnis bleibt nur die Erkenntnis: „*Was ist der Erde Glück? Ein Schatten!/Was ist der Erde Ruhm? Ein Traum!*“ Blind drängt es den Menschen in seiner Jugend zu Taten, die er im Alter zu spät bereut. Grillparzer sagt selbst über seine Trilogie: „Das Ganze ist die große **Tragödie des Lebens,** daß der Mensch in seiner Jugend sucht, was er im Alter nicht brauchen kann.“

Abb. 56: Federzeichnung von Franz Grillparzer zu „Medea“, IV. Aufzug.

Auch der im Drama dargestellte Gegensatz von **Natur** und **Kultur** dient der Veranschaulichung von Grillparzers philosophischen Erkenntnissen. Das Überführen der wildleidenschaftlichen, gefühlsstarken Natur in eine zivilisierte Kultur führt leicht zu Gewissenlosigkeit und Gefühlskälte, zu einem bloßen Scheinleben. Bei der Darstellung des Gegensatzes von Barbarentum und Griechentum versucht Grillparzer, den Stil der barocken Zauberoper und der Romantik mit dem der Klassik zu vereinigen. Medea und Kreusa, Kreon und Aietes sind scharfe, wirkungsvolle Gegensätze dieser beiden Welten. Selbst in der Sprache sucht der Dichter den Widerstreit zwischen dem barbarisch-romantischen und dem griechisch klassischen Wesen anzudeuten: Die Kolcher sprechen vorwiegend in freien, lebhaft bewegten Rhythmen und zerhackten Versen, die Griechen in ruhig dahingleitenden Blankversen.

Indem der Dichter Medea alle Höhen und Tiefen der Leidenschaft durchlaufen läßt, wie sie eine Frau in einer zuerst glücklichen und später unglücklichen Ehe nur erleben kann, wird „Das goldene Vlies“ auch zu einer ersten großen **Ehetragödie.** Wie Melefont in Gotthold Ephraim Lessings „Miss Sara Sampson“, Weislingen in Johann Wolfgang Goethes „Götz von Berlichingen“ und Phaon in „Sappho“ steht auch im „Goldenen Vlies“ ein schwacher Mann zwischen zwei Frauen.

Grillparzer nimmt in dieser Dichtung Probleme vorweg, die erst in unserer Zeit, in der manches Mädchen einem geliebten Mann in ein fremdes Land mit anderen Gebräuchen und Sitten folgt, ihre volle Aktualität erreicht haben. Das spätere naturalistische Drama, das die Abhängigkeit des Menschen von seinem Milieu in den tragenden Mittelpunkt stellt, wird hier bereits vorbereitet.

König Ottokars Glück und Ende, Trauerspiel in fünf Aufzügen.

Im Jahr 1823 geschrieben, doch erst am 19. Februar 1825 auf Empfehlung der Kaiserin im Wiener Burgtheater aufgeführt.

Aus Angst vor Zensurschwierigkeiten schrieb Grillparzer kein Napoleondrama, wie er ursprünglich wollte, sondern wählte einen ähnlichen Charakter, den Böhmenkönig Przemysl Ottokar II. (1253 bis 1278) zum Helden seines ersten Geschichtsdramas.

Inhalt: *In den Wirren des Interregnums hat* Ottokar II. *von Böhmen durch Heirat mit* Margarete *von Babenberg die österreichischen Länder in seinen Besitz gebracht. Um auch Ungarn zu gewinnen, verstößt er in grenzenlosem Hochmut unter nichtigen Vorwänden seine Frau und vermählt sich mit* Kunigunde, *der Enkelin des Ungarkönigs Béla. Während so Ottokars Glück und Macht wächst, erwachsen ihm aus seiner Rücksichtslosigkeit Feinde, die seinen Untergang vorbereiten. Im eigenen Land schüren gegen ihn die mächtigen Rosenberger, da Ottokar* Berta, *eine Tochter ihres Hauses, zwar verführt, aber nicht geheiratet und dem Wahnsinn in die Arme getrieben hat. Um sie zu rächen, wirbt* Zawisch *von Rosenberg keck und mit Erfolg um die Gunst der verwöhnten jungen Königin, die der bereits bejahrte Ottokar mit seinem herrischen Wesen nicht zu fesseln versteht. In der Steiermark erheben sich die Merenberger und wenden sich um Hilfe für Margaretens verletzte Rechte an das Deutsche Reich. Überraschend wählen die deutschen Kurfürsten nicht Ottokar, dem sie bereits die Kaiserkrone angetragen haben, sondern* Rudolf von Habsburg. *Von diesem aufgefordert, die österreichischen Länder herauszugeben und sich mit seinen Stammlanden Böhmen und Mähren neu belehnen zu lassen, greift Ottokar zu den Waffen. In dem von ihm entfachten Krieg unglücklich, verzichtet der stolze König auf die Alpenländer und sucht um die Belehnung mit seinen Erblanden nach. Im Inneren eines Zeltes soll diese vor sich gehen. Zawisch aber haut, um den König zu demütigen, die Zeltschnüre durch, und alle Welt sieht diesen vor Rudolf knien. In seinem Stolz tief verletzt, entzieht sich Ottokar rasch den Blicken der Umstehenden, verbirgt sich wochenlang in Mähren und kehrt schließlich nach Prag zurück, wo er den Spott der trotzigen Edelleute und den bitteren Hohn der jungen Königin Kunigunde erdulden muß. Toll und blind durch die Demütigungen, beschließt er, durch gewaltsame Tat seine Ehre wiederherzustellen. Er zerreißt den Vertrag mit Kaiser Rudolf und ergreift nochmals die Waffen gegen ihn. Aber er besitzt nicht mehr die frühere Tatkraft und vergeudet mit nutzlosen Belagerungen, zwecklosen Vor- und Rückmärschen die Zeit. Seine Getreuen fallen, viele seiner früheren Anhänger wenden sich von ihm ab, Kunigunde entflieht mit Zawisch. Vor der Entscheidungsschlacht auf dem Marchfeld trifft er auf die Leiche seiner ersten Gemahlin, die der Gram getötet hat. An ihrer Bahre erfaßt ihn tiefe Reue. Sein bisheriges Selbstvertrauen verläßt ihn. Seelisch gebrochen, geht er in den Kampf und fällt durch das Schwert eines Merenbergers vor dem Haus, in dem Margaretens Leiche ruht. Rudolf von Habsburg, der den strengen Befehl gegeben hat, das Leben des Böhmenkönigs zu schonen, verbannt den Merenberger, der dagegen verstoßen hat, und erweist dem gefallenen Gegner königliche Ehren. Die österreichischen Erbländer überträgt er seinen eigenen Söhnen, Albrecht und Rudolf, mit denen das Haus Habsburg von Österreich Besitz nimmt.*

Hier wie auch in seinen übrigen Staatsdramen geht es Grillparzer um die Verflechtung von Individual- und Staatswillen. In zwei einander gänzlich konträren Gestalten läßt er den Anspruch des einzelnen und den der Allgemeinheit deutlich werden. Den herrschsüchtigen, ehrgeizigen Ottokar beherrschen brutale Machtgier und Ruhmsucht. Er ist ein zügelloses Genie und behandelt die Menschen wie Schachfiguren, die er einsetzt und dann beiseite schiebt. Er hat die Achtung vor der Würde des einzelnen Menschen verloren. Ihm gegenüber erscheint der ruhige, verantwortungsbewußte Rudolf von Habsburg als Vertreter des Rechtes und Träger der Staatsidee. Persönlicher Ehrgeiz, so fordert er, müsse hinter den Ansprüchen des

Gesamtwesens zurückstehen. Die Zeit der Tatmenschen, die nur den eigenen Aufstieg vor Augen haben, sei unwiderruflich vorbei. Vom Schicksal geschlagen, von Freunden und Verwandten verraten und von der eigenen Frau betrogen, erkennt Ottokar endlich seine Verblendung und bekennt sich knapp vor seinem Tod zu den Rechtsprinzipien Rudolfs. Mit dieser Erkenntnis aber gewinnt er neue Würde, die in der Achtung, die Rudolf dem Toten erweist, ihren Ausdruck findet.

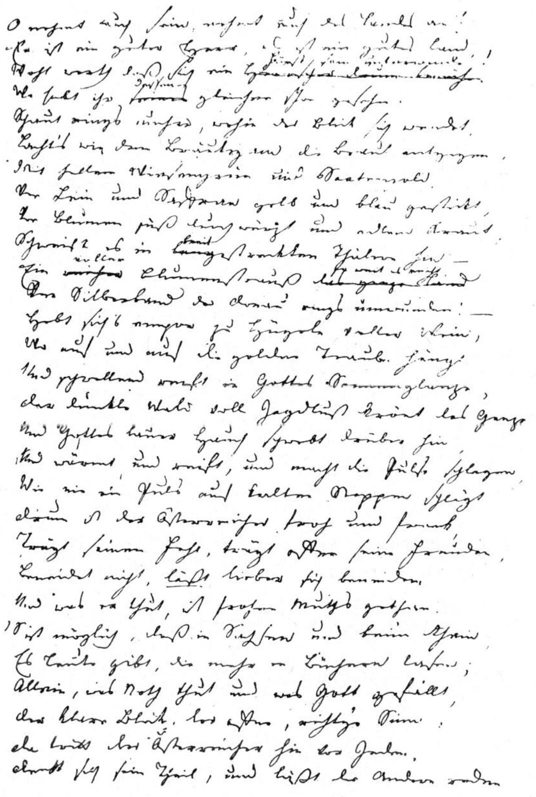

Faksimile einer Manuskriptseite Grillparzers.

Abb. 57: Franz Grillparzer: Handschrift aus „König Ottokars Glück und Ende", III.

Auch die beiden Frauengestalten des Dramas sind verschieden: Margarete nimmt eine fast mütterlich besorgte Haltung gegenüber Ottokar ein, während die stolze Kunigunde von Herrschsucht und rücksichtslosem Egoismus getrieben wird. Ottokar ist übrigens unhistorisch gezeichnet.

Den geistigen Mittelpunkt des Dramas bildet das Lob Ottokars von Horneck auf Österreich, in dem Grillparzer seine Vaterlandsliebe ausspricht:

„... Es ist ein gutes Land,
wohl wert, daß sich ein Fürst sein unterwinde!
Wo habt Ihr dessengleichen schon gesehn?

....
O gutes Land! O Vaterland! Inmitten
dem Kinde Italien und dem Manne Deutschland
liegst du, der wangenrote Jüngling, da;
erhalte Gott dir deinen Jugendsinn,
und mache gut, was andere verdarben!"
(III. Akt)

Ein treuer Diener seines Herrn, Trauerspiel in fünf Aufzügen.

Erstaufführung am 28. Februar 1828 im Wiener Burgtheater.

Den Stoff zu seiner im Blankvers abgefaßten Tragödie entnimmt Grillparzer der ungarischen Geschichte. Er gibt eine freie Bearbeitung der sagenhaft ausgeschmückten Erzählung von der Ermordung der Gemahlin des Königs Andreas II., Gertrude von Meran (1213)[1], muß dafür aber von der Kritik heftige Vorwürfe einstecken, wogegen er sich rechtfertigt: „Man hat dem Stücke vorgeworfen, daß es eine Apologie der knechtischen Unterwürfigkeit sei; ich hatte dabei den Heroismus der Pflichttreue im Sinn, der ein Heroismus ist, so gut als jeder andere".

Inhalt: Andreas, *König von Ungarn, der in den Krieg zieht, setzt seinen treuen Diener* Bancbanus *zum Schützer seiner Frau* Gertrude *und seines Kindes als Statthalter ein. Der zügellose Herzog* Otto *von Meran, der Bruder der Königin, bleibt am Hof zurück. Otto bedrängt* Erny, *die junge Gattin Bancbanus', mit seiner leidenschaftlichen Liebe, wobei die Königin ihrem Bruder Vorschub leistet. Doch Erny verachtet Otto, vor dessen Nachstellungen sie sich aber schließlich nur dadurch retten kann, daß sie sich erdolcht. Die Königin beschützt ihren Bruder und nimmt den Mord auf sich. Bancbanus rächt sich nicht, um während der Abwesenheit des Königs das Land in Frieden zu erhalten. Die Großen des Landes, die an Ottos Schuld glauben, empören sich. Sie umzingeln das Schloß und dringen ein. Nur Bancbanus erweist sich als Mann treuester Pflichterfüllung, der seinem Auftrag um jeden Preis nachkommen will. Obwohl er allen Grund hätte, sich auf die Seite der Empörer zu stellen, bekämpft er den Aufruhr und erscheint verkleidet im Schloß. Er rettet durch einen unterirdischen Gang das Kind und Otto, während die Königin, die im Tumult nicht erkannt wird, das Leben verliert. Ermattet von der Anstrengung, muß Bancbanus das Kind am nächsten Tag dem Herzog Otto anvertrauen, der damit dem siegreich heimkehrenden König entgegeneilt. Bancbanus versucht die Meuterer umzustimmen und bringt sie vor den König. Otto bekennt, daß Erny unschuldig war. Der König und Bancbanus tragen beide den Schmerz um ihre toten Gattinnen. Otto von Meran wird aus Ungarn verbannt. Den Empörern verzeiht der König. Bancbanus zieht sich auf seine Landgüter zurück.*

Das Drama ist die Tragödie der treuen Pflichterfüllung. Bancbanus stellt die übernommene Pflicht höher als eigene Ehre und persönliches Glück. Deutlich spürt man hinter dieser Haltung des Helden das neu aufkommende bürgerliche Beamtenideal. Aber auch der „Herr" wird an seine Pflicht gemahnt. Dies zeigt vor allem der ursprüngliche Schluß des Dramas, das mit den Worten endete:

„Sei ein getreuer Herr erst deinen Dienern,
dann sind sie treue Diener ihres Herrn!"

Der Staat erscheint auch hier als Sinnbild für Ordnung und Recht. Auch das unendliche Bedrohtsein des Menschen in dieser Welt wird dargestellt. Obwohl Bancbanus ganz ohne Schuld ist, da er durchaus nicht wie sonst in den Grillparzerschen Dramen aus Ehrgeiz und Ruhmsucht aus seinem Lebenskreis eines treuen Beamten heraustritt, gerät er in tiefstes Unglück. Schuld trifft den König, der vor seiner Abreise nicht die Unsittlichkeit durch Entfernung Ottos tilgte und dem treu ergebenen Diener eine Aufgabe zumutet, der dieser nicht gewachsen sein kann. Am Schicksal Bancbanus erkennen wir, daß gerade der reine, pflichtbewußte und bescheidene Mensch in unserer Welt unendlich gefährdet ist.

---

[1] Siehe auch Josef Katona, Seite 186.

Bemerkenswert ist auch die unerhört weitgehende Annäherung der Dramenform an den heraufkommenden realistischen Stil. Wir finden eine bewußte Absage an das rhetorische Pathos und eine gesuchte Annäherung an die Sprache des Alltags. Breit angelegte Monologe fehlen zur Gänze. Der Dialog ist durch knappe und wortkarge Ausdrucksweise gekennzeichnet.

Des Meeres und der Liebe Wellen, Trauerspiel in fünf Aufzügen.

Erste Aufführung in Wien: 5. April 1831.

Das Stück ist eine freie Bearbeitung der altgriechischen Sage von Hero und Leander, dem durch das Wasser getrennten Liebespaar, das in unserer Literatur besonders durch das Volkslied „Es waren zwei Königskinder" und durch Friedrich Schillers Ballade „Hero und Leander" bekannt ist, und gilt primär wegen seiner Stimmungskunst als das schönste Liebesdrama in deutscher Sprache.

Abb. 58: Remigius Geyling: Bühnenbild zu Grillparzers Trauerspiel „Des Meeres und der Liebe Wellen".

Inhalt: *Schon die kleine* Hero *findet, daß es nichts Entsetzlicheres gibt, als verheiratet zu sein, da sie den Mann bisher bloß als herrischen Tyrannen empfunden hat. Sie hat mitansehen müssen, wie ihr eigener Vater die gedrückte Mutter immer gequält und ihr keinen freien Willen gelassen hat. Auch unter ihrem wilden, ungebärdigen Bruder hat sie als junges Mädchen viel leiden müssen. Sie ist daher ganz einverstanden, als ihr Oheim, der Hohepriester im Tempel der Aphrodite in Sestos, sie aus ihrem qualvollen Milieu herausholen und zur Priesterin machen will. Das junge Mädchen empfindet das noch als den angenehmsten Weg für sich. Sie geht zwar nicht aus religiöser Überzeugung in den Tempel, da ihr das Lauschen auf überirdische Stimmen fremd ist. Doch geht sie gern. Als ihre Mutter sie beim Abschied bedauert und sogar weint, wird sie etwas unsicher, kann aber die Mutter nicht verstehen, da diese doch nur Unglück in der Ehe gefunden habe. Sie ist froh, daß das Priesteramt die Ehelosigkeit bedingt.*

An dem Tag ihrer Weihe zur Priesterin sieht sie in der Menge einen jungen Mann, dessen Augen verzückt und voll Liebe an ihr hängen. Eine merkwürdige Unruhe und Unsicherheit ergreift sie. Wenn auch verwirrt, spricht sie aber doch vor dem Altar ihr Gelübde.

Auf den schwermütigen Jüngling hat sie einen tiefen Eindruck gemacht. Es ist dies Leander, *der mit seinem Freund* Naukleros *von Abydos, jenseits der Meerenge, zum Fest nach Sestos herübergekommen war.*

Nach der Weihe ergehen sich die beiden Freunde im Tempelhain, wie dies am Tag des Festes gestattet ist. Als Hero kommt, um Wasser zu schöpfen, wirft sich Leander ihr in den Weg und gesteht ihr seine Liebe, die ihn plötzlich überfallen und aus seiner bisherigen Schwermut gerissen hat. Hero hält ihm die Aussichtslosigkeit solcher Liebe vor. Aus Erbarmen setzt sie sich zu ihm und rät ihm zu anderer Liebe, da ihr Gelöbnis sie verpflichtet, ehelos zu bleiben. Der herbeikommende Hohepriester verkündet, daß die Frist für den Aufenthalt im Hain für Fremde abgelaufen sei. Er führt Hero in das für sie bestimmte Gemach in einem Turm am Meeresufer. Leander ist voll heimlicher Pläne und drängt den Freund zur Heimkehr nach Abydos.

Das alte Liebeslied von Leda mit dem Schwan kommt Hero plötzlich in den Sinn. Sie summt es vor sich hin, stellt die Lampe ins Fenster und gedenkt Leanders.

Aber noch ehe sie Zeit hat, sich über ihre eigenen Worte zu wundern, sieht sie Leander im Fenster erscheinen. Hero erschrickt heftig und ist doch auch wieder merkwürdig glücklich. Sie weiß nicht, wie sie sich verhalten soll. Leander ist, ihr erleuchtetes Fenster als Ziel im Auge, zu ihr über das Meer herübergeschwommen und hat den Turm erklettert. Zuerst will sie ihn nicht einlassen und gebietet ihm, zu gehen und nie wiederzukommen. Doch nach und nach durch die Bitten Leanders bezwungen, nennt sie zaudernd zuerst die Frist eines Jahres, bewilligt aber schließlich ein Wiedersehen am nächsten Tag.

Beim Abschiednehmen bittet Leander um einen Kuß. Hero schwankt hiebei zwischen mädchenhafter Scheu und der in ihr erwachten Liebe. Als Leander sie am frühen Morgen verläßt, ist sie unendlich glücklich. Sein Besuch ist jedoch nicht unbemerkt geblieben. Der Oberpriester schöpft Argwohn, schleicht sich am hereinbrechenden Abend des neuen Tages in ihr Zimmer und löscht das dort brennende Licht aus.

Leander, der sich bereits wieder auf dem Meer befindet, verliert die Richtung, ertrinkt im Sturm und wird von den Wellen ans Ufer geworfen. Hier findet ihn Hero am Morgen. Als die Leiche des Geliebten aus dem Tempel, wohin sie der Hohepriester hat bringen lassen, entfernt werden soll, stürzt Hero entseelt zusammen.

Auch in den Gestalten dieses Trauerspiels finden wir menschlich nahe Typen aus Grillparzers Umgebung wieder. Heros Tempel gleicht eher einem christlichen Kloster als einer heidnischen Kultstätte, der Oberpriester könnte ein im Geist des Josephinismus erzogener österreichischer Bischof sein. Das zarte Erwachen der Liebe in der Priesterin ist wohl kaum in einem anderen Werk so psychologisch eingehend geschildert worden. Die Schuld Heros liegt nicht darin, daß sie – einem Naturgesetz folgend – liebt, sondern daß sie lieben **will.** Aus dieser Verstrickung kann sie bloß der Tod an Seite ihres Geliebten befreien.

Bewußt hat Grillparzer keine ins Heroische erhöhte Jungfrau von Orleans geschaffen, die, ihrer Pflicht entsprechend, auf die in ihr erwachte Liebe verzichtet. Hero hört nicht wie Johanna überirdische Stimmen. Die unglückliche Ehe ihrer Eltern machte sie zur Priesterin, ohne daß sie ihr natürliches Frauentum aufgibt. Nicht weil sie sich über die Priestersatzung hinwegsetzt, findet sie den Tod, sondern vor allem weil sie sich gegen ihr Frauentum vergangen und ihren natürlichen Lebenskreis verlassen hat.

Auch in diesem Drama, dem Grillparzer selbst zeit seines Lebens skeptisch gegenüberstand und das sich erst spät beim Wiener Publikum durchsetzen konnte, gestaltet der Dichter das Aufbegehren eines von den Göttern bevorzugten Individuums gegen die ihm aufgezwungene Lebensweise. Zur Priesterin Aphrodites geweiht, muß die junge Hero jeder Berührung mit der Außenwelt entsagen. In dem Augenblick aber, da sie dem Leben – Leander – begegnet, liefert sie sich ihm, ihrem Gefühl folgend, aus. Der Priester aber, einzig dem abstrakten Prinzip seines Kults und nicht dem Leben verpflichtet, führt wissentlich Leanders Tod herbei, „um Unrecht abzuhalten".

Der Traum ein Leben, Dramatisches Märchen in vier Aufzügen

1831 geschrieben; 4. Oktober 1834 Erstaufführung im Burgtheater.

Den Stoff zu seinem Traumstück entnimmt Grillparzer einer Erzählung Voltaires und einem Roman Klingers. Titel, vorgeführte Stimmung und das trochäische Versmaß stehen unter dem Eindruck der Lektüre von Calderons Drama „Das Leben ein Traum".

Das Drama ist ein märchenhaftes Abenteuerstück, wobei in Form eines Angsttraumes ein junger Mann von eitler Ruhmsucht geheilt wird.

Inhalt: *In ländlichem Frieden wohnen der Landmann* Massud, *seine Tochter* Mirza *und deren Geliebter, sein Neffe* Rustan, *miteinander. Seitdem aber der schwarze Sklave* Zanga *im Haus ist und Rustans Phantasie mit Bildern des Ruhmes und Glanzes erfüllt, duldet es den Jüngling nicht mehr zu Hause. Er will fort, um Kriegsdienste zu nehmen. Noch eine Nacht bleibt er auf Wunsch des Oheims und der Braut. Diese Nacht aber entscheidet sein Schicksal durch einen Traum.*

Abb. 59: Remigius Geyling: Bühnenbild zu Grillparzers Dramatischem Märchen „Der Traum ein Leben".

Im Traum steigt Rustan mit Hilfe von Lügen und Mord zu Glanz und Ruhm empor: In einem Wald trifft er auf den König von Samarkand, der von einer Schlange verfolgt wird und in Ohnmacht fällt. Rustan will das Ungetüm durch einen Speerwurf töten, fehlt jedoch. In diesem Augenblick wird das Tier von einem Unbekannten erlegt, der darauf verschwindet. Zanga rät Rustan, sich als Retter des Königs auszugeben. Zuerst weigert sich der Jüngling, doch als ihn der erwachende König selbst als solchen begrüßt und die Prinzessin Gülnare *ihm dankt, macht er keine Einwendungen mehr. Um nicht als Betrüger entlarvt zu werden, tötet er den Unbekannten, mit dem er zufällig auf einer Brücke zusammengetroffen ist. Von dem König zum Heerführer ernannt, besiegt Rustan den Khan von Tiflis und erwirbt sich dadurch die Liebe Gülnarens. Der König erfährt die Ermordung seines wahren Retters und zieht Rustan zur Verantwortung. Dieser vergiftet über Zangas Rat den König, stachelt das Heer zur Empörung auf und schwingt sich zum Herrscher des Landes auf. Als solcher wird er wegen seiner Grausamkeit und Härte von dem Volk vertrieben und flieht mit Zanga. Er eilt über jene Brücke, auf der er den Retter des Königs ermordet hat, und stürzt sich in höchster Todesangst in den Strom, um seinen Verfolgern zu entgehen. In diesem Augenblick erwacht er und nimmt den furchtbaren Angsttraum als Warnung. Er verzichtet auf seine Abenteuerfahrt, auf die Befriedigung seines eitlen Geltungsstrebens, trennt sich von Zanga, indem er seinen Oheim bittet, ihm die Freiheit zu geben — und heiratet Mirza, die er im Traum als Gülnare gesehen hat.*

In Rustan tritt uns nicht mehr — wie im klassisch-romantischen Drama — ein heroisch überhöhter Held entgegen, sondern ein im gewöhnlichen Alltag häufig anzutreffender Menschentyp. Rustan ist eine „problematische Natur", ein Mann, der mehr will, als er auf

Grund seiner Anlagen auch wirklich leisten kann. Er ist ein unfähiger Schwärmer und ein Schwächling, wie es zunächst erscheint. Jugendlust und Überredung entfachen in ihm rücksichtslosen Tatendrang und Ruhmsucht. Ein einziger Traum heilt ihn davon. In Grillparzers Augen aber ist gerade die Schwäche Rustans lobenswert, denn der Traum deckt seine Herrschsucht auf. Auf fremdes Verdienst baut er im Traum sein Glück auf, schreitet über Lüge und Verbrechen vorwärts, verliert sein eigenes Ich und wird schließlich ein finsterer Usurpator, in dem sich der Träumende kaum mehr erkennt. Aus dem Traum erwacht, beschließt er, seine dunklen Triebe zu unterdrücken und in stiller Bescheidenheit als Landmann zu leben. Er resigniert. Indem er das Problematische seiner Natur überwindet, erscheint er stark. Rustan tritt nicht aus seinem ihm zugemessenen und vorherbestimmten Kreis, wie dies sonst fast alle übrigen Helden Grillparzers tun. Er allein findet daher wirkliches Glück. Er ringt sich zu der sittlichen Erkenntnis durch, daß es auf den inneren Frieden, d. h. auf den Einklang mit der sittlichen Weltordnung mehr ankommt als auf den äußeren Ruhm.

Die Warnung vor den im Menschen schlummernden Gefahren erinnert an das Wiener Volksdrama, dem es aber nie geglückt ist, das Lehrhafte so völlig in Poesie umzusetzen, wie Grillparzer dies vermag.

Weh dem, der lügt, Lustspiel in fünf Aufzügen.

Erste Aufführung: 6. März 1838 in Wien.

Den Stoff zu diesem Lustspiel entnahm Grillparzer der Chronik des fränkischen Geschichtsschreibers Gregor von Tours (6. Jh.). Die Handlung spielt im 6. Jahrhundert zur Merowingerzeit im Rheingau und in der Bischofsstadt Châlons, wo Christentum und Heidentum, gallo-römische Kultur und fränkische Barbarei einander berühren.

Inhalt: *Held des Lustspiels ist der fröhliche, mit Mutterwitz begabte Küchenjunge* Leon. *Aus Verehrung für seinen Herrn, Bischof* Gregor *von Châlons, will er dessen Neffen* Atalus *aus der germanischen Gefangenschaft befreien, wobei er sich verpflichtet, nicht zu lügen. Er kommt zum Grafen* Kattwald *in den Rheingau, wo Atalus als Geisel lebt. Durch die derbe Keckheit, mit der er jedermann die Wahrheit an den Kopf wirft, täuscht er alle über seine Fluchtpläne, glaubt aber, sich dadurch keiner Lüge schuldig gemacht zu haben. Der Grafentochter* Edrita, *einem dreisten, aber feinfühlenden Naturkind, gefällt Leon. Sie verhilft ihm und Atalus zur Flucht, auf der sie die beiden begleitet, da sie den von ihr nicht geliebten, dumm-beschränkten* Galomir *heiraten soll. Unterwegs macht Leon eine innere Wandlung durch, da er einsehen lernt, daß nicht nur die Wortlüge, sondern auch jede Täuschung, jeder „Schein" unwahr ist. Sein mutiges Bekennen der Wahrheit rettet die Fliehenden in einem gefährlichen Augenblick. Als sie nach manchen Abenteuern zum Bischof gelangen, finden alle Verwirrungen eine glückliche Lösung. Der über die Rettung seines Neffen erfreute Bischof hat sich mittlerweile innerlich gewandelt und ist von seinem überstrengen Wahrheitsfanatismus abgerückt. Er nimmt Leon als zweiten Neffen an und verlobt ihn mit Edrita.*

In diesem Lustspiel behandelt Grillparzer sein Zentralproblem, die Trübung des Göttlichen im Bereich des Irdischen anhand der Wahrheitsfrage. Das Barbarenmädchen Edrita erkennt ganz instinktiv die Wahrheit des Worts hinter der Lüge der Tat, kann Leon jedoch nicht dazu bewegen, sich wirklich wahrhaft zu verhalten. Erst zu dem Fährmann, der Leon und die Seinen aus dem Reich Kattwalds bringen soll, spricht der Küchenjunge im eigentlichen Sinn des Worts die Wahrheit – und erlebt, daß ihm gerade als Feind des Barbaren geholfen wird. Diese Rettung durch die Wahrheit läßt Leon zum Wahrheitsfanatiker werden. Mit der Forderung nach unbedingter Wahrheit tritt er vor seinen Bischof. Der jedoch hat sich inzwischen zur Erkenntnis durchgerungen, daß die göttliche Idee der Wahrheit im Bereich der „buntverworrnen Welt" immer verzerrt werden wird. In echt komischer Wirkung haben er und Leon ihre Rollen vertauscht. Leon wird zum Wahrheitsfanatiker. Der Bischof kommt von seiner kategorischen Wahrheitsforderung ab und ist zufrieden, wenn nur der Grundsatz der inneren Wahrhaftigkeit in dem buntverworrenen Spiel des Lebens durchschlägt: „*Das Unkraut, merk ich, rottet man nicht aus; Glück auf, wächst nur der Weizen etwas drüber.*“ In einer verinnerlichten Auffassung der Wahrheit finden sich beide. So besitzt das Drama neben drastischer Komik, die sich besonders in den derb-komisch gezeichneten germanischen Figuren äußert, lächelnde Weisheit. Es enthält auch persönliche Selbstbekenntnisse des Dichters.

So stellt Grillparzer in Leon die ihm selbst fehlende kecke Wagelust und den goldenen Frohsinn und in dem Bischof seine eigene Neigung zur Grübelei und Selbstquälerei und den Wahrheitsfanatismus seines Vaters dar.

Mit Gotthold Ephraim Lessings „Minna von Barnhelm“, Heinrich Kleists „Zerbrochenem Krug“ und Gerhart Hauptmanns „Biberpelz“ gehört Grillparzers Komödie zu den besten Lustspielen deutscher Sprache.

Libussa, Trauerspiel in fünf Akten.

Aus dem Nachlaß. Erstaufführung nach dem Tod Grillparzers im Wiener Burgtheater am 21. Jänner 1874.

Die erst nach seinem Tod veröffentlichten letzten drei Dramen Grillparzers sind von Lope de Vega beeinflußt, den Grillparzer eifrig studierte. Das erste unter ihnen behandelt denselben Stoff wie Clemens Brentanos Dichtung „Die Gründung Prags“.

Inhalt: *Die drei Töchter des Slawenfürsten* Krokus *sind mit wunderbarer Seherkraft und Zauberwissen begabt und hausen auf Wischehrad. Als der Fürst erkrankt, zieht* Libussa, *die eine der drei Schwestern, aus, um Heilkräuter zu holen. Sie stürzt dabei in einen Wildbach und wird von* Primislaus, *einem Landmann, gerettet, der in Liebe zu ihr entbrennt und heimlich zur Erinnerung an seine Begegnung mit ihr ein Kleinod aus ihrem Gürtel entwendet. Heimgekehrt, erfährt sie, daß ihr Vater mittlerweile gestorben sei. Als die Wladiken (Adeligen) fordern, daß eine der drei Zauberschwestern die Herrschaft übernehme, lehnen die beiden älteren es stolz ab, da sie nur der Betrachtung des Ewigen und seiner Gesetze leben wollen. Libussa nimmt aber aus Tatenlust und Liebe zu den Menschen die Krone an. Sie will mit Menschen Mensch sein. Sie errichtet eine Frauenherrschaft des Gefühls und der Begeisterung, ein goldenes Zeitalter allgemeiner Gleichheit. Die Böhmen wollen aber bestimmte Rechte und Grenzen des persönlichen Eigentums. Des Frauenregiments überdrüssig, drängen sie Libussa, einen Mann zu heiraten. Sie stimmt zu, stellt aber geheimnisvolle rätselhafte Bedingungen, die allein Primislaus mit Hilfe des seinerzeit geraubten Kleinods erfüllen kann. Mit diesem vermählt, gerät sie in immer größer werdende Abhängigkeit von dem geliebten Mann und überläßt ihm schließlich die Regierung. Primislaus erweist sich als gerechter, weiser und tatkräftiger Herr. Er führt das Volk aus beschaulicher Verträumtheit zur praktischen Tätigkeit. Vor seiner Klarheit flieht die Poesie, die Schwestern Libussa verlassen das Land, dem bald Nebenbuhler und Feinde erwachsen. Rastlose Arbeit führt zu materiellem Wohlstand und zur Gründung der Stadt Prag. Als Libussa, über Wunsch ihres Mannes, bei der Weihe der neuen Stadt künftiges Geschick prophezeien soll, kehrt ihr die infolge ihrer Verstrickung ins irdische Leben verlorene Sehergabe wohl zurück, aber der schwache Leib kann die Übermacht des Geistes nicht ertragen. Sie stirbt und nur ihr Gürtel bleibt zurück, aus dem die Krone Böhmens geschmiedet wird. In ihrer Zukunftsvision sieht sie die Höherentwicklung ihres Volkes, verbunden mit dem Verlust der Gemütskräfte. Die Hingabe an die praktische Tat treibt den Menschen zu einem engen Zweckmäßigkeitsstandpunkt und zur Verbannung der Poesie. Spät erst wird dann neu ein Reich des Herzens und der gegenseitigen Liebe entstehen, wenn das technische Zeitalter versunken ist.*

Zu gewaltig-visionärer Schau wird Libussas Prophezeihung anläßlich der Gründung der Stadt Prag. So wie die Römer in der Vergangenheit und die Germanen in der Gegenwart, so werden die Slawen die Herren der Zukunft sein.

„Dann kommt's an euch, an euch und eure Brüder,
der letzte Aufschwung ist's der matten Welt . . .“

Diese Herrschaft werde „breit, aber nicht tief“ sein. Gerade diese Stelle scheint unter dem Eindruck der Revolution von 1848 geschrieben worden zu sein.

Die slawischen Völker werden zu einem Weltreich emporsteigen. Aber auf dem Weg dorthin wird die ursprüngliche Natur- und Gottgebundenheit des Menschen zerstört werden. Die entstehenden Städte werden den Menschen die Selbstgenügsamkeit rauben. Die gleichmachende Ordnung, die „jedes Einzelne in sich verschlingt, statt Gut und Böse Nutzen wirkt und Vorteil", wird in den bloß vernunftgelenkten Staaten der „Habgier", „Willkür", „Eigenliebe", dem „Trug" und der „Hinterlist" zur Herrschaft verhelfen. Die Menschen werden von „Freiheit" und „Gleichheit" reden, aber „Gemeinheit" und „Neid" werden herrschen. Das Gefühl wird absterben und das Hohe schwinden. Da wird sich dann der Himmel zuschließen: Vertrauen, Begeisterung und Glaube werden nicht mehr den Weg zu der flachen Welt finden. Und doch: der Mensch ist gut. Wenn er dann im Gefühl seiner inneren Leere an der Grenze seiner Macht angelangt ist, dann wird er wieder neu die Stimmen seiner Brust vernehmen und das seelenlose Maschinenzeitalter überwinden.

Wenn so der Kreislauf des Völkergeschicks sich zurückrundet zu einem erfüllten Anfang hin, dann wohnen wieder die Götter in der Menschen Brust, dann ist die Setzung von Libussas Volksideal und die von Primislaus begonnene Gegensetzung in der Synthese eines neuen Reiches überwunden und in höherer Harmonie vereint – dann wird wieder Seherzeit sein:

„Dann kommt die Zeit, die jetzt vorübergeht,
Die Zeit der Seher wieder und Begabten.
Das Wissen und der Nutzen scheiden sich
Und nehmen das Gefühl zu sich als Drittes;
Und haben sich die Himmel dann verschlossen,
Die Erde steigt empor an ihren Platz,
Die Götter wohnen wieder in der Brust,
Und Demut heißt ihr Oberer und Einer."

Durch die Auseinandersetzung mit den Gegensätzen zwischen Mann und Frau, zwischen tätiger und beschaulicher Lebensauffassung, zwischen Verstand und Gefühl, die in den Gestalten des Primislaus und der Libussa ihre Verkörperung erfahren, wird das Drama zu einem **geschichtsphilosophischen** Schauspiel.

Die Jüdin von Toledo, Historisches Trauerspiel in fünf Aufzügen.

Aus dem Nachlaß. Begonnen 1824, vollendet 1836. Erstaufführung in Prag am 21. November 1872.

Den Stoff zu seinem letzten Drama fand der Dichter in dem Stück „Der Friede der Könige und die Jüdin von Toledo" des von ihm so geschätzten Lope de Vega.

Inhalt: *Die Handlung spielt in Spanien um 1195.*

Alfons VIII., *König von Kastilien, findet bei seiner kühlen und strengen Frau* Leonore *kein echtes Liebesglück. Daher gelingt es dem zwar sittlich und geistig tiefstehenden, aber blendend schönen und sinnlich berückenden Judenmädchen* Rahel, *den jugendlichen, wohlerzogenen König so besinnungslos zu fesseln, daß er Reich, Ehre und seine Frau vergißt. Nachdem die Königin vergeblich versucht hat, ihren Mann aus seiner Hörigkeit gegenüber dem verführerischen, mit allen Reizen ihres Geschlechts, aber auch mit allen Fehlern ausgestatteten Frau zu lösen und zurückzugewinnen, läßt sie im Einvernehmen mit den Großen des Reiches die Jüdin ermorden. Wütend will der in seiner Autorität verletzte König alle an Rahels Tod Schuldigen zur Rechenschaft ziehen. Beim Anblick des aller Reize baren todesstarren Körpers des Mädchens, das auf ihrem Antlitz alle Zeichen ihres unedlen Wesens trägt, erwacht jedoch der König ernüchtert aus dem Rausch. Er schämt sich seiner Schwäche. Im Gefühl seiner eigenen Schuld denkt er nun nicht mehr an Rache an den Mördern Rahels, sondern zieht an ihrer Spitze gegen die das Land gerade bedrohenden Feinde, um seinem Sohn die Krone zu erhalten.*

Auch in diesem Drama behandelt Grillparzer den Konflikt zwischen individuellem Anspruch und staatlichem Ordnungsprinzip: Die Begegnung mit der schönen Jüdin Rahel wird König Alfons, ohne daß er sich dagegen wehren kann, zum Schicksal. Rahel „ein Weib als solches, nichts als ihr Geschlecht“, läßt ihn seine Pflichten gegenüber Staat und Familie vergessen. Um die alte Ordnung wiederherzustellen, muß der Staat – hier durch die Königin und die Granden verkörpert – mit Gewalt eingreifen und in der Ermordung Rahels zum Verbrecher am Individuum werden. An der Leiche der Jüdin aber macht Alfons eine Wandlung durch: im Kampf gegen die draußen will er seine Verfehlung sühnen. An Rache denkt er im Bewußtsein der eigenen Schuld nicht mehr.

In dem Fragment *Esther*, von dem bloß zwei Akte und der Beginn des dritten vorhanden sind, sollte ebenfalls gezeigt werden, wie mitunter unter der Hülle der anziehendsten Lieblichkeit der Keim zum Bösen wächst. Doch sollte Esther nur aus Liebe zu ihrem Volk in Sünde verstrickt dargestellt werden.

Ein Bruderzwist in Habsburg, Trauerspiel in fünf Aufzügen.

Aus dem Nachlaß. Erstaufführung im Wiener Stadttheater am 24. September 1872.

Das Drama gibt eine Darstellung der letzten Lebensjahre Kaiser Rudolfs II., jener bewegten Zeit kurz vor Beginn des Dreißigjährigen Krieges. Es bringt nicht nur ein großartiges Zeitbild, sondern vor allem eine Charakterstudie und weist eine Dreiteilung der Handlung auf: den Untergang des weisen, aber unentschlossenen und tatscheuen Kaisers, die moralische Vernichtung des eitlen Schwächlings Matthias und den Tod Cäsars, des gewalttätigen, haltlosen und ehrfurchtslosen natürlichen Sohns Kaiser Rudolfs, der nach Grillparzers eigenen Worten „den Keim der Vernichtung in dieser wildbewegten, das Höchste antastenden, frevelhaften Zeit“ versinnbildlicht.

Inhalt: *In unendlicher Vereinsamung, von allen angefeindet und mißverstanden, lebt Kaiser* Rudolf II. *auf seiner Burg in Prag. Er sieht den Abgrund, dem die Großen des Reiches ahnungslos entgegenstürzen, ohne die Kraft zu haben, das aus dem Gegensatz zwischen Protestanten und Katholiken erwachsende Unheil zu verhindern. Denn der Kaiser will „nur sein und nicht wirken“, er will Ruhe und Ordnung, ein festes Sein in einer Zeit, da alles im Werden ist. Er schaudert vor der Brutalität der Tat zurück, da ihm jeder Schritt zurück und jeder Schritt vorwärts verderblich erscheint. Im Zuwarten erhofft er das Heil. Er spürt, daß er ein idealer Friedenskaiser wäre, aber für unruhige Zeiten nicht der geeignete Mann ist und auch nicht abdanken kann, weil er keinen würdigen Nachfolger hat. Er fürchtet, daß seine Brüder das drohende Chaos nur noch verschärfen würden. Er kennt den Erzherzog Matthias als einen ruhmsüchtigen, eitlen, vom egoistischen Ehrgeiz gepeitschten Schwächling. Er fürchtet die kalte Hartherzigkeit Ferdinands und verachtet die bequeme Genußsucht Erzherzog Maximilians.*

Das passive Zuwarten Rudolfs kann es nicht verhindern, daß schließlich das kommt, was er sein Leben lang verhüten wollte: nämlich der Bürgerkrieg. Erzherzog Matthias, *der unter dem Einfluß des klugen und herrschsüchtigen Kardinals* Khlesl *steht und bei seinem Bruder in Ungnade gefallen ist, sucht den Kaiser in Prag auf, um sich ein Kommando in Ungarn gegen die Türken zu erbitten. Er trägt sich mit dem Plan, selbst den Thron zu erringen. Nach langem Zögern und über Zureden des Erzherzogs Ferdinand, der gekommen ist, um den Kaiser zu strengeren Maßnahmen gegen die Protestanten zu bewegen, erfüllt dieser den Wunsch. Matthias kämpft unglücklich gegen die Türken, schließt einen für den Kaiser ungünstigen Frieden, benützt die allgemeine Gärung und zieht mit einem Heer gegen Prag, nachdem er sich Österreichs und Ungarns versichert hat. Die böhmischen Stände benützen die Notlage des Kaisers und zwingen ihn, ihnen mit einem Majestätsbrief „Freiheit der Meinung und der Glaubensübung“ zuzugestehen. Doch trotz der guten Absichten des Kaisers und der Hilfe durch den jungen kaisertreuen Erzherzog Leopold erobert* Matthias *Prag, und der Kaiser wird zum Gefangenen auf dem Hradschin. Zwar leisten die Erzherzöge* Max *und* Ferdinand, *die an der Erhebung des Matthias nicht unbeteiligt waren, Abbitte, doch der Kaiser, des Lebens und des Herrschens endgültig müde, dankt um des Friedens und seines Hauses willen zugunsten von Matthias ab.*

Doch wird dieser seines Sieges nicht froh. Der Einfluß des allmächtigen Khlesl und die fortdauernde Begünstigung der Protestanten erbittern Erzherzog Ferdinand so, daß er mitten in der Wiener Hofburg den Kardinal gefangennehmen und nach Kufstein abführen läßt. Matthias, der sich ratlos dem kühnen Eingriff des mächtigen Verwandten fügt, empfängt die Insignien des inzwischen gestorbenen Kaisers und gleichzeitig die Nachricht von dem Aufstand der Böhmen (Prager Fenstersturz). Da er sich seiner Aufgabe nicht gewachsen fühlt und sich von Schuld an seines Bruders Tod nicht frei weiß, sinkt er reumütig zu Boden. Unter seinen Augen rücken Wallensteins *Truppen in Wien ein. Der Ausbruch des großen Krieges, den Wallenstein gutheißt, selbst wenn er dreißig Jahre dauern sollte, steht unmittelbar davor.*

Abb. 60: Szenenfoto zu Grillparzers Aufführung „Ein Bruderzwist im Hause Habsburg".

Das Thema: Die Ausweglosigkeit menschlichen Verhaltens, wo Beschaulichkeit gleichermaßen im Verderben mündet wie Tatendrang, beherrscht das Drama. Nicht der Wille zur Macht, wie bei so vielen Helden Grillparzers, ist die Tragik Rudolfs II., sondern der bloße Besitz der Macht, mit der er, seinem nach Innen gekehrten Charakter entsprechend, nichts anzufangen weiß und die er nicht einsetzen will, um nicht durch Taten die heilige Staatsordnung zu gefährden; Sein „Bewußtsein, daß im Handeln / Ob so nun oder so, der Zündstoff liegt, / Der diese Mine donnernd sprengt gen Himmel" aber gefährdet Oben jene Ordnung, die er zu erhalten trachtet, und er gerät in Gegensatz zu den Ansprüchen seines Amts.

Den ideologischen Kern des „Bruderzwists" bildet das Gespräch zwischen dem Kaiser und Herzog Julius von Braunschweig. Der Kaiser ist felsenfest davon überzeugt, daß nur die „Ordnung" die Welt erhalten könne. Er sieht in ferner oder naher Zukunft die Massenherrschaft und Massengesellschaft heraufkommen, der gegenüber er sich äußerst skeptisch verhält.

In die Person Rudolfs hat Grillparzer viel von seinem eigenen Wesen gelegt: das drückende Gefühl der Vereinsamung, die Unzufriedenheit mit den herrschenden Zuständen und die Furcht vor einer neuen Zeit, Schweigsamkeit, argwöhnische Zurückhaltung und Eigensinn. Die gedankenreichen Reden Rudolfs II. sind Zeugnisse von Grillparzers tiefster

Einsicht in das Wesen des Menschen und das Werden der Geschichte. Mit Recht hat man daher den „Bruderzwist" auch das Testament des großen Dichters genannt. Grillparzers Sprache – seit der „Sappho" bedient er sich des „klassischen" jambischen Fünffüßers – verzichtet hier auf Deklamation und Pathos und trachtet vornehmlich nach psychologischer Differenzierung der Gestalten.

Die Erzählungen Grillparzers

Grillparzers Prosadichtung ist gegenüber seinen Dramen wohl an Umfang, jedoch nicht an dichterischem Wert geringer – und umfaßt zwei Novellen. „Das Kloster bei Sendomir" (1828) gehört noch in die Bereiche des Unheimlichen der Spätromantik, während „Der arme Spielmann" (1848) zum Ausgangspunkt der modern-realistischen Novellistik Österreichs geworden ist.

Das Kloster bei Sendomir

In Form einer Rahmenerzählung schildert die Novelle das tragische Schicksal eines polnischen Edelmannes, dessen Frau Ehebruch begeht. Als er dahinterkommt, tötet er sie und büßt als Mönch in einem von ihm gestifteten Kloster.

Gerhart Hauptmann hat diese Erzählung Grillparzers in seinem aufregend-düsteren Nachtstück „Elga" dramatisiert.

Der arme Spielmann

Inhalt: *Der arme Spielmann* Jakob *ist der Sohn eines einflußreichen Hofrates, der aber ohne Verständnis für seinen früh der Mutter beraubten, schwerfälligen und lebensuntüchtigen Sohn ist. Nachdem Jakob in der höheren Schule vor den Abschlußprüfungen versagt hat, steckt ihn der Vater als Abschreiber in eine Kanzlei. Völlig vereinsamt, tröstet ihn nur seine Geige. Da hört er eines Tages in seinem Hinterstübchen auf dem Nachbarhof ein Lied singen. Die Sängerin ist die Tochter eines benachbarten Greißlers und Kuchenverkäuferin in der Kanzlei Jakobs. Er überwindet seine Schüchternheit und bittet sie um die Noten zu dem von ihr gesungenen Lied. Nach Wochen geht sein Wunsch in Erfüllung. Es spinnt sich ein zartes Liebesverhältnis an, das aber der Vater trennt, als er durch einen Diener davon erfährt. Da stirbt der Hofrat plötzlich, und Jakob erbt 11.000 Gulden. Er nähert sich wieder dem Mädchen, das* Barbara *heißt und bereit ist, gemeinsam mit ihm einen Putzladen zu eröffnen. Doch als Barbara erfährt, daß er in vertrauensseliger Weltfremdheit übereilt dem Sekretär seines verstorbenen Vaters sein Vermögen anvertraut hat und von diesem darum geprellt worden ist, reicht sie einem tüchtigen Fleischer die Hand. Jakob aber sinkt zum Bettelmusikanten herab.*

Während einer Überschwemmung rettet er Hausrat und Spargroschen seiner Wirtsleute und zieht sich dabei eine tödliche Krankheit zu, an der er bald nachher stirbt.

Auch die zweite Novelle Grillparzers ist eine Rahmenerzählung, wobei sich der Dichter hier selbst in die Handlung einfügt. Er berichtet zunächst von seinem Zusammentreffen mit einem merkwürdigen Spielmann auf dem Brigittenauer Volksfest, der ihm über seine Bitte bei einem Besuch sein Leben erzählt. Im zweiten Teil der Rahmenhandlung schildert der Dichter den Tod und das Begräbnis des Bettelmusikanten.

Im Hauptteil erfahren wir, wie aus einem Hofratssohn infolge seines Schiffbruchs in der Liebe ein Straßengeiger wird. Sein eigener Charakter (Mangel an Tatkraft, Willensschwäche, Leichtgläubigkeit, unendliche Herzensgüte, unpraktisches Wesen und Pedanterie) und Schicksalsfügungen (früher Tod der Mutter, verständnisloser Vater, nüchterne Geliebte, betrügerischer Mitarbeiter) verursachen den Abstieg Jakobs, wie der Held der Erzählung heißt. Hiebei kommt es nicht so sehr auf die Begebenheiten an, sondern auf die Haltung Jakobs diesen gegenüber. Der äußere Zusammenbruch, das Hinabgleiten in ein tieferes Milieu haben jedoch seinen Charakter nicht verdorben. Er bewahrt trotz allem die vollkommene Reinheit und Güte seines Wesens und seinen Seelenfrieden. Bei einer Überschwemmung stirbt Jakob in selbstloser Aufopferung für seine Mitmenschen.

Viele charakteristische Züge des eigenen Lebens hat der Dichter in die Lebensgeschichte des Spielmannes verwoben: die Abstammung aus einer Beamtenfamilie, die eigene trübe Jugend, das traurige Schicksal seiner Brüder, den eigenen schroffen Vater, seine Schwierigkeiten im Amt, seine unerfüllte Liebe und Ehelosigkeit, aber auch seine eigene Güte und Bescheidenheit. In übertriebener Selbstkritik erschienen dem Dichter seine eigenen Werke, die ja nie völlig den in der Phantasie geschauten Idealbildern entsprachen, wie das armselige Gekratze des armen Spielmannes auf seiner zersprungenen Violine.

Die übrigen Werke Grillparzers

Grillparzers **Lyrik** ist fast ausschließlich Gedankenlyrik. Sie enthält Meinungen und nur selten Stimmungen. Wirklich dichterischen Wert besitzen einige Gedichte an Kathi Fröhlich, seine vaterländischen Gedichte und sein dichterisches Selbstporträt im „Abschied von Gastein".

In seinen wohlgezielten, scharfen und oft recht verbitterten **Epigrammen** nimmt Grillparzer zu den Zeitereignissen Stellung. In seinen **Studien** zur Philosophie, Geschichte, Ästhetik und Literatur nimmt der Dichter Partei für alle, die ihrem Wesen gemäß handeln, für alles Echte, Bodenständige, und Stellung gegen alles Ergrübelte, Überspitzte und Maßlose. Besonders reich an wertvollen Beobachtungen sind seine Studien über das spanische Theater, vor allem über Lope de Vega. Unentbehrlich zur Kenntnis seiner Persönlichkeit sind Grillparzers **Selbstbiographie,** die aber nur bis zum Jahr 1836 reicht, **Tagebücher** und **Briefe.**

Ferdinand Raimund (1790 bis 1836)

Als Sohn eines Drechslermeisters in der Wiener Vorstadt Mariahilf im Jahr 1790 geboren, wird Raimund zunächst Zuckerbäckerlehrling. Aber schon mit 18 Jahren folgt er seinem Drang zur Bühne und wird Schauspieler. Zuerst finden wir ihn an verschiedenen kleinen Provinzbühnen, ab 1813 am Josefstädter und ab 1817 am Leopoldstädter Theater in Wien, das er in den Jahren 1828 bis 1830 leitete. Als Schauspieler schreibt er bald seine Stücke selbst. Nach erfolgreichen Gastspielen in München, Berlin, Hamburg und Prag endet sein Leben bereits im Jahr 1836 in Pottenstein in Niederösterreich durch Selbstmord, da er sich von einem tollwütigen Hund gebissen glaubt. Er liegt auf dem Friedhof in Gutenstein begraben.

Raimund ist eine Grillparzer verwandte Natur. Beide Dichter sind menschenscheu, mißtrauisch und von krankhafter Reizbarkeit. Sie sind Grübler und selbstquälerisch veranlagt. Raimunds angeborene Schwermut wird durch unglückliche Lebensumstände zu düsterer Melancholie gesteigert. Unglückliche Liebe verbindet ihn mit der bürgerlichen Cafetierstochter Antonie Wagner, da deren Vater keinen Schauspieler als Schwiegersohn duldet. Qualvoll ist seine sehr bald geschiedene Ehe mit der leichtfertigen Schauspielerin Luise Gleich, zu der er gegen seinen Willen von Luisens Vater und dem Theaterpublikum gezwungen wird. Tragisch ist außerdem der Umstand, daß er trotz seines Sprachfehlers ernste Rollen spielen will, jedoch nur als Komiker Erfolg hat. „Ich bin zum Tragiker geboren", klagt er selbst, „mir fehlt dazu nix als die Gestalt und das Organ." Auch der große Erfolg seiner komischen Märchen- und Zauberspiele befriedigt ihn nicht, da sein künstlerischer Ehrgeiz ihn dazu drängt, wie Grillparzer Tragödien zu schreiben. Doch alle Versuche in dieser Richtung mißglücken. Dazu kommt noch seine bittere Enttäuschung darüber, daß ihn knapp vor seinem Tod Johann Nestroy in der Gunst des Publikums verdrängt.

Raimunds literarhistorische Bedeutung beruht darin, daß er die mit Gesangseinlagen und Tanz ausgestatteten Zauberpossen, Gespenster- und Märchenstücke des Wiener Volkstheaters zu echten Kunstwerken emporhebt. Er reinigt die überlieferten Volksstücke von ihrer groben Derbheit und platten Rührseligkeit. Die Feen und Geister werden menschlich beseelt. Den allegorischen Figuren wird individuelles Leben verliehen. Sie werden mit dem inneren Schicksal der Personen in Verbindung gesetzt. Die graue Wirklichkeit wird in Märchen verklärt, und aller Pessimismus, der auch dem Dichter nicht fremd ist, wird aus den Herzen der Zuschauer verbannt. Wo sich der Mensch nicht mehr zu helfen weiß, greifen gute Feen und

Abb. 61: Moritz von Schwind: Ferdinand Raimund.

Geister ein. Die Handlung entwickelt sich aus den Charakteren. Der Hanswurst wird zu einer lebensklugen, still sich bescheidenden Gestalt voll rührender Herzensgüte umgeformt. Außerdem verkörpert Raimund in einer Reihe trefflicher Charakterfiguren den Wiener Volkscharakter: die Sorglosigkeit, den Humor, den geraden Sinn und das Gemüt. Indem er Märchenwelt und Wirklichkeit, Lied, Tanz und gesprochenes Wort, Komisches und Ernstes, schlichte Moral und humorvolle Belehrung zu geschlossenen Kunstwerken vereint, schafft er echte Volksstücke, die Aug und Ohr, Herz und Verstand gleichermaßen entgegenkommen. Alle Stücke Raimunds sind von einem mit Wehmut gepaarten Humor getragen, predigen heitere Entsagung und suchen zu beweisen, daß wahres Glück in Arbeit, Gesundheit und ganz besonders in der Zufriedenheit liegt. Das Gute in der Welt siegt, das Böse aber ändert sich.

Seine ersten Stücke „Der Barometermacher auf der Zauberinsel" (1823) und „Der Diamant des Geisterkönigs" (1824) sind fast zur Gänze noch im Stil der alten Wiener Zauberpossen geschrieben.

In dem für seine eigene Benefizvorstellung geschriebenen Stück *Der Barometermacher auf der Zauberinsel* spielt das alte Motiv von den Zaubergaben, die der glückliche Besitzer gegen seine Feinde verteidigen muß, die Hauptrolle.

Inhalt: *Bartholomäus Quecksilber, der auf einer Zauberinsel gestrandet ist, erhält von einer mächtigen Fee einen Zauberstab, der alles in Gold verwandelt. Ein Zauberhorn sichert ihm die Hilfe von Zaubersoldaten, und eine Schärpe kann ihn durch die Lüfte tragen. Tutu, der Herrscher der Insel, besitzt eine Tochter, die Prinzessin Zoraide, um deren Hand Quecksilber wirbt. Zoraide überlistet Quecksilber und raubt ihm die Zaubergaben. Mit Hilfe der Kammerzofe Linda, die dann Quecksilbers Frau wird, entreißt unser Held der Prinzessin die Gaben und läßt sie buchstäblich mit einer langen Nase sitzen.*

In dem Zauberspiel *Der Diamant des Geisterkönigs* (1824) finden wir in dem zwar dummen und ungeschickten, aber in seiner Treue rührenden Diener Florian Waschblau zum ersten Mal einen veredelten Hanswurst. Die bunte und abenteuerliche Handlung steht im Dienst einer sittlichen Idee, da bei der Wahl einer Braut die Forderung nach Wahrheit aufgestellt wird.

Inhalt: Eduard, *der Sohn des Zauberers* Zephises, *wurde nicht in die Geheimnisse der Zauberkunst eingeweiht, da sein Vater plötzlich gestorben war. Er lebt bei einem Geisterkönig, der ihm den Zugang zu des Vaters Zauberkabinett ermöglicht. Dort stehen elf kostbare Statuen. Nach dem letzten Willen des Vaters soll sich Eduard die noch fehlende zwölfte Statue von dem Geisterkönig zum Geschenk erbitten. Mit seinem Diener* Florian Waschblau *macht er sich auf die Reise in die Geisterwelt auf. Nach mancherlei Abenteuern ist der Geisterkönig bereit, ihm die zwölfte Statue zu geben, wenn er ihm ein Mädchen verschaffe, das in ihrem Leben noch nie gelogen habe. Als Zeichen bestimmt der Geisterkönig, daß Florian Waschblau Schmerzen empfinden solle, wenn Eduard einem Mädchen die Hand reiche, das gelogen habe. In einer jungen Engländerin auf der Insel der Wahrheit finden Eduard und Florian das gewünschte Ideal. Da wird Eduard von Liebe zu ihr ergriffen und ist eher bereit, auf alles zu verzichten, als sie dem Geisterkönig auszuliefern. Nun zeigt ihm dieser, daß gerade dieses Mädchen die zwölfte Statue ist, um deren Besitz er ausgezogen ist.*

Das dritte Schauspiel Das Mädchen aus der Feenwelt oder *Der Bauer als Millionär* (1826) gibt eine Verherrlichung der Zufriedenheit. Hier wird die Handlung bereits aus dem Charakter heraus entwickelt. Die allegorischen Figuren von Jugend und Alter, Neid, Haß und Zufriedenheit sind lebendig gestaltet und wirken ergreifend, da sie immer in Verbindung mit dem Schicksal des Bauern Wurzel erscheinen, wodurch sie zu Symbolen für innere Vorgänge werden. Auch ist die irdische Welt bereits von der Überwelt des Geisterreiches getrennt, sodaß die Feenwelt nur noch als Rahmen Bedeutung hat.

Inhalt: *Die Fee* Lacrimosa *muß ihre Tochter einem armen Bauern zur Erziehung überlassen, da sie wegen ihres Hochmuts von der Feenkönigin bestraft wird. Lottchen, ihr Kind, kann sie nur dann wiedersehen, wenn es vor dem 18. Lebensjahr einen armen Mann heiratet, der ihre erste Liebe sein muß. Der* Neid, *der von der Fee als Freier abgewiesen wurde, läßt nun den Bauern* Fortunatus Wurzel *einen Schatz finden, den er jedoch nicht verwünschen darf. Er will hoch hinaus und verweigert seine Zustimmung zur Heirat* Lottchens *mit dem armen Fischer* Karl. *Lacrimosa hat jedoch hilfsbereite Freunde, die ihr beistehen. Wurzel wird plötzlich alt, er verflucht seinen Reichtum und wird wieder arm. Der Haß und der Neid haben mittlerweile den Fischer Karl mit Reichtum bedacht. Als er jedoch vor die Wahl gestellt wird, zwischen seiner Braut und dem Besitz des Geldes zu entscheiden, verzichtet er auf seinen Reichtum. Nun hat endlich Lacrimosa gesiegt. Sie kann Lottchen einen bescheidenen Wohlstand verleihen, und der gealterte Fortunatus Wurzel erhält wieder seine frühere Gestalt.*

Im Mittelpunkt des Geschehens steht die Geschichte des über Nacht reich gewordenen Bauern Fortunatus Wurzel, der durch sein Protzentum bald wieder verarmt und schließlich gemeinsam mit seiner zunächst unglücklich liebenden Pflegetochter Lottchen doch wieder zum

Glück zurückfindet. Dies geschieht in dem Augenblick, als Wurzel und Lottchens Bräutigam, der Fischer Karl, nichts anderes als nur bescheidene Genügsamkeit und innere Zufriedenheit im Leben anstreben.

Berühmt ist jene Szene geworden, in der die Jugend, eine Glanzrolle der Therese Krones, der größten Volksschauspielerin dieser Zeit, von dem altwerdenden Fortunatus Wurzel mit dem Liede *Brüderlein fein* Abschied nimmt.

Abb. 62: Ferdinand Raimund als Fortunatus Wurzel und Therese Krones als Jugend.

Abb. 63: Szenenfoto zu Raimunds Aufführung „Der Bauer als Millionär“.

In den beiden folgenden Stücken „Moisasurs Zauberfluch" (1827) und „Die gefesselte Phantasie" (1828) sucht Raimund, den Stil der großen Tragödie zu erreichen, was ihm aber nicht ganz gelingt.

Der Alpenkönig und der Menschenfeind (1828) ist Raimunds zweites großes Meisterwerk. Es ist ein Läuterungsdrama, in dem sich der Dichter mit seiner eigenen unglücklichen Naturanlage auseinandersetzt.

Inhalt: *Der mit sich, seiner Familie und mit der ganzen Welt zerfallene Menschenfeind* Rappelkopf *zieht sich in eine einsame Köhlerhütte vor der Menschheit zurück. Da schreitet der* Alpenkönig *ein. Er nimmt die Gestalt Rappelkopfs an, der selbst in die seines Schwagers verwandelt wird, und spielt nun dem peinlich Überraschten unter Poltern und Wüten dessen menschenfeindliches, mißtrauisches, rappelköpfisches Wesen vor. Der Anblick seines Spiegelbildes heilt den Herrn von Rappelkopf, der nun alle Schuld in sich erkennt und dadurch dem Leben wiedergegeben wird.*

Nach dem Mißerfolg seines Stückes „Die unheilbringende Krone" (1829), das einen neuen Versuch darstellt, sich dem Stil des hohen Dramas zu nähern, schreibt Raimund das Original-Zaubermärchen *Der Verschwender* (1834), das den Höhepunkt und gleichzeitig das Ende seines Schaffens bildet.

Der komplizierte Geisterapparat der ersten Schauspiele erscheint hier vereinfacht, auf das Notwendigste beschränkt.

Inhalt: *Die Fee* Cheristane *liebt in Gestalt eines schlichten Bauernmädchens den reichen* Flottwell. *Sie opfert ihm eine Perle ihrer Zauberkrone nach der anderen, auch die letzte, nach deren Verlust sie in das Feenreich zurückkehren muß. Der Geist der Perle begleitet Flottwell in der Gestalt eines* Bettlers *auf dessen Lebensweg. Flottwells Reichtum wird von seiner Umgebung ausgenützt. Er verarmt durch seine maßlose Verschwendungssucht und Freigebigkeit. Der einzige, der ihm im Elend treubleibt und ihn freundlich bei sich aufnimmt, ist sein ehemaliger Diener* Valentin. *Er ist Tischlermeister geworden und lebt mit seiner Frau, einer früheren Kammerzofe seines Herrn, und seinen Kindern in einem bescheidenen, durch Arbeit erworbenen Wohlstand, in vollster Zufriedenheit. In den Ruinen seines alten Stammschlosses findet Flottwell die Schätze, die er mit vollen Händen dem Bettler, seinem Schutzgeist, ausgestreut hat. Valentin Holzwurm wird für seine Treue belohnt.*

Wenn auch der Weg Flottwells zu Anfang und Ende des Stücks von überirdischen Mächten geleitet wird, so bleibt sein Schicksal doch auch von seinen eigenen Entscheidungen abhängig, seinem eigenen Willen unterworfen. Cheristanes Worte machen das deutlich: „Kein Fatum herrsch auf seinem Lebenswege / Er selber bring sich Unheil oder Segen." In seiner Gegenfigur Valentin hat Raimund eine der populärsten deutschen Theaterfiguren geschaffen: Naivität, Rechtschaffenheit – aber auch die für das Biedermeier typische Resignation kennzeichnen seinen Charakter. Valentin Holzwurms „Hobellied" wurde eines der bekanntesten Couplets (= lyrische Einlagen, die der Schauspieler singt) des Dichters.

Johann Nepomuk Nestroy (1801 bis 1862)

Als Sohn eines Advokaten in Wien im Jahr 1801 geboren, studiert Nestroy zunächst Jus. Er gibt aber dieses Studium 1823 auf und wird wie Raimund Schauspieler in Wien, Amsterdam, Brünn und Graz. Ab 1831 ist er wieder in Wien; zuerst am Theater an der Wien, dann am Leopoldstädter Theater, dessen Leiter er in den Jahren 1854 bis 1860 ist. Seinen Ruhestand verbringt er in Ischl und Graz, wo er 1862 stirbt.

Wie Raimund geht auch Nestroy vom Wiener Volksstück der Vorstadtbühnen aus, das aber bei ihm eine andere Weiterentwicklung als bei Raimund erfährt. Er stellt die parodistischen, witzigen und satirischen Züge der überlieferten Stücke in den Mittelpunkt seiner Schauspiele und greift auch auf die romantische Ironie zurück. Früh gibt er die märchenhafte Einkleidung auf und stellt seine Stücke in ein realistisch gezeichnetes Gegenwartsmilieu mit Wiener Lokalfärbung. Auf diese Weise entstehen Parodien, Zeit-, Gesellschaftssatiren und Charakterpossen.

Mit kritischem Verstand und beißendem Spott steht er seiner Zeit und ihren Menschen gegenüber. Er schreibt über 60 Stücke, von denen viele noch heute zum stehenden Repertoire der Bühnen gehören. Sie alle sind durch Wortwitz, Situationskomik, meisterhafte Beherrschung der Wiener Mundart, schlagkräftige Couplets und satirische Anspielungen auf Zeitereignisse gekennzeichnet. „Nach dem Vorbild der Bühnentradition bedienen sich die hohen Herrschaften und die idealen Liebespaare seiner Stücke der Hochsprache. Der Lebensraum seiner Sprache war jedoch die Mundart. Das Wienerische wurde damals von allen Ständen gesprochen und färbte den schriftlichen Ausdruck bis in die hohe Literatur hinein, wie aus dem Werk Grillparzers zu ersehen ist.

Nestroys **Witz** wendet sich an den Verstand. Die Zuhörer mußten über seine Witze häufig erst nachdenken, um sie richtig zu verstehen. Auch fremde Sprachen, wie Tschechisch, Italienisch, Englisch, Französisch, Latein werden parodistisch verwendet, verhältnismäßig selten dagegen die gröberen Ausdrücke der Wiener Mundart. Beliebt ist auch die Verulkung des wissenschaftlichen Kauderwelsch (z. B. ‚Und immer treibt's mich wieder in die Gegend, wo ich als Nicht-Ich mein eigenes Glück gemordet, wo sie mich für den Nicht-Mich gehalten.' Oder: ‚O, er hat recht, jener populäre Philosoph, wenn er so klar sagt, daß das Ein nur ein Begriffsaggregat mit markierten elektromagnetisch-psychologisch-galvanoplastischen Momenten ist.').

Als Wortschöpfer liebte er besonders lange Zusammensetzungen, wie ‚Künstlerstolzbeleidigendeselbsteigenidealschöpfungsverschandlungszumutung', ‚vergißmeinnichtkatzenazurblaue Augen' oder ‚Mammonspossessionsegalitätsapplanierungsexperimente'.

In vielen seiner Sentenzen liegt abgeklärte **Weisheit,** so wenn er beispielsweise in ‚Lady und Schneider', 1849, jene Zeitgenossen meint, die, obwohl sie sich vor 1848 begeistert zu den Idealen des Revolutionsjahres bekannten, dann kläglich versagten: „Das Volk is a Ries' in der Wiegen, der aufgewacht, aufsteht, herumtorkelt, alles z'sammtritt und am End' wo hineinfallt, wo er noch viel schlechter liegt, als in der Wiegen."[1]

Charakteristisch für die Art Nestroys ist beispielsweise auch folgender Ausspruch:

„Die Welt is die wahre Schul'? ... In der Schul' da muß man die Lektionen aufsagen, sonst ist man dumm; wenn man aber in der Welt eine tüchtige Lektion kriegt, so muß man still sein und gar nichts dergleichen tun, dann is man g'scheit. In der Schul' wird man alle Tag verlesen; in der Welt, wenn man da einmal verlesen ist, so ist es genug auf ewige Zeiten. In der Schul' muß man ruhig sein; in der Welt is es just gut, wenn man recht viel Lärm macht. In der Schul' haben s' extra eine Eselsbank; in der Welt sind die Esel auf allen Plätzen zerstreut." („Die schlimmen Buben in der Schule")

Den Stoff zu seinen Stücken nimmt Nestroy von überall her; meist sind es französische Vorbilder, die aber alle ins Wienerische übersetzt erscheinen. Er gehört zu den größten Possendichtern der Weltliteratur und wird mit Recht der Wiener Aristophanes[2] genannt.

Der amerikanische Dichter Thornton Wilder[3] hat Stücke Nestroys ins Amerikanische

[1] Dr. Johann Lentner. Johann Nestroy in „Österreich in Geschichte und Literatur", 6. Jahrgang 1962, Heft 5.

[2] Siehe Seite 119, I. Teil.

[3] Siehe III. Teil.

übertragen, wobei er das typisch Wienerische Nestroys in der Form wiedergab, daß er die Handlung in milieumäßig ähnlichen amerikanischen Kleinstädten spielen ließ.

Nestroys erste Stücke stehen noch im Bann der heimischen Zauberposse, wenn auch das Zauberhafte nur noch als komisches Beiwerk einer drastisch-realistischen Handlung erscheint. Von ihnen wird heute noch *Der böse Geist Lumpazivagabundus oder das liederliche Kleeblatt* (1833) aufgeführt.

Abb. 64: Szenenfoto zu Nestroys Aufführung „Der Böse Geist Lumpazivagabundus".

Inhalt: *Der böse Geist Lumpazivagabundus verführt die jungen Leute zu allerlei tollen Streichen. Drei Handwerksburschen sind dazu ausersehen, ihn zu besiegen. Sie gewinnen das „große Los" in der Lotterie. Der* Schuster Knieriem *und der* Schneider Zwirn *verschwenden ihr Geld, lediglich der* Tischler Leim *weiß damit etwas anzufangen: er gründet sein eigenes Heim.*

Charakterpossen aus kleinbürgerlichem Milieu, die wir auch heute noch auf der Bühne finden, sind „Das Haus der Temperamente" (1837), „Das Mädl aus der Vorstadt oder Ehrlich währt am längsten" (1841), „Einen Jux will er sich machen" (1842), „Der Zerrissene" (1844), „Der Unbedeutende" (1846).

Einen Jux will er sich machen, Posse mit Gesang in vier Akten.

Inhalt: *Der Handlungsdiener* Weinberl *soll während der Abwesenheit seines Herrn, des Gewürzkrämers* Zangler, *dessen Laden bewachen. Er begibt sich jedoch mit dem Lehrbuben* Christopherl *in die nahe Großstadt. Als sie dort Zangler begegnen, flüchten sie in den Modesalon der* Madame Knorr. *Weinberl gibt sich dabei als Gatte der Witwe* Fischer *aus, die bald darauf den Salon betritt. Sie ist über die Keckheit Weinberls erstaunt, tut aber dann in dem Spiel mit, das heißt, sie spielt die Rolle seiner Gattin. Weinberl und Christopherl erwachsen jedoch aus dieser angenommenen Rolle die größten Schwierigkeiten, sie geraten in peinliche Situationen, da auch* Marie, *Zanglers Nichte, mit ihrem Bräutigam, der dem Oheim nicht erwünscht ist, in die Stadt geflohen ist, und Weinberl nun mit diesem Bräutigam verwechselt wird. Als Weinberl nach mancherlei Abenteuern wieder zurückkehrt, verhindert er einen Einbruch in Zanglers Laden, wodurch er sich dessen Gunst zurückgewinnt. Am Ende erobert er Frau von Fischer, und auch Marie und deren Bräutigam* August Sonders *werden ein Paar.*

Sozialkritische Gesellschaftsstücke im Zeichen des sozialen Umschwungs sind „Zu ebener Erde und erster Stock" (1835), „Der alte Mann mit der jungen Frau" (1847) und „Kampl" (1852), wobei hinter der Wiener Gemütlichkeit die Grausamkeit der Zeit nicht mehr verschwiegen wird, auch wenn es am Schluß zu einem Happy-End kommt.

Zu ebener Erde und erster Stock oder die Launen des Glücks, lokales Singspiel in drei Akten.

Inhalt: *Der Dichter läßt die Handlung gleichzeitig im ersten Stock und im Erdgeschoß spielen. Während in der Wohnung des Tandlers* Schlucker *Armut herrscht, geht es bei* Goldfuchs *im ersten Stock hoch her. Bei Schlucker gibt es nur Brot zu Mittag, bei Goldfuchs aber einen üppigen Mittagstisch. In dem ärmlichen Zimmer der Familie Schlucker wohnt auch der Schwager* Damian. *Nestroy zeigt nun, wie sich das Geschick der Armen und der Reichen wenden kann. Der Spekulant und Millionär Goldfuchs erleidet geschäftliche Verluste, und sein Reichtum wird durch Fehlspekulationen aufgebraucht. Die Familie Schlucker hingegen kommt zu Geld durch einen Lotteriegewinn, durch Erbschaft und durch vornehme Gönnerschaft. Am Ende des Stückes wird Emilie Goldfuchs die Frau von Schluckers Pflegesohn* Adolf, *von dem wir erfahren, daß er der langgesuchte Neffe des Hausherrn Zins ist.*

Zu den **politischen Satiren** gehört das Stück „Freiheit im Krähwinkel" (1848), in dem die Revolution des Jahres 1848 verspottet wird.

Nestroys **Parodien** zeigen den scharfen Blick des Dichters für die Schwächen und Unzulänglichkeiten, die mitunter auch große Dichtungen besitzen, und seine vor nichts haltmachende Spottlust. Er schreibt Parodien auf Dramen Grillparzers („Der Einsilbige oder Ein dummer Diener seines Herrn"), Hebbels („Judith und Holofernes") und Wagners („Tannhäuser oder Die Keilerei auf der Wartburg").

Karl Kraus[1] stellt Nestroys Sprachgenie neben William Shakespeare. Seine Stärke lag nicht in der Erfindung einer Handlung, die er sich oft aus zeitgenössischen französischen und englischen Possen borgte, sondern in seinen funkelnden Monologen und Dialogen, in seinen Couplets, in der Wortpointe.

Adalbert Stifter (1805 bis 1868)

wird am 23. Oktober 1805 in Oberplan im Böhmerwald als Sohn eines Flachshändlers geboren und verbringt dort seine Kindheit. 1818 kommt er an das Gymnasium der Benediktiner-Abtei Kremsmünster, wo sein Talent für das Zeichnen und Malen von seinen Lehrern gefördert wird. An der Universität Wien will er sich durch die vorgeschriebenen juristischen Studien auf die Laufbahn eines Beamten vorbereiten, doch fesselt ihn bald das Studium der Mathematik und der Naturwissenschaft mehr. In Wien traf er mit Nikolaus Lenau und Franz Grillparzer zusammen. Mit Robert und Clara Schumann kam er in engere Verbindung. Seine Liebe zu der heiteren und geselligen Fanny Greipl, der schönen Tochter eines reichen Kaufmannes zu Friedberg im Böhmerwald, blieb unerfüllt. Im Jahr 1837 heiratete er die arme Putzmacherin Amalia Mohaupt.

Stifter war kein Gegner der Bewegung, die zur Revolution im Jahr 1848 führt. Doch wie Grillparzer erkennt er bald, daß jedweder „Ruf nach Maß und Ziel im Sturm der Leidenschaften ungehört verhallt" (Castle). Er zieht sich daher nach Linz zurück.

Erziehung und Unterricht erscheinen ihm nun als die wichtigsten Probleme der neuen Staatsordnung, und er behandelt in Aufsätzen Fragen der Unterrichtsreform. Dabei geht er von der Frage aus „Was ist Freiheit?" und kommt zu der Erkenntnis, daß sie auf Erziehung aufbauen müsse. Unterricht und

[1] Siehe III. Teil.

Erziehung sind für ihn die Vorbedingung der „reinstmöglichen Menschwerdung". Als er 1849 Landesschulinspektor für die Volksschulen in Oberösterreich wird, tritt er für eine Hebung des Lehrerstandes durch angemessene Bezahlung und längere Ausbildung ein, dringt jedoch mit diesen Ideen nicht durch. 1855 wird er mit dem Titel eines Schulrates geehrt. Im Rahmen seiner Tätigkeit im Kunstverein veranlaßt er als Konservator die Restaurierung des berühmten Kefermarkter Altars und tritt für die Erhaltung der Steyrer Pfarrkirche ein. Als schwere Schicksalsschläge empfindet er im Jahr 1858 den Tod der Mutter und den Selbstmord seiner Ziehtochter Juliane. Trotz mehrerer Kuren in Karlsbad nach seiner Erkrankung im Jahr 1863 kann er seine Gesundheit nicht wiedererlangen. Er stirbt am 28. Jänner 1868.

Aus dem Erleben des Böhmerwaldes sowie dem der österreichischen Alpen und Voralpen erwächst der eine Wesenszug der Dichtungen Stifters, seine Ehrfurcht vor dem Werden und Wachsen in der Natur.

Der zweite Wesenszug seines Werkes ist das Übertragen der natürlichen Wachstumsgesetze auf die geistig-sittliche Entwicklung des Menschen.

Abb. 65: Ruine Wittinghausen. Gemälde von Adalbert Stifter.

Da er sich neben seinen Studien der **Malerei** widmet, glaubt er zunächst, darin seinen wahren Lebensberuf zu erblicken. Obwohl Stifter ein begabter Landschaftsmaler ist, beruht sein Ruhm doch auf seiner **erzählenden Dichtung,** die er in drei großen Sammlungen herausgab:

Studien (1844 bis 1850): Der Kondor, Feldblumen, Das Heidedorf, Der Hochwald, Die Narrenburg, Die Mappe meines Urgroßvaters, Abdias, Das alte Siegel, Brigitta, Der Hagestolz, Der Waldsteig, Zwei Schwestern, Der beschriebene Tännling; **Bunte Steine** (1853): Granit, Kalkstein, Turmalin, Bergkristall, Katzensilber, Bergmilch; **Erzählungen** (1869) – nach dem Tod des Dichters von Aprent gesammelt herausgegeben –: Der Kuß von Sentze, Nachkommenschaften, Prokopus, Die drei Schmiede ihres Schicksals, Der fromme Spruch, Der Waldbrunnen, Der Waldgänger.

In diesen Erzählungen verbinden sich Naturschilderungen mit lebendigen Menschendarstellungen. „Still und sicher weiß Stifter sonderbare Geschicke seltsamer Menschen zu erzählen, ihr Leid und ihre Angst in wirksamen Gegensatz zu bringen zu der ewigen Ruhe der Natur, schwere Konflikte in wehmütige Resignation oder reine Herzensfreude zu lösen" (St.

Hock). Äußerlich scheinen wir es mit einer Idyllik zu tun zu haben, in Wahrheit aber verbirgt sich eine gewaltige Leidenschaft des Willens unter ihrer Oberfläche. Dem Tendenzfanatismus seiner Zeit soll die Harmonie eines klassischen Menschenbildes entgegengehalten werden. Stifters Gestalten sollen Leitbilder sein. Charakteristisch ist dabei die Verschlüsselung menschlicher Schicksale in Naturbildern.

Mit Vorliebe führt der Dichter den Leser dabei in seine Heimatlandschaft, in den Böhmerwald mit dem sagenumwobenen Dreisesselberg und dem zwischen bewaldeten Felswänden eingebetteten Plöckensteinersee, von dem Stifter sagt:

„Oft entstieg mir ein und derselbe Gedanke, wenn ich an diesen Gestaden saß: als sei es ein unheimliches Naturauge, das mich hier ansehe, tief schwarz, überragt von der Stirne und Braue der Felsen, gesäumt von der Wimper dunkler Tannen, drinnen das Wasser regungslos wie eine versteinerte Träne."

Im Böhmerwald spielen die Erzählungen „Der Hochwald", „Die Narrenburg", „Prokopus", „Die Mappe meines Urgroßvaters", „Der Waldbrunnen", „Der Waldgänger" und „Katzensilber".

Weitere Schauplätze, in die uns die Novellen versetzen, sind: der Zauber der Gletscherwelt und die Stille der Schneelandschaft (Bergkristall), das Salzkammergut (Feldblumen), der Gardasee (Zwei Schwestern), die düstere Schönheit des Karstes (Kalkstein), die Pußta (Brigitta), die Heide (Das Heidedorf), die Wüste (Abdias) und die winkeligen Gassen Altwiens (Turmalin, Das alte Siegel).

Die Zeitgenossen des Dichters legten ihm seine zeitfremde Vorliebe für das Kleine und Unscheinbare als Schwäche und Unvermögen aus.

Die großen **Romandichtungen** Stifters sind: der Erziehungsroman „Der Nachsommer" und der geschichtliche Roman „Witiko".

Abb. 66: Titelkupfer zu Adalbert Stifters Roman „Der Nachsommer".

In dem Roman *Der Nachsommer* (1857) wird das aorgische (d. h. von aller Leidenschaftlichkeit und von allem Unmaß freie) Wesen der Natur als Vorbild für den Menschen und für eine leidenschaftslose, geduldige Hingabe an das Wachsen des Menschlichen gefordert. Inmitten beginnender „Unbehaustheit" des Menschen wird Geborgenheit und Dauer gezeigt.

Inhalt: *Der Roman schildert die durch einen väterlichen Freund planvoll geleitete Entwicklung des Kaufmannssohnes* Heinrich Drendorf *zur harmonischen Entfaltung des Menschlichen in seiner Gesamtheit, zur Ehrfurcht vor der Welt, zum Sinn für Einfachheit und Ordnung, zur Entsagung, zur Demut und Geduld. Der Umgang mit älteren Freunden, mit Natur, Kunst, Dichtung und Wissenschaft, das Erleben schönen Familienlebens, das langsam ohne irgendwelche Überstürzung unter Obhut der Erwachsenen wachsende Liebeserlebnis führen den jungen Helden zum Heranreifen in völliger Reinheit und Konfliktlosigkeit und zur Gründung einer Familie. Der sinnbildhafte Titel bedeutet nicht wehmütiges Erwarten des baldigen Sterbens der Natur, sondern beglückendes Ziel, Drängen zur höchsten Lebenserfüllung in herbstlicher Vollendung und Reife.*

Erst spät wurde der hohe dichterische Wert dieses Romans anerkannt. Friedrich Nietzsche nennt ihn die vollkommenste Prosadichtung in deutscher Sprache.

Witiko (1867), benannt nach dem Ahnherrn des südböhmischen Adelsgeschlechtes der Rosenberger, ist ein geschichtlicher Roman aus dem Böhmen des 12. Jahrhunderts. Hier wird das Gesetz des aorgischen Wachsenlassens vom Heranreifen des Einzelmenschen auf die Volkwerdung und Staatsbildung übertragen. So wird der zweite Roman Stifters zu einem Gegenstück des ersten.

In homerischer Breite, ohne irgendwelche Hast, wird der Werdegang Witikos und seiner Leute erzählt, wobei auch rein äußerlich durch die stetige Wiederholung von Gebärden und stereotypen Redewendungen das langsame Heranreifen in einer Art Zeitlupentempo, das mitunter an den späteren Minutenstil des konsequenten Naturalismus erinnert, betont wird.

Auch dieses Werk, an dem Stifter zehn Jahre arbeitete, wurde von der zeitgenössischen Kritik abgelehnt und die offensichtlichen Verfälschungen der historischen Wahrheit angeprangert (beispielsweise gibt es parlamentarisches Debattieren oder freie Lohnarbeit erst im 19. Jahrhundert).

Stifter schildert den Menschen nicht, wie er sein sollte, auch nicht, wie er in seiner Unausgeglichenheit überall in der Wirklichkeit zu finden ist, sondern so, wie er auch werden kann, wenn er das Reine, Einfache, Gute, Wahre, Edle, Schöne und Heilige, also jene Ewigkeitswerte, die in jedem Menschen anlagemäßig gegeben sind, in sich zur Entfaltung bringt. In der Natur, im Menschen, in der Geschichte, in allem Werden und Vergehen dieser Welt, wirkt die Absicht Gottes, ein ewiges Gesetz, das Stifter das **„sanfte Gesetz"** in der Einleitung zu den „Bunten Steinen" nennt. Ein Mensch, der nach diesem Gesetz ein Leben des Maßes, der strengen Zucht, der stillen-steten Entfaltung seiner guten Anlagen und des entsagenden Sich-Beschränkens auf diese lebt, der macht sich und auch seine Mitmenschen glücklich. Ein solches Leben, sagt Stifer, können wir groß nennen, nicht aber das Leben der Gewalttätigen: *„Ein ganzes Leben voll Gerechtigkeit, Einfachheit, Bezwingung seiner selbst, Verstandesgemäßheit, Wirksamkeit in seinem Kreis, Bewunderung des Schönen, verbunden mit einem heiteren, gelassenen Sterben, halte ich für groß; mächtige Bewegungen des Gemüts, furchtbar einherrollender Zorn, die Begier nach Rache, den entzündeten Geist, der nach Tätigkeit strebt, umreißt, ändert, zerstört und in der Erregung oft das eigene Leben hinwirft, halte ich nicht für größer, sondern für kleiner … Wir wollen das* **sanfte Gesetz** *zu erblicken suchen, wodurch das menschliche Geschlecht geleitet wird … Es ist das Gesetz der Gerechtigkeit, das Gesetz der Sitte,* *das Gesetz, das will, daß jeder geachtet, geehrt, ungefährdet neben dem anderen bestehe, daß er seine höhere menschliche Laufbahn gehen könne, sich Liebe und Bewunderung seiner Mitmenschen erwerbe, daß er als Kleinod gehütet werde, wie jeder Mensch ein Kleinod für alle Menschen ist."*

Hinter diesem Gesetz steht jenes sittliche Ideal, zu dem sich der europäische Mensch in seinen Glanzzeiten immer bekannt hat. Es bezeichnet dasselbe, was Aristoteles mit seinen Tugenden der Mitte, der höfische Ritter des 13. Jahrhunderts mit seinem „diu mâze" und „diu staete", was Johann Wolfgang Goethe mit der klassischen entsagenden Selbstbegrenzung auf das Menschenmögliche gefordert hat. In dem Brief vom 25. März 1852 an Luise Freifrau von Eichendorff interpretiert Stifter sein Werk folgendermaßen: „Mit Menschen menschlich zu sein, mit Höheren das Höhere lieben, an Gottes Schöpfung sich freuen, die festgegründete Erde nicht verachten, sich einem praktischen Handeln hingeben ..., und doch ein höherer, opferfreudiger Mensch zu sein, endlich mit fühlenden geistigen Menschen gleichsam einen unsichtbaren Umgang zu haben, das war ungefähr die Grundlage meiner Schriften."

Nikolaus Lenau (1802 bis 1850)

Der eigentliche Name des Dichters ist Nikolaus Niembsch Edler von Strehlenau. Er wurde 1802 in Csatád bei Temesvár im Banat geboren und entstammt einer alten Offiziersfamilie. Wie Lord Byron ist er ein Lyriker des Weltschmerzes und der Melancholie. Schwere Lebensschicksale verstärken seine angeborene Schwermut und führen schließlich zu völliger Seelenzerrüttung. In der Pußta aufgewachsen, leidet er fern von ihr unter schmerzlichstem Heimweh. Durchaus idealistisch veranlagt, wird er vor dem Zusammenbruch des deutschen Idealismus und durch das Aufkommen eines nüchternen Zweckmäßigkeitsstandpunktes und krassen Materialismus zutiefst erschüttert, in religiöse Verzweiflung gestürzt und von einer quälenden Unruhe und einem wehmütigen Pessimismus ergriffen. Der frühe Tod seiner von ihm heißgeliebten Mutter und seine unerfüllte und qualvolle Liebe zu Sophie Löwenthal, der geistvollen Gattin eines Wiener Ministerialbeamten, treiben ihn fast zum Selbstmord. Von Unrast erfaßt, an einem geistigen Wiederaufstieg Europas verzweifelnd, wird er vom Amerika-Fieber der Zeit erfaßt und wandert im Jahr 1832 aus. Aber auch seine Amerikareise, von der er sich Wohlstand durch Landankauf in Crawford-County in Ohio und vor allem Heilung der Schwermut erhofft, wird zu einer schweren Enttäuschung. Er glaubte, in der Neuen Welt jugendlichen Idealismus zu finden, und fand nur nüchterne Erfolgsjäger, Freibeuter und geldgierige Auswanderer im grausamen Vernichtungskampf gegen die ihm menschlich gütig und edel erscheinenden Indianer. Seelisch und körperlich gebrochen, kehrt er nach Europa zurück. Im Jahr 1844 verfällt er in Wahnsinn und stirbt 1850 in der Irrenanstalt von Ober-Döbling in Wien.

Lenau ist der erste moderne „unbehauste Mensch", d. h. ein an dem Sinn der Welt zweifelnder, von unendlicher Daseinsangst erfaßter, innerlich zerrissener Mensch, der ohne Zuhause, ohne Halt im Diesseits wie ohne Bindung an das Jenseitige ist. Nur die Geige bleibt bis in die letzte Umnachtung sein einziger Trost und Freund.

Grübelnde Schwermut und Trauer über die Vergänglichkeit, Zwecklosigkeit und Leiderfülltheit des menschlichen Daseins sind der Grund- und Unterton seiner Lyrik. In der Form knüpft er an die schwermütigen Elegiker Ludwig Hölty, Friedrich Hölderlin, Friedrich Matthison und Lord Byron an. Die beste Charakteristik der Lenauschen Lyrik gibt sein Gedicht „An die Melancholie":

> „Du geleitest mich durchs Leben, / sinnende Melancholie!
> Mag mein Stern sich strahlend heben, / mag er sinken – weichest nie!"

Die meisten seiner *Gedichte (erste Sammlung 1832)* sind **Naturgedichte,** in denen das Naturbild gleichsam als Symbol seiner Stimmung erscheint. Stets ist es dabei eine schwermütige Stimmung, die aus dem gezeichneten Naturbild erwächst. Besonders in den berühmten

„Schilfliedern“ schließen sich Natur und Seele zu wunderbarer Einheit zusammen. Selbst in den wirklichkeitstreuen Augenblicksbildern aus der ungarischen Steppe (Die Heideschenke, Die Werbung, Die drei Zigeuner), in den wenigen **Frühlingsliedern** (Der Postillon: „Lieblich war die Maiennacht, / Silberwölklein flogen ...“) und den **Amerikagedichten** (Die drei Indianer) spürt man im Unterton dunkle Stimmung und Melancholie deutlich anklingen. Zu den schönsten **Gedichten über Mutterliebe** gehört „Der offene Schrank“. Hohe Musikalität kennzeichnet die gesamte Lyrik Lenaus, hinter der an dichterischem Wert sein ganzes übriges Werk zurücktritt. Der von vielen seiner Zeitgenossen nicht verstandene Ludwig van Beethoven ist Lenaus liebster Komponist. Die Lyrik Lenaus ist reine Musik, die Sprache ist in Wohllaut aufgelöst, das Unwirkliche soll zum Wirklichen zurückkehren.

In seinen **lyrisch-epischen** und **episch-dramatischen Dichtungen** *Faust*[1] (1836), *Savonarola* (1838), *Die Albigenser* (1842) und *Don Juan* (1844) überwiegt das gedankliche Element. Sie sind eine Auseinandersetzung mit zeitbedingten Weltanschauungsfragen und Zeitproblemen, mit der Antike, dem Christentum und mit der Philosophie Georg Friedrich Hegels. Sie sind wichtige Zeugnisse der inneren Entwicklung Lenaus und zugleich wertvolle Dokumente des Zeitgeistes. Als Dichtungen befriedigen sie in ihrem Widerspruch nicht.

Zeitgenossen Grillparzers

EDUARD VON BAUERNFELD (1802 bis 1890),

ein Freund Franz Grillparzers, Ferdinand Raimunds, Franz Schuberts und Moritz von Schwinds, schrieb nach französischem Vorbild österreichische Salonlustspiele und feine Konversationsstücke, deren Hauptreiz auf einem reichentwickelten, geistvoll-witzigen Dialog beruht. Der Dichter bildete dabei den Unterhaltungston der feingebildeten Wiener Gesellschaft nach, die sich in seinen Konversationsstücken gespiegelt fand. Er gehörte zu den meistgespielten Dramatikern seiner Zeit. Die meisten seiner Stücke, er schrieb über 70, sind bürgerliche Lustspiele mit liberaler und gesellschaftskritischer Einstellung. Mit Vorliebe stellt er einen liberalen Aristokraten auf die Bühne, der sich über die Standesunterschiede hinwegsetzt und eine Mesalliance (= nicht standesgemäße Ehe) mit einer Bürgerlichen nicht scheut. Zu seinen erfolgreichsten Stücken gehören „Bürgerlich und romantisch“ (1835), „Aus der Gesellschaft“ (1866), „Moderne Jugend“ (1868).

Bauernfelds Lustspieldichtung ist in ihren Anfängen und in ihrem Wesen entscheidend von Franz Grillparzer beeinflußt worden. Das Drama „Die Bekenntnisse“ ist eine gemeinsame Arbeit mit ihm.

ERNST FREIHERR VON FEUCHTERSLEBEN (1806 bis 1849)

war Dichter und Arzt. Die Gesellschaft der Wiener Ärzte ernannte ihn zu ihrem Vizesekretär; er war auch Vizedirektor der medizinischen Fakultät und Mitglied der Akademie der Wissenschaften. 1848 wurde er Unterstaatssekretär im Unterrichtsministerium.

Als Dichter schwebte ihm Johann Wolfgang Goethe als Vorbild vor. Bekannt ist sein volkstümlich gewordenes Lied *Nach altdeutscher Weise* (Es ist bestimmt in Gottes Rat ...).

Den Menschen seiner Zeit schreibt er das Büchlein der Heilung, die *Diätetik der Seele* (1838), eine wissenschaftliche Abhandlung aus dem Grenzgebiet der Philosophie und der Medizin, wobei er den Zusammenhang zwischen körperlicher und geistiger Gesundheit sowie den großen Einfluß der Willenskraft auf den Körper nachweist.

[1] Faust ist keinesfalls die Symbolgestalt des ewig strebenden Menschen, sondern die Spiegelung seiner eigenen, von Zweifeln gequälten Seele.

Der Österreicher

Anastasius Grün (1806 bis 1876),

sein eigentlicher Name ist Anton Alexander Graf von Auersperg, eröffnet die politische Tendenzlyrik des Vormärz. Er fordert in seinen politischen Gedichten, die – getarnt – unter dem harmlosen Titel *Spaziergänge eines Wiener Poeten* anonym – um dem Zugriff der Metternichschen Polizeigewalt zu entgehen – bereits 1831 erscheinen, eine konstitutionelle Monarchie. Er bleibt auch als politischer Dichter Aristokrat und kennt nicht die Unbedingtheit radikaler Agitation, die den Dichter zum Sprecher einer Partei macht und zur aktiven Teilnahme an der Revolution auffordert. Er will die Regierenden dazu überreden, die Forderungen der Zeit anzuerkennen und dem österreichischen Volk ein Parlament zu gewähren. So schildert er in seinem Gedicht „Salonszene" eine festliche Veranstaltung, die Metternich im Rahmen des Wiener Kongresses gibt, und redet diesen schließlich selbst an.

Nicht zur Revolution fordert Grün auf („... trägt auch keinen Dolch verborgen ..."), sondern er appelliert an die Vernunft, die es nahelege, die Bitte des österreichischen Volkes zu erfüllen, frei zu sein vom System der Bevormundung und Bewachung, von den Absperrungen vom Ausland, von Zensur, von der Herrschsucht des Adels und Klerus, von allem, worüber man im Reich des Kaiser Franz I. klagt. In seiner Kritik an den politischen und sozialen Verhältnissen seiner Zeit findet er jedoch recht harte Worte.

Dichterische Kraft besitzt Grüns bedeutendstes Werk *Schutt* (1836), in dem in halb epischer, halb lyrischer Form vier in die Zukunft führende Visionen mit einem kampfesfrohen Optimismus schildern, wie aus dem Schutt der zur Vergangenheit absinkenden Gegenwart neues Leben blüht, Licht und Recht, Freiheit und Liebe emporsteigen.

Auch die in Knittelversen dargebotene Umdichtung mittelalterlich-österreichischen Schwankgutes *Der Pfaff vom Kahlenberg* (1850) dient dem politischen Problem des Tages. Alles, was das Herz Grüns bewegt, hat er in diesem kleinen Epos in Scherz und Ernst, in wehmütigem Humor ausgesprochen. Anastasius Grün verbindet konservativ-ritterliche Lebenshaltung mit fortschrittlicher Gesinnung. Auch seine politische Tätigkeit im österreichischen Herrenhause ist von Überzeugung und Liebe zum österreichischen Volk geleitet. Innige Freundschaft verband ihn mit dem großen slowenischen Dichter Franz Prešeren (1800 bis 1849). Er übersetzte auch slowenische Lieder aus Krain.

Auch die Alpenländer traten seit 1830 immer wirksamer aus ihrer langen Isolierung. Bald kam es soweit, daß nicht nur der Donauraum, sondern auch der Alpenraum das Antlitz der österreichischen Kultur formte. Fürs erste stellte zunächst Tirol Kämpfer für eine politische und soziale Erneuerung des Vaterlandes.

Charles Sealsfield (1793 bis 1864)

ist der Dichtername für den in Poppitz bei Znaim in Mähren, im Gebiet der ehemaligen Monarchie, geborenen Karl Postl.

Sealsfield ist der **Begründer des exotischen oder ethnographischen Romans,** der den Schauplatz der Handlung in außereuropäische, weitab gelegene Länder verlegt und besondere Reize durch seine Schilderung der dem Europäer ungewohnten und merkwürdigen Verhältnisse, Gebräuche und Menschen bietet. Die ab 1830 neu aufkommenden Verkehrsmittel und der dadurch wachsende Reiseverkehr lenken das Interesse der Europäer auch auf ferne Länder. Unter dem Druck des damals einsetzenden Amerikafiebers und der ersten großen Auswanderungswelle rückt besonders die Neue Welt, und da wieder der Wilde Westen mit seinen Indianerkämpfen ins Blickfeld des infolge der unerquicklichen, politischen und unfreien Verhältnisse „europamüden“ Bewohner der Alten Welt.

Charles Sealsfield kennt das fremde Land aus eigener Anschauung, da er lange Jahre in Amerika als Farmer und Schriftsteller lebte. Als Erzähler steht er zunächst unter dem Einfluß des Amerikaners James Fenimore Cooper, des Schöpfers weltberühmter Grenzer- und Indianererzählungen („Lederstrumpferzählungen“), den er aber an dichterischer Kraft bald überflügelt. Das amerikanische Volk mit seinem sozialen, öffentlichen und privaten Leben, mit seinen materiellen, politischen und religiösen Verhältnissen ist der Held seiner Romane. Beonders gelingt ihm die Schilderung selbstbewußter Kraftnaturen, die sich im Kampf gegen mannigfache Widerstände eine angesehene Stellung schaffen. Seine Landschaftsschilderungen aus den Steppen von Texas, den Sümpfen des Mississippi, den Felswüsten der Cordilleren und dem Hochland von Mexiko sind ausgesprochen realistisch in den brennendsten Farben gehalten und bringen die fremdartige Größe des Urwalds und der Prärie in Bildern von überwältigender Pracht. Postls Meisterwerk ist wohl *Das Kajütenbuch oder Nationale Charakteristiken* (1841). In seinem Pamphlet „Austria as it is“ (1828 in London in englischer Sprache erschienen) erweist er sich als scharfer Kritiker der österreichischen Zeitverhältnisse, so daß es in Österreich und auch vom Deutschen Bund verboten wird.

Die bei Sealsfield gewonnene dichterische Tiefe des neu geschaffenen exotischen Romans geht bei seinen Nachfolgern zugunsten phantastischer und spannungserregender Elemente schnell wieder verloren. Sie gehören alle in größerem oder kleinerem Ausmaße zur bloßen Trivialliteratur.

Von den **Nachfolgern Postls** sind heute noch bei der Jugend beliebte Schriftsteller vor allem Friedrich Gerstäcker (1786 bis 1872) und Karl May (1842 bis 1912).

Anregungen zum Üben und Vertiefen

Außerliterarische Bereiche

1. Welche Einflüsse des Metternich'schen Systems beeinflussen und formen die zeitgenössische Lebenshaltung?

2. Worin erblicken Sie das Wesen der Biedermeierzeit? – Welche Bildwerke dieser Stilepoche spiegeln das Leben der Biedermeierzeit wider?

3. Vergleichen Sie ein Bildwerk der Romantik mit einem aus der Biedermeierzeit!

4. Vergleichen Sie die Biedermeier-Wohnkultur mit jener unserer Zeit!

5. An welchen Kleidungsstücken erkennen Sie eine Biedermeier-Dame (einen Biedermeier-Herren)?

6. Welche Einstellung hatte der Biedermeier-Mensch zur Hausmusik? – Vergleichen Sie diese mit der gegenwärtigen Haltung der Musikpflege in der Familie!

7. Welche Form der Unterhaltungsmusik fand großen Anklang, und wer waren ihre bekanntesten Schöpfer?

Literarischer Bereich

1. In welchen Dichtungsgattungen wurden in der Biedermeierzeit hervorragende Leistungen erzielt? – Erläutern Sie dies an Hand von Beispielen!

2. Welche Einflüsse übte die Umwelt auf Grillparzer aus? – Welche persönlichen Erlebnisse verarbeitete er in seiner Lyrik (seinen Dramen, seiner Epik)?

3. Welchen Stilepochen können Sie Grillparzers Dramen zuordnen? – Untermauern Sie ihre Darlegung an Hand von Beispielen!

4. Was unterscheidet Grillparzers „Ahnfrau“ von Schicksalsdramen?

5. Warum kann Grillparzers „Ahnfrau“ der Romantik zugeordnet werden?

6. Worin besteht die Schuld Jaromirs und Bertas aus der Tragödie „Die Ahnfrau“ von Franz Grillparzer?

7. Worin unterscheidet sich Grillparzers „Sappho“ von Goethes „Iphigenie“?

8. Vergleichen Sie Grillparzers „Sappho“ mit Goethes „Tasso“!

9. Warum kann man die Tragödie „Sappho“ der Klassik zuordnen?

10. Woran erkennen Sie Rahmenerzählungen? – Erläutern Sie dies an Hand von Novellen Grillparzers!

11. Warum kann man Grillparzers Gedichte fast ausschließlich zur Gedankenlyrik zählen?

12. Vergleichen Sie das Wesen Ferdinand Raimunds mit dem Johann Nestroys!

13. Worin besteht Raimunds literar-historische Bedeutung?

14. Welche Merkmale der Romantik können Sie in Raimunds Dramen feststellen?

15. Was in Raimunds Werken können Sie zeitlos nennen?

16. Raimunds „Hobellied“ – Ausdruck einer einfachen Lebensphilosophie?

17. Vergleichen Sie die Zauberwelt Raimunds mit der Nestroys!

18. Stellen Sie Parallelitäten im Leben Nestroys und Shakespeares fest!

19. Warum zählen wir Nestroy zu den bedeutenden Wortschöpfern? Vergleichen Sie ihn in dieser Hinsicht mit Luther!

20. Warum wird Nestroy „Wiener Aristophanes“ genannt?

21. Welche sozialkritischen Themen verarbeitete Nestroy?

22. Was verstehen Sie unter dem „sanften Gesetz“ Adalbert Stifters? Erläutern Sie Ihre Darstellung an Hand von Beispielen aus Werken Stifters!

23. Worin erblicken Sie die literarische Bedeutung Adalbert Stifters?

24. Lesen Sie folgende Gedichte Lenaus: „Die drei Zigeuner“, „Die drei Indianer“ und ein Gedicht nach freier Wahl! Welche Eindrücke konnte Ihnen die Lektüre vermitteln?

25. Worin besteht der Unterschied zwischen den Werken Charles Sealsfields und James Coopers (Karl Mays)?

Zusammenfassende Übersichten über die deutschsprachige Literatur von der deutschen Klassik bis zum Realismus

Deutsche Klassik

1775 bis 1805

Philosophie und Wissenschaft	Immanuel Kant Wilhelm und Alexander von Humboldt
Johann Wolfgang von Goethe	
Lyrik und Verwandtes	Leipziger, Straßburger, Frankfurter und Weimarer Lyrik, *Römische Elegien, Venetianische Epigramme*, Xenien, Balladen, *West-östlicher Divan*
Dramen	*Die Laune des Verliebten, Die Mitschuldigen. Götz von Berlichingen, Clavigo, Urfaust, Stella, Die Geschwister, Egmont, Iphigenie auf Tauris, Torquato Tasso, Faust 1. und 2. Teil*
Epische Werke	*Die Leiden des jungen Werthers, Wilhelm Meisters Lehrjahre, Wilhelm Meisters Wanderjahre, Unterhaltungen deutscher Ausgewanderten, Die Wahlverwandtschaften, Novelle, Reineke Fuchs, Hermann und Dorothea*
Autobiographisches	*Aus meinem Leben. Dichtung und Wahrheit, Italienische Reise, Annalen, Campagne in Frankreich, Belagerung von Mainz, Die Schweizer Reise im Jahre 1797*
Zur Kunst und Literatur	*Von deutscher Baukunst, Benvenuto Cellini, Winckelmann und sein Jahrhundert, Philipp Hackert, Propyläen, Kunst und Literatur*
Zur Naturwissenschaft	*Abhandlung über den Granit, Versuch aus der vergleichenden Knochenlehre, daß der Zwischenknochen der oberen Kinnlade des Menschen mit den übrigen Tieren gemein sei, Versuch über die Gestalt der Tiere, Entwurf einer allgemeinen Einleitung in die vergleichende Anatomie, Versuch die Metamorphose der Pflanzen zu erklären, Beiträge zur Optik, Zur Farbenlehre*
Friedrich Schiller	
Lyrik	Gedankenlyrik (Philosophische Gedichte, Geschichts- und kulturphilosophische Gedichte, Xenien, Balladen)
Dramen	*Die Räuber, Fiesko, Kabale und Liebe, Con Carlos, Wallenstein, Maria Stuart, Die Jungfrau von Orleans, Die Braut von Messina, Wilhelm Tell, Demetrius*, Bruchstücke und Fragmente
Epische Werke	*Der Verbrecher aus verlorener Ehre, Der Geisterseher*
Zur Wissenschaft	*Geschichte des Abfalls der Niederlande, Der Dreißigjährige Krieg, Über Anmut und Würde, Briefe über die ästhetische Erziehung des Menschen, Vom Erhabenen, Über naive und sentimentalische Dichtung*
Zeitschriften	Rheinische Thalia, Neue Thalia, Die Horen, Musenalmanache
Die Zeitgenossen der Klassiker	
Lyrik	Friedrich Hölderlin, Johann Peter Hebel
Dramen	Bürgerliche Trauerspiele, Soldaten- und Familienstücke, Ritter- und Räuberdramen, Historische Dramen Friedrich Schröder, August Iffland, August Kotzebue, Karl Hensler, Emanuel Schikaneder, Leopold Huber, Friedrich Ziegler, August Steigentesch
Roman	Jean Paul

1790 bis 1792: Leopold II.
1792 bis 1806: Franz II. (seit 1804 als Kaiser von Österreich Franz I.).

1789: Französische Revolution (Danton und Robespierre; 1793: Ludwig XVI. hingerichtet): Verkündigung der Menschenrechte; Parole: Freiheit, Gleichheit und Brüderlichkeit; Sturz des absoluten Königtums; Schreckensherrschaft in Frankreich; Die Koalitionskriege.

1799: Aufstieg Napoleons.
1799: Erster Konsul, 1804: Kaiser der Franzosen.
1805: Schlacht bei Austerlitz.

1804: Österreich wird ein Kaiserreich.

1806: Niederlegung der römischen Kaiserwürde durch Franz II. (Ende des „Heiligen Römischen Reiches"). Eroberung Ostindiens durch England, das zur vorherrschenden See- und Kolonialmacht wird.

Zeitalter des deutschen Idealismus

Sturm und Drang – Klassik – Romantik.
Verselbständigung des deutschen Geistes und seine Loslösung aus der Überfremdung in der Zeit des Dreißigjährigen Krieges.
Zweite Blütezeit der deutschsprachigen Literatur.
Kulturträger: Bürger im Dienste von Fürsten.
Kulturzentren: Weimar und *Jena.*

Bildende Künste 1770 bis 1815

Nachahmung der altgriechischen Kunst.
Abhängigkeit von literarischen Ideen: Johann Winckelmann und Gottfried Herder.
Abkehr vom Rokoko in drei Stufen:
1770 bis 1785: *Zopfstil* („Louis-Seize-Stil").
1785 bis 1800: *Klassizismus.*
1800 bis 1815: *Empirestil.*

Österreich

Baukunst:	Ferdinand Hohenberg von Hetzendorf, Josef Kornhäusel, Peter von Nobile.
Plastik:	Josef Klieber.
Malerei:	Heinrich Füger, Josef Koch, Angelika Kaufmann.

Deutschland

Baukunst:	Johann Gotthard Langhans, Karl Friedrich Schinkel, Leo von Klenze.
Plastik:	Johann Gottfried Schadow, Ludwig von Schwanthaler.
Malerei:	Johann Heinrich Wilhelm Tischbein, Asmus Jakob Carstens, Peter Cornelius, Carl Rottmann.

Schweiz

Malerei:	Johann Heinrich Füssli.

Italien

Plastik:	Antonio Canova.

Frankreich

Baukunst:	Barthélemy Vignon, François Chalgrin.
Malerei:	Jacques Louis David, Jean A. Dominique Ingres.

Kaiser von Österreich:	1804 bis 1835: Franz I.
König von Preußen:	1797 bis 1840: Friedrich Wilhelm III.
Rheinbund:	1806 bis 1813
Deutscher Bund:	1815 bis 1866

Die deutsche Romantik

1798 bis 1830

Frühromantik (1798 bis 1804), Jena und Berlin	
Philosophen	Johann Gottlieb Fichte, Friedrich Wilhelm Schelling, Friedrich Schleiermacher
Gelehrte	Joseph von Görres, Jakob und Wilhelm Grimm
Theoretiker	August Wilhelm Schlegel, Friedrich Schlegel
Dichter	Ludwig Tieck, Wilhelm Wackenroder, Novalis (Friedrich von Hardenberg)

Hochromantik (1804 bis 1816), Heidelberg, Berlin und Wien		
Heidelberger Kreis	Berliner Kreis	Befreiungskriege
Clemens Brentano Bettina Brentano Ludwig Achim von Arnim Josef von Eichendorff	E. T. A. Hoffmann Zacharias Werner Adelbert von Chamisso	Ernst Moritz Arndt Friedrich Ludwig Jahn Max von Schenkendorf Theodor Körner Heinrich Joseph von Collin Joseph von Hormayr
Heinrich von Kleist		

Spätromantik (1816 bis 1830)		
Schwäbische Romantik		Einzelne Spätromantiker
Ludwig Uhland Justinus Kerner Gustav Schwab	Wilhelm Hauff Eduard Mörike	Friedrich Rückert August Graf von Platen Wilhelm Müller

Napoleons Aufstieg und Sturz

1806: Siege bei Jena und Auerstädt über Preußen. Ende des Heiligen Römischen Reiches.

1809: Erhebung Österreichs: Schlachten bei Aspern, Eßlingen und Wagram, Aufstand der Tiroler unter Andreas Hofer, Friede zu Wien.

1812: Niederlage Napoleons in Rußland.

1813/1814: Befreiungskriege, Abdankung Napoleons und seine Verbannung auf Elba.

1815: Napoleons Wiederkehr, seine Niederlage bei Waterloo und Gefangensetzung auf St. Helena.

Neuordnung Europas

1814/1815: Wiener Kongreß.

1815 bis 1848: Zeitalter der Restauration, d. h. der Wiederherstellung der Zustände vor der Französischen Revolution. Heilige Allianz. Der Deutsche Bund. Österreichs führender Minister Metternich als Gegner aller liberal-revolutionären Bewegungen in Europa.
Preußen wird zweite Macht neben Österreich.
Im Osten Entwicklung Rußlands zu einer neuen Weltmacht.

Zwischen Romantik und Realismus

1830 bis 1848

Zwischen den Revolutionen. Jahre des Vormärz. BIEDERMEIERZEIT

Philosophen	Wilhelm Friedrich Hegel, David Friedrich Strauß, Bruno Bauer, Ludwig Feuerbach, Karl Marx, Friedrich Engels, Jakob Moleschott, Ludwig Büchner

Politische Tendenzdichtung

Das junge Deutschland	Politische Tendenzlyrik	
	In Deutschland	In Österreich
Heinrich Heine Ludwig Börne Karl Gutzkow Heinrich Laube	Georg Herwegh Ferdinand Freiligrath Hoffmann von Fallersleben	Anastasius Grün

Dramatische Dichtung

In Deutschland	In Österreich
Karl Immermann Dietrich Grabbe Georg Büchner	Franz Grillparzer Ferdinand Raimund Johann Nestroy Eduard Bauernfeld

Epische Dichtung

In Deutschland	In der Schweiz	In Österreich
Gesellschafts-, Sitten- und Zeitromane Willibald Alexis Berthold Auerbach Friedrich Gerstäcker Karl May	Jeremias Gotthelf	Adalbert Stifter Karl Postl-Charles Sealsfield

Lyrische Dichtung

In Deutschland	In Österreich
Annette von Droste-Hülshoff	Nikolaus Lenau

1821 bis 1829:	Griechischer Befreiungskrieg (Lord Byron). Entstehung des Nationalbewußtseins. Allmähliches Anlaufen des späteren atemberaubenden Aufstieges der Naturwissenschaft und Technik. Industrialisierung Englands. Aufkommen des französischen Sozialismus. (1830: Julirevolution in Paris.) Beginn der Parteikämpfe zwischen Konservativen, Liberalen und Sozialisten.

Bildende Künste 1798 bis 1830

Die romantische *Malerei* ist in Stoffwahl und innerer Haltung von der Literatur bestimmt.

Malerei

Österreich und Deutschland

Die *Nazarener:*	Friedrich Overbeck, Franz Pforr, Peter Cornelius, Josef von Führich.
*Historien*maler:	Alfred Rethel, Wilhelm Kaulbach.
*Märchen*maler:	Moritz von Schwind, Schnorr von Carolsfeld.
*Landschafts*maler:	Caspar David Friedrich, Philipp Otto Runge, Ludwig Richter, Carl Spitzweg

Frankreich: Eugène Delacroix.

Baukunst

Neubauten im neugotischen Stil (Schloß Neuschwanstein, Maximiliankirche in Linz, Schlösser in Anif bei Salzburg und Hüttenstein bei St. Gilgen).
Restaurierungen alter Bauwerke (Vollendung des Kölner Domes, Regotisierung der Augustiner- und Minoritenkirche in Wien).

Plastik:

Eine romantische Plastik gibt es nicht. Die Plastik dieser Zeit verharrt im klassizistischen Stil.

Musik 1775 bis 1830

Hochblüte der Musik unter österreichischer und deutscher Führung.

Österreich und Deutschland

Oper:	E. T. A. Hoffmann, Carl Maria von Weber, Ludwig Spohr, Heinrich Marschner, Albert Lortzing, Otto Nicolai, Friedrich von Flotow, Giacomo Meyerbeer.
Lied:	Franz Schubert, Robert Schumann, Felix Mendelssohn-Bartholdy, Friedrich Silcher, Karl Loewe.
Sinfonische Musik:	Felix Mendelssohn-Bartholdy, Robert Schumann, Ludwig van Beethoven.

Das übrige Europa

Frédéric Chopin, Luigi Cherubini, Gasparo Spontini, F.E. Auber, Charles François Gounod, Ambroise Thomas, Gioacchino Rossini, Vincenzo Bellini, Gaetano Donizetti, Hector Berlioz, Giuseppe Verdi.

Weltliteratur 1775 bis 1830

Übergreifen der deutschen Romantik auf das Ausland.

England	William Wordsworth, Samuel Coleridge, Lord Byron, Thomas Carlyle, Walter Scott, Thomas Moore.
Frankreich	François René de Chateaubriand, Madame de Staël, Victor Hugo, Alexander Dumas Vater, Eugène Scribe.
Italien	Vittorio Alfieri, Alessandro Manzoni, Giacomo Leopardi, Silvio Pellico.
Dänemark	Hans Christian Andersen.
Polen	Adam Mickiewicz, Zygmund Krasinski.
Rußland	Alexander Puschkin, Nikolaus Gogol.
Nordamerika	Edgar Allan Poe.

Kaiser von Österreich:	1835 bis 1848:	Ferdinand I. (Kanzler: Klemens Wenzel Fürst Metternich).
König von Preußen:	1840 bis 1861:	Friedrich Wilhelm IV.

Österreichs Beitrag zur deutschsprachigen Dichtung

1775 bis 1848

Im Zeitalter der Deutschen Klassik: 1775 bis 1805

Leopold Huber	(Emanuel Schikaneder)
Joachim Perinett(August von Steigentesch)	
Johann Laroche	(Friedrich Wilhelm Ziegler)
Josef Freiherr von Hammer-Purgstall	

Im Zeitalter der Romantik: 1798 bis 1830

(Zacharias Werner)	(Friedrich Schlegel)
Heinrich Josef von Collin	Clemens Maria Hofbauer
Ignaz Franz von Castelli	Erzherzog Carl von Österreich
Joseph Freiherr von Hormayr	(Friedrich Wilhelm von Meyern)
Karoline Pichler	

Zwischen Romantik und Realismus: 1830 bis 1848
(Biedermeierzeit: 2. Blütezeit. Die österreichische Klassik. 1815 bis 1848)

Drama	Epik	Lyrik
Franz Grillparzer Romantische Dramen: *Die Ahnfrau, Der Traum ein Leben* Griechendramen: *Sappho, Das goldene Vlies, Des Meeres und der Liebe Wellen* Geschichtsdramen: *König Ottokars Glück und Ende, Ein treuer Diener seines Herrn, Libussa, Ein Bruderzwist in Habsburg, Die Jüdin von Toledo, Esther* Lustspiel: *Weh dem, der lügt* Erzählungen: *Das Kloster bei Sendomir, Der arme Spielmann* **Ferdinand Raimund** *Der Barometermacher auf der Zauberinsel, Der Diamant des Geisterkönigs, Der Bauer als Millionär, Der Alpenkönig und der Menschenfeind, Der Verschwender* **Joh. Nepomuk Nestroy** *Der böse Geist Lumpazivagabundus, Einen Jux will er sich machen, Zu ebener Erde und erster Stock* **Eduard von Bauernfeld**	**Karl Postl-Sealsfield** *Das Kajütenbuch oder nationale Charakteristiken* **Adalbert Stifter** *Studien, Bunte Steine, Erzählungen* Romane: *Der Nachsommer, Witiko* **Ernst Freiherr von Feuchtersleben**	**Anastasius Grün** *Spaziergänge eines Wiener Poeten, Schutt* **Nikolaus Lenau** *Gedichte* Epische Dichtungen: *Faust, Savonarola, Die Albingenser, Don Juan*

(In Klammern stehen die Namen jener Dichter, die keine gebürtigen Österreicher sind, aber in Österreich gewirkt haben.)

1830: Julirevolution in Paris.
1844: Schlesischer Weberaufstand.
1848: Februarrevolution in Paris. Märzaufstände in Österreich und Deutschland.
1848/49: Aufstand in Oberitalien gegen Österreich. Sieg Radetzkys bei Custozza und Novara.

1830 bis 1848

Nationale Einheitsbewegungen in ganz Europa.

Demokratisch-liberale Bestrebungen (Emanzipation des Bürgers und der Frau).

Entstehung des modernen Daseinsfürsorgeapparates (Aufschwung der Naturwissenschaften und der Technik, Beginn der Industrialisierung und Entstehung des 4. Standes: der Arbeiter).

Die soziale Frage innerhalb der einsetzenden Gesellschaftsumschichtung und der werdenden Großstädte.

Kulturträger: das aufsteigende Bürgertum (Beginn des bürgerlichen Zeitalters)

Wien als Kulturzentrum (1815 bis 1848)

(2. Blütezeit der österreichischen Literatur. Das Biedermeier — die österreichische Klassik)

Höhepunkt des Wiener Volkstheaters (Leopoldstädter und Josefstädter Theater, Theater a. d. Wien)

Wiener Burgtheater unter Joseph Schreyvogel, Heinrich Laube und Friedrich Halm.

Wiener Hofoper.

Glänzender Aufschwung der Unterhaltungsmusik (Josef Lanner, Johann Strauß-Vater, Johann Strauß-Sohn). Wiener Ballettänzerin Fanny Elßler.

Biedermeiermalerei (Josef Danhauser, Peter Fendi, Johann Ender, Joseph Kriehuber, Friedrich Amerling, Friedrich Gauermann, Ferdinand Waldmüller, August von Pettenkofen, Rudolf von Alt, Anton Romako).

Bedeutende Techniker (Joseph Ressel, Josef Madersperger, Karl Ritter v. Ghega, Alois Negrelli)

Große militärische und politische Persönlichkeiten (Erzherzog Carl, Feldmarschall Graf Radetzky, Klemens Wenzel Fürst Metternich).

Literarische Salons (Salon der Karoline Pichler).

Ungarische Dichtung: Alexander Petöfi, Josef Katona.

Tschechische Dichtung: Božena Němcova, Josef Týl.

Malerei außerhalb Österreichs

Deutschland	Wilhelm von Kobell, Karl Blechen, (Alfred Rethel, Adolf Menzel).
England	John Constable, William Turner.

Musik außerhalb Österreichs

Italien	Giuseppe Verdi, Niccolò Paganini.
Norwegen	Ole Bull.
Frankreich	François Adrien Boieldieu, Adolphe Adam, Jacques F. E. Halévy.

Weltliteratur

Frankreich gewinnt seine Vormachtstellung zurück. Durchbruch einer wirklichkeitsgetreuen Soseinsdichtung: Realismus.

Frankreich	Eugène Sue, Henri Stendhal, Prosper Mérimée, Honoré de Balzac. George Sand.
England	Charles Dickens.
Amerika	James Fenimore Cooper.

Verzeichnis der Abbildungen

Abb. = Abbildung | Seite

Abb. = Abbildung Seite

NAMENS- UND SACHVERZEICHNIS